Randonnée en enfer

Couvent Sainte-Cécile
37, rue Servan – 38000 Grenoble
www.glenat.com

ISBN : 978-2-344-04889-4
Dépôt légal : avril 2022

PEFC PEFC/14-38-00302

Are Kalvø

Randonnée en enfer

Traduit du néo-norvégien
Par Céline Romand-Monnier

Glénat

*Cette traduction a été publiée
avec le soutien financier de NORLA,
Norwegian Literature Abroad.*

NORLA
Norwegian
Literature
Abroad

Une enquête récente indique que près de 80 % des gens qui vivent dans le même pays que moi ont fait au moins une excursion en montagne ou en forêt au cours des douze derniers mois.

En ce qui me concerne, je n'en ai pas fait une seule au cours des trente dernières années, ni en montagne ni en forêt.

J'en arrive donc à un point où la question devient incontournable : se pourrait-il que ce soit moi qui aie un problème ?

Ce n'est pas ça

Là où j'ai grandi, il y a un grenier sur pilotis, un raccard, auquel on accède par un escalier en pierre, aux marches bancales, qui semble être là depuis toujours. La porte est lourde, voilée, difficile à tirer, elle s'ouvre avec une vieille clef rouillée de la taille d'un bébé bien nourri. On trouve à l'intérieur un tas de ces choses qui remplissent les raccards et peuvent être n'importe quel objet qu'on a gardé pour ne pas le jeter. On ne jette rien quand on vit dans une ferme et, dans ce raccard, il y a donc des ustensiles de cuisine, des machines agricoles dont la fonction, sans doute utilitaire autrefois, semble désormais se résumer à avoir l'air dangereuse, et de vieux objets à nom court. Auge. Rouet. Boîte (à déjeuner, en bois, ornée de motifs peints). Luge (en bois, comme un petit traîneau poussé par une personne debout). Pouf. On trouve aussi une baratte à beurre, des vieux magazines, des BD. Une maison de poupées un peu lugubre (comme toutes les maisons de poupées, d'ailleurs), mon ancienne collection de maxi 45 tours des années 1980 (avec des versions inutilement longues de chansons à plus ou moins grand succès d'artistes britanniques aux cheveux crêpés), des appareils électroniques qui prennent la poussière en attendant le jour où ils redeviendront design. C'est dans ce raccard que j'ai récemment déniché une radio de quarante ans que j'ai rapportée chez moi et qui sert désormais d'amplificateur dans mon salon. Il n'est pas un invité qui ne l'ait admirée.

C'est la même chose pour l'escalier du raccard. Cet escalier, vieux, bricolé, bancal, évoque suffisamment le cliché de la ferme bucolique pour que tous les visiteurs le remarquent et le prennent en photo.

Parce que oui, j'ai grandi dans un tel endroit. Une ferme avec un raccard, une étable, une auge, un rouet, d'autres vieux objets à nom court. Et des choses qui se transmettent. Une grange. Une forêt. Beaucoup de forêt. Une cabane dans un arbre. Une rivière au bruit constant et relativement élevé que je n'avais jamais noté avant de partir et de revenir. Une maison en bois blanc. Une chambre avec vue sur un fjord. Des animaux. Du bétail, des poules, des cochons. Un chien, qui a fait irruption un jour pour ne plus jamais repartir. Et toujours un chat.

Donc ce n'est pas ça. Mon enfance est pleine de nature, de terre, d'animaux, de tradition, de cueillette de fruits. Et de montagnes. Beaucoup de montagnes.

Beaucoup, beaucoup de montagnes.

De l'escalier du raccard, on voit les champs de la ferme. Et après, les montagnes. Quatre minutes de voiture dans n'importe quelle direction et vous tombez sur des montagnes. Des montagnes spectaculaires, qui attirent des touristes ayant traversé la moitié de la terre pour les photographier, et qui offrent terrain de randonnée et domaine de ski alpin. Les championnats de Norvège s'y sont déroulés. Des descentes de la coupe du monde. Quand un film publicitaire doit avoir l'air vraiment norvégien, c'est ici qu'il est tourné dans un cas sur trois. Dans les deux autres, le tournage a lieu en Nouvelle-Zélande. C'est moins cher.

J'ai fait des promenades. Je suis allé en montagne. J'ai eu des skis aux pieds. De fond, de descente. Là où j'ai grandi, c'était ce qu'on faisait le week-end, à moins d'avoir une vraiment bonne excuse.

Ce n'est donc pas que je n'ai pas l'habitude de la vie au grand air, des randonnées, du ski. Quand on avait une sortie de ski à l'école, c'était souvent *chez nous* qu'on skiait. C'est vrai. Notre ferme est située près de l'école et nous avions de la place. Alors ça se passait chez nous, avec même des compétitions de saut à ski. Nous avions une pente qui faisait parfaitement office de tremplin. Vous entendez ça ? J'ai grandi avec des pistes de ski et un tremplin *chez moi*.

Donc ce n'est pas ça.

En 1983 – et à ce jour, nul n'a su expliquer ce phénomène – l'équipe de foot de mon bourg natal a créé l'événement. L'équipe s'appelle Stranda, comme la commune d'ailleurs, et alors qu'elle jouait en quatrième division, elle a réussi l'exploit d'accéder au troisième tour du championnat de série de Norvège. En chemin, Stranda avait battu une équipe de troisième division puis, bien plus important, Ålesund, l'équipe de la seule ville du canton, l'équipe qui affichait des ambitions de passer en première division, et se sentait naturellement supérieure aux bouseux de la campagne dans à peu près tous les domaines de la vie. Stranda compte environ trois mille habitants, Ålesund vingt-cinq mille. Stranda a battu Ålesund. Au troisième tour, Stranda devait rencontrer le club qui était alors sans conteste le meilleur de Norvège : Vålerenga. Et quand je dis meilleur, ce n'est pas seulement mon opinion personnelle. Vålerenga a remporté le championnat, à la fois cette année-là et la suivante. Vålerenga est un club d'Oslo. Stranda comptait donc trois mille habitants. Oslo largement cinq cent mille.

Les grands journaux avaient parlé du match qui s'annonçait. Les articles étaient illustrés de photos des meilleurs joueurs de Stranda avec le chef de la police et le pasteur, pour montrer que tout le village se serrait les coudes, et émaillés d'extraits d'interviews des stars de Vålerenga, qui disaient des choses comme : « Stranda ? C'est où ? »

Donc ce n'est pas que je vienne d'une grande ville. Ce n'est pas que j'aie l'habitude qu'il se passe tout le temps quelque chose.

Ce n'est pas ça.

Mais quand il se passait quelque chose, on était là. Quatre mille spectateurs auraient assisté au match Stranda-Vålerenga.

Quatre mille. Dans un village de trois mille habitants. Soit un taux de participation de 130 %. Cela correspond à près de neuf cent mille spectateurs à Oslo, cinq millions à Berlin, ou onze millions et demi à Londres.

Certains spectateurs étaient venus de la capitale. D'autres d'Ålesund, pour voir Stranda se faire humilier par la meilleure équipe de Norvège. L'un d'eux, qui ramenait ses cheveux sur le côté pour cacher sa calvitie, était un ami de mon père. On l'appelait le King. Ne me demandez pas pourquoi. Tout le monde s'appelle comme ça à Ålesund. Le King était en visite à la ferme où j'ai grandi. Il avait sûrement admiré l'escalier du raccard, il était sûrement resté à contempler les champs. À son retour en ville, quand ses amis lui ont demandé comment était Stranda, le King aurait répondu : « Il y avait d'immenses étendues là-bas. »

Donc ce n'est pas que j'aie l'habitude d'être toujours entouré de monde, de bruit, d'animation. Non, moi, j'ai eu l'habitude de l'espace. Des immenses étendues. Du silence. D'un escalier de raccard. Dans un endroit suffisamment tranquille pour que 130 % des habitants se présentent quand, pour une fois, il se passe quelque chose.

Donc ce n'est pas ça.

Et ce n'est pas non plus que j'ai quelque chose contre l'exercice physique. Presque toute ma vie, j'ai été un footballeur prometteur. J'ai d'ailleurs joué dans la même équipe que plusieurs des joueurs qui ont si honorablement perdu 2-0 contre la meilleure équipe de Norvège en 1983. J'ai aussi fait de la compétition de ski de fond. Pas très compétitif, mais je faisais de la compétition. J'ai à mon actif plusieurs deuxièmes places classieuses et une coupe pour le prouver. Une coupe de taille modérée, certes. C'est à peine croyable, d'ailleurs. Vous voyez les verres à shots ? Eh bien, à peu près la moitié. Enfin bref, j'ai cette coupe quelque part. Probablement dans le raccard.

Et ce n'est pas que je n'aime pas marcher. Au contraire. Marcher est l'une de mes activités préférées. Je marche tous les jours, et je marche loin. Donc ce n'est pas ça.

Mais je ne marche pas comme il faut. Je marche surtout vers des endroits où il y a du monde. Et de préférence des serveurs. J'aime marcher dans les rues du centre-ville. Simplement flâner sans but. Quand j'étais petit, c'était une pratique rare dans mon village natal. Là-bas, on passait son permis de conduire à la seconde où on atteignait sa majorité et ensuite, on évitait autant que possible de quitter sa voiture. À la vue d'un adulte se déplaçant à pied dans le centre du village, tout le monde se disait : « Eh ben, il s'est fait retirer son permis ? »

Ou alors : « Il y a un nouveau prof au collège ? »

Marcher dans le centre ne se faisait pas.

Monter en voiture, rouler quatre minutes jusqu'au pied d'une montagne, grimper sur cette montagne, redescendre, se remettre au volant et rouler jusqu'à la maison ? Tout à fait normal.

Marcher sans but dans le centre ? Original du village.

Bref. J'ai ce truc en moi. De marcher, loin.

Donc ce n'est pas ça non plus.

La première fois qu'une certaine personne qui me connaît fort bien est venue à la ferme où j'ai grandi, elle a remarqué, comme tout le monde, le vieil escalier du raccard. Elle l'a observé, et puis elle a déclaré : « Tu t'asseyais ici, tu regardais le paysage et tu te disais : je ne resterai pas. »

C'est *ça*.

En effet, c'était ce que je me disais quand je m'asseyais sur ces marches. Chose fréquente, du reste. Car oui, j'ai bien peur d'avoir été de ce genre-là : qui regarde le paysage en essayant d'avoir l'air profond. Mais ce à quoi je pensais, ce n'était pas la nature. Jamais je n'admirais toute cette beauté. Jamais la moindre gratitude ne m'effleurait de pouvoir vivre ainsi, d'être actif, de ne faire qu'un avec la nature.

Non. Ce que je me disais, c'est que je n'allais pas rester.

Bien sûr, ce n'était pas la seule réflexion que je me faisais. Je n'étais pas malade, j'étais un jeune homme sensible. J'avais aussi de grandes réflexions pompeuses que je n'avouerai jamais. Jamais. Vous pouvez toujours insister, je ne lâcherai rien, alors laissez tomber, OK ?

Mais je me faisais aussi cette réflexion: je n'allais pas rester. Même si j'y étais bien à tous points de vue.

Tout cela n'a rien d'original, j'en suis parfaitement conscient. Les gens originaires de villages et de petites villes qui se sont adonnés à l'écriture racontent tous ce même désir de partir. C'est d'une banalité achevée. Et la plupart de mes amis d'enfance qui, eux aussi, sont partis ressentaient la même chose.

Nous sommes allés dans des villes. Nous faisions des études. Nous fréquentions les bars. Nous discutions de sujets auxquels nous ne connaissions rien, jusque tard dans la nuit. Nous nous repaissions de culture que nous n'apprécions pas réellement. Nous marchions dans les rues du centre. Nous nous faisions de nouveaux amis, nous adoptions de nouveaux goûts, nous buvions de nouvelles tournées. Bref, ça allait. Je trouvais – et je trouve encore – que ce que la vie avait de meilleur à offrir impliquait du monde, souvent beaucoup de monde, et beaucoup de bruit, et que si des gens s'étaient donné la peine d'inventer les murs, les toits et les bars d'hôtel, c'était tout bonnement faire preuve d'une certaine ingratitude que de dormir sous la tente. Nous étions nombreux à penser ainsi.

Mais.

La plupart des gens ne pensent pas ainsi jusqu'à la fin de leurs jours.

Ça passe. Voilà. On arrive au terme de ses études ou de tout autre prétexte avancé pour partir vivre en ville. On devient adulte, on se pose, on baisse le rythme. Et il se passe quelque chose. On a d'autres valeurs.

Soudain, on se souvient que, en fait, on adore la nature.

C'est arrivé à presque tous ceux que je connais. Mais pas à moi.

Ces dernières années, la nature m'a pris de nombreux amis. Des gens bien. Des gens intelligents. Des gens drôles qui, par le passé, ne s'étaient pas fait prier pour aller faire un tour au pub et jacasser avec moi. Et aujourd'hui ? Aujourd'hui, ils se lèvent de bonne heure, prennent une photo d'une trace de ski dans la neige et la mettent sur Facebook et Instagram en écrivant : « Belle journée dans les bois. »

Il s'agit-là de gens que je considérais comme de bons amis. Qui ne sont pas dépourvus d'esprit.

« Belle journée dans les bois. » Aujourd'hui, c'est le mieux qu'ils puissent faire.

Le phénomène est fréquent : à un moment ou un autre de sa vie, on commence à perdre le sens de l'humour. Et ses cheveux. Les deux surviennent souvent en même temps. Et je commence même à craindre que l'humour ne soit dans les cheveux.

On perd son humour et ses cheveux, et on se met à marcher en montagne. Tout cela se produit simultanément, quand on atteint ce stade de la vie où les videurs ont depuis longtemps cessé de nous demander notre pièce d'identité et s'inquiètent à la place de savoir si on est bien sûr que c'est un endroit pour nous.

À cet âge de la vie interviennent d'autres changements.

On se met à faire de l'exercice, dans l'espoir de n'avoir pas trop piètre allure sans cheveux ni humour. Et, oui, je sais que certains prétendent faire de l'exercice, non pas pour avoir meilleure allure, mais parce que c'est satisfaisant. Soit. Mais si faire de l'exercice ne produisait pas d'effet sur la santé, sur le corps, nous n'en ferions pas. Il n'est jamais arrivé qu'un patient auquel le médecin annonçait qu'il ne lui restait qu'un mois à vivre réponde : « Bon, alors je vais me mettre à faire de l'exercice ! Je vais passer les quatre semaines qui me restent sur cette Terre en Lycra, dans une salle fortement éclairée, avec d'autres gens en Lycra, que je ne connais pas et qui sentent la sueur, et on regardera droit devant nous en écoutant de la musique, que nous n'aimons pas, à fond, tout en pédalant sur des vélos qui ne se déplacent pas d'un millimètre. »

À cet âge, on ne cesse pas forcément de sortir, mais on se met à fréquenter des endroits moins bruyants. Et sans vigiles à l'entrée. Ni foule à l'intérieur. Car à cet âge, on commence à apprécier de voir ses copains pour parler. Parler de sujets incroyablement ennuyeux. Ça aussi, ça va avec l'âge. Et si les hommes de cet âge-là éludent la question quand leur moitié leur demande ce qu'ils ont fait pendant leur virée entre potes, ce n'est pas qu'ils se soient livrés à des choses innommables, c'est simplement qu'ils ne se souviennent pas de ce qu'ils ont fait, et qu'ils rechignent à admettre qu'ils ont passé trois jours dans un pub londonien à parler de RTT.

Ou, pire, d'exercice physique. De nature.

Car non seulement ils se mettent tous à marcher dans la nature, mais en plus ils n'arrêtent pas d'en parler. Et ce, sans une once d'humour. Des gens auparavant vifs et alertes peuvent se piquer de dire des choses comme :

« Le silence des montagnes ne ressemble à rien d'autre. »

Eh ben si. En l'occurrence, il ressemble à n'importe quel autre silence. Si ce n'est que le silence n'est sans doute pas total en montagne et qu'il ressemble probablement à du vent. Ou de la pluie. Ou des moustiques.

« Quand on part tôt le matin, on a toute la nature pour soi. »

Ah, d'accord. Et ce n'est pas un peu égoïste, ça ?

« La montagne m'emplit d'une paix tout à fait singulière. »

Tu m'en diras tant.

« C'est seulement au contact de la nature que l'on comprend à quel point on est petit. »

Alors là, si c'est seulement au contact de la nature que l'on comprend à quel point on est petit, c'est tout simplement qu'on a une image de soi disproportionnée. Si on a besoin de comprendre l'insignifiance de ses problèmes, il faut penser Alep. Pas Jotunheimen.

« J'ai commencé une collection de sommets montagneux, maintenant. J'ai suffisamment de biens matériels comme ça. »

À d'autres. On n'a pas cessé d'accumuler des biens matériels quand on vient de s'acheter un presse-agrumes à sept mille couronnes norvégiennes. C'est juste qu'on collectionne les sommets montagneux *en plus*.

« Cette année, pour les vacances, on va en montagne, marcher de refuge en refuge… »

Ça, ce ne sont pas des vacances. Ou alors, dans le meilleur des cas, c'est une forme de vacances renfermant exclusivement ce que les vacances peuvent avoir de plus rébarbatif : les bagages à faire et le transport.

Enfin. Il s'agit donc d'une activité à laquelle se livrent les gens. Marcher de refuge en refuge, pendant des jours, la sueur et l'humour ruisselant hors de leur corps. Les refuges s'appellent Pyttbua (la Hutte de la Flaque), Krækkja (la Baie), Tjennhuken (l'Abri de l'Étang), ou encore Gaukhei (la Colline des Contrebandiers d'alcool). Et je n'invente rien. Ce sont de vrais noms de refuges que l'on trouve dans les massifs norvégiens. Où les gens partent en vacances. Pour de vrai. Fokstugu (la Cabane du Blizzard), Styggemannshytta (le Refuge du Vilain Bonhomme), Myggheim (le Foyer des Moustiques).

Le foyer des moustiques !!

Quelle est l'ampleur précise de ce phénomène ? Combien d'amis me reste-t-il qui n'ont pas choisi la nature plutôt que la vie sociale, ses rires et ses déconnades ? L'autre jour, j'ai décidé de procéder avec méthode et j'ai recherché tout le monde sur les médias sociaux. Mes vieux copains d'école et de fac, mes anciens profs, mes collègues, mes supérieurs hiérarchiques. Ils mènent aujourd'hui des vies très différentes. Dans le nord, le sud, l'est, l'ouest. Homosexuels, hétérosexuels. Célibataires, concubins, mariés ou quelque chose d'intermédiaire. Sans enfants, deux enfants, cinq enfants, qu'ils ont eus avec deux, trois, quatre personnes différentes. Architectes, ingénieurs, artisans, ouvriers, écrivains, enseignants, détaillants de presse, vendeurs de meubles.

Mais tous sans exception, et quand je dis sans exception c'est vraiment sans exception, ont une photo de montagne.

Parfois, ils sont sur la montagne. Éventuellement torse nu. L'un d'eux avait également enlevé le bas. Je préfère ne pas en parler. Parfois, ils sont devant la montagne ou n'ont fait que la prendre en photo. Mais tous, rigoureusement tous, ont au moins une photo de montagne.

Je ne connais pas la moindre personne qui n'ait pas de photo de montagne sur sa page Facebook.

Quand est-ce arrivé ? Quand a eu lieu cette réunion à laquelle je n'étais pas convié ? Qui m'a pris mes amis pour les troquer contre une bande d'illuminés de l'outdoor qui se font photographier au grand air, le pouce levé, un bonnet ridicule sur la tête. En ayant l'air d'aimer ça.

Je connais des célibataires qui se plaignent de perdre de vue leurs vieux amis qui ont rencontré l'âme sœur. Je peux le comprendre dans une certaine mesure. Mais au moins, ce qui leur prend leurs amis est plus grand que tout : c'est l'amour. Moi, ce qui me prend mes amis, c'est du caillou.

Enfin. Pour en revenir à mes amis célibataires, plusieurs d'entre eux ont recours à des applis de rencontre. À première vue, le choix pourrait paraître étourdissant, mais enlevons donc toutes les personnes manifestement dingues et toutes celles qui ont une photo d'elles-mêmes sur une montagne. Il ne vous en restera que trois. Dans tout le pays. Probablement toutes vos ex.

J'ai toujours eu davantage confiance dans les statistiques qu'en moi-même, alors j'ai vérifié. Et ce n'est pas qu'une impression. Cela ne concerne pas seulement mes amis. Cela ne concerne pas seulement les gens de mon âge — l'âge des quadras, de l'angoisse de la mort. Je présenterai des statistiques plus détaillées et assez inquiétantes plus loin dans ces pages, mais permettez-moi d'ores et déjà de dire ceci : nous pouvons sans crainte parler d'une augmentation explosive de l'outdoor au cours de mes cinq décennies de vie. Et le phénomène continue de gagner du terrain. Les jeunes randonnent en montagne, de leur plein gré. Les seniors courent par monts et par vaux, se promènent dans les forêts. Tout le monde va dans la nature. À l'heure où j'écris ces lignes, les vacances d'automne approchent – parce que, bien sûr, nous avons des vacances d'automne dans ce pays. À l'occasion d'une pause, je jette un œil sur les journaux en ligne et tombe sur une enquête toute fraîche indiquant que sept personnes sur dix ont l'intention de faire une sortie nature pendant les vacances. C'est là la moyenne générale. Les chiffres sont encore plus élevés dans la tranche des 40-59 ans, qui est aussi la mienne.

C'est comme si j'avais fait un petit voyage pour trouver, à mon retour, un pays souffrant d'une crise de la cinquantaine collective. Et je ne parle pas là de ces crises sauvages et dangereuses sur lesquelles on fait des films, avec des fêtes délirantes, des nouveaux départs, un commerce inconsidéré avec les drogues. Je ne parle pas de ces crises dont on se réveille avec quatre incisives en moins, dans une ville où on n'a aucun souvenir d'être allé. Non, je parle ici d'une crise de la cinquantaine extrêmement saine et sensée, chaleureusement soutenue par les autorités.

C'est comme si la raison avait triomphé. Chose qui se manifeste dans plusieurs domaines.

Ainsi de jeunes stars de la pop, sur qui on pouvait autrefois compter en termes de déclarations irresponsables et provocatrices, livrent désormais des réponses parfaitement responsables et dénuées de provocation aux journalistes qui les interviewent. Vos modèles ? Papa et maman. Vos loisirs ? Le sport.

Même la téléréalité emprunte la voie de la raison. Un spectacle qui, il y a vingt ans, était la définition même de la dégradation morale. Où il s'agissait de boire et de coucher autant que possible pendant un mois. Comme le ramadan, mais inversé. Aujourd'hui, la téléréalité et les docu-soaps traitent de plus en plus de s'installer à la campagne, de vivre à l'ancienne, de résoudre des problèmes collectivement. Le plus vieux format de téléréalité norvégienne, qui a aussi été vendu dans de nombreux autres pays, est bien sûr un concours de… ?

Précisément. De. Randonnée. Dans. La. Nature.

Ils sont partout ! Les gens sensés avec leurs vêtements sensés et confortables. Les gens sains qui prennent des photos de montagnes. Les gens qui disent que « les bonnes chaussures, c'est l'alpha et l'oméga » sans une once d'ironie dans la voix.

Cependant, à moins d'être psychopathe, on finit tout de même par s'interroger. Se pourrait-il que ce soit moi qui aie un problème ? Pourquoi ne ressens-je pas la même attirance pour la nature que tout le monde ? Pourquoi ne suis-je pas dans la quête de ce silence sans nul autre pareil ? J'ai pourtant grandi avec un escalier de raccard, des bêtes, de la forêt, une auge, un rouet. Et des montagnes. Beaucoup de montagnes. Et, je le disais, j'étais très bien là-bas.

Qu'est-ce qui ne va pas chez moi ? Je disposais de grandes étendues, d'un accès à la nature quasi illimité, et ce dont je me souviens avec le plus de joie est le seul jour de l'histoire du village où plusieurs milliers de personnes se sont pressées dans un espace restreint.

Est-ce simplement parce que je manque de maturité ? Cela va-t-il venir avec l'âge ? Vais-je me réveiller un matin, dans un proche avenir, en sentant que tout a changé ? Que la seule chose que j'ai envie – non, que je suis *obligé* ! – de faire ce jour-là est de me rendre en altitude et d'enlever le bas pour faire une photo ? Et écrire #libre ?

Quelqu'un a dit un jour que, à part l'inceste et la danse folklorique, on devrait tout essayer une fois dans sa vie. Comme la plupart des citations, son origine reste débattue. Comme toutes les citations, elle n'est ni vraie ni bonne. Bien sûr qu'il y a un tas de choses dans la vie à ne pas essayer ne serait-ce qu'une seule fois. Le suicide, pour prendre un exemple évident. Mais si au lieu de dire « tout », on se limite à « tout ce qui est légal et que les gens aiment ou font », cette citation peut être intéressante. Elle perd un peu de panache, mais le message n'en est que plus sympathique. Un message de curiosité, une invitation à se laisser entraîner.

J'aime bien, en tout cas depuis que je suis adulte, me voir comme un type qui se laisse facilement entraîner, qui s'intéresse à ce à quoi les autres s'intéressent. Rien ne m'ennuie davantage que les gens qui, par réflexe et pour des raisons plutôt branlantes, rejettent tout ce qui est apprécié du plus grand nombre. Moi, quand un grand nombre de personnes font quelque chose et en parlent, j'ai envie de découvrir ce que c'est, de comprendre l'origine de cet engouement et, idéalement, de me laisser entraîner aussi. C'est pourquoi j'écoute de la musique que personne de mon âge n'écoute, c'est pourquoi je suis parfois des compétitions auxquelles je ne comprends pas grand-chose, et c'est pourquoi l'été 2016, je me suis soudain retrouvé en vacances en Islande. Je ne suis pas le moins du monde islandais. Je ne connais aucun Islandais. Je n'ai pas de relation avec l'Islande au-delà des trucs habituels : je sais qu'on y parle une langue bizarre et qu'il y a des sources chaudes, et à une époque, quand j'étais jeune et ignorant, j'écoutais Björk. Mais en 2016, l'Islande a créé l'événement en coupe d'Europe de foot en battant l'Angleterre au premier tour. Et puis, d'un seul coup, elle s'est retrouvée en quart de finale. L'Islande, où c'est globalement toujours l'hiver, et où la population totale correspond au quart d'un arrondissement de Londres. Nous étions une bande dans un bar de foot, en Norvège, à regarder des images du cœur de Reykjavik, où presque toute la population de l'Islande s'était rassemblée pour regarder les matchs sur grand écran. En chantant, en poussant des vivats. Ni une ni deux, nous avons réservé nos billets et nous nous sommes envolés pour Reykjavik. Nous avons regardé les quarts de finale avec quasiment toute la population islandaise. C'était formidable.

Et, oui, je sais que je fanfaronne, que tout le monde n'a pas la possibilité ni les moyens de filer en Islande sur un claquement de doigts. Mais d'un autre côté, vous avez manifestement la possibilité de filer au sommet d'une montagne chaque fois qu'on annonce des éclaircies. Et on peut s'offrir plusieurs voyages en Islande pour le prix de votre équipement de ski.

Je vois bien qu'un schéma prend forme, qu'une ligne se dessine à partir du jour où l'équipe de mon village natal a rencontré la meilleure équipe de Norvège dans un match de championnat de série. Mais il ne s'agit pas ici de football, il s'agit de gens. De se laisser entraîner.

J'aime me laisser entraîner. La vie est alors bien plus amusante.

L'outdoor, ça ne me vient pas très naturellement. L'outdoor suscite sans conteste un fort engouement et si j'étais fidèle à ce que je dis de moi-même, je devrais me laisser entraîner là aussi.

Mais ça ne me vient vraiment pas très naturellement.

Afin que vous saisissiez vraiment à quel point je suis peu, j'ai peu été et je souhaite peu être un homme de l'outdoor, voici une petite anecdote.

Il n'y a pas longtemps, je me suis fait mal au genou. Pendant quelques semaines, j'ai dû marcher avec des béquilles. Sautiller sur des béquilles dans les rues n'a pas que des mauvais côtés. On attire une certaine sympathie, les gens nous sourient, nous adressent des signes de tête encourageants. Mais au bout d'un moment, j'ai commencé à déceler autre chose dans leurs sourires et leurs regards. De l'indulgence ? De la connivence ? J'ai plusieurs fois croisé des gens qui hochaient la tête en me regardant et leurs yeux disaient : « Je sais. »

J'ai alors compris. Un quadra, des béquilles, une blessure du genou. Les gens pensaient : il a présumé de ses forces pendant une randonnée en montagne. Accident de grimpe typique, se disaient-ils.

Oh non ! Ils me prennent pour l'un des leurs !

J'ai alors ressenti un fort besoin de m'expliquer. Dans toutes les situations de sociabilité, j'étais extrêmement prompt à raconter ce qui s'était réellement produit. Bien trop fort, bien trop en détail, et en règle générale sans que quiconque m'ait posé la question. C'EST ARRIVÉ À UNE SOIRÉE, criais-je. JE DANSAIS ! IL ÉTAIT TROIS HEURES ET DEMIE DU MATIN. C'EST ARRIVÉ À UNE SOIRÉE ! C'EST UNE BLESSURE DE DANSE, PAS DE SPORT, PAS DE RANDONNÉE ! C'EST ARRIVÉ À UNE SOIRÉE ! UNE SOIRÉE !

Vous comprenez ?

Non.

D'accord. Laissez-moi essayer encore une fois. Voici toute la pratique de l'outdoor que j'ai accumulée dans ma vie, en sept points.

1. J'ai fait quelques séjours dans des chalets quand j'étais enfant ou ado. Environ cinq. Il était extrêmement peu question d'outdoor. Je n'en dirai pas plus. À vous d'imaginer ma folle enfance.

2. J'ai également fait quelques séjours dans des chalets à l'âge adulte. Environ quatre. Chaque fois, le trajet s'effectuait en voiture presque jusque devant la porte du chalet. Chaque fois, il y avait plus de sacs en plastique que de sacs à dos. Et nous ne faisions pas de promenades.

3. Depuis la fin de ma scolarité obligatoire il y a trente ans, j'ai chaussé des skis une fois. C'était pendant l'un des séjours indiqués au point 2, il était tombé une quantité de neige anormale et nous avions dû nous garer à cent mètres du chalet et faire le dernier tronçon à skis de fond. Cette fois aussi, il y avait plus de sacs en plastique que de sacs à dos. Ce qui est nettement plus compliqué quand on a des bâtons de ski dans les mains.

4. Ces deux derniers étés, nous avons passé une semaine de vacances dans un chalet loué sur la côte. J'aime la côte. J'avais imposé comme unique condition d'avoir au moins deux bars accessibles à pied. Nous avons trouvé une location à proximité de trois bars. C'était fort sympathique.

5. Naturellement, j'ai fait quelques excursions à pied dans mon enfance. Parce que la montagne était là, juste à côté, comme un motif permanent de mauvaise conscience, comme un rappel constant qu'il est possible d'employer son temps plus judicieusement qu'en jouant au foot et en bavassant avec les copains.

Je parvenais assez souvent à résister à cette énorme pression de la Montagne, mais quand c'était une sortie scolaire, j'étais bien obligé. On pouvait être excusé de certains cours pour des motifs religieux, une autre langue maternelle, ou encore des difficultés particulières avec les chiffres et les lettres, mais les sorties dans la nature, on ne pouvait pas y couper. Aujourd'hui, indubitablement, j'aurais porté l'affaire devant une cour de justice internationale, mais à l'époque nous n'avions pas ce réflexe. Je me souviens particulièrement de la sophistication de notre système d'alerte. J'ai grandi dans une région du monde où le soleil brille souvent sur des champs verdoyants dans le centre du bourg alors que l'hiver fait rage trois cents mètres plus haut, et l'incertitude subsistait jusqu'au dernier moment. Le système d'alerte fonctionnait de la façon suivante : suffisamment tôt le matin pour qu'il fasse encore nuit, le prof téléphonait à un élève du premier rang et lui indiquait si la sortie avait lieu ou non. Cet élève téléphonait ensuite à l'élève assis derrière lui en classe, qui téléphonait au suivant, et ainsi de suite, jusqu'à ce que, idéalement, toute la classe soit au courant. C'était un système extrêmement fragile. Il suffisait qu'une famille ne soit pas réveillée par le téléphone, ce qui arrivait : on était au milieu de la nuit après tout. Et puis, il y avait toujours quelqu'un qui avait oublié qui était derrière lui ou n'aimait pas cet élève et rechignait à l'appeler. Ou alors, il y en avait deux qui se mettaient à papoter de tout autre chose et oubliaient ce qu'ils étaient censés se dire. C'est un miracle que nous ayons jamais réussi à partir en excursion.

6. À dix-huit ans, j'ai fait mon service militaire, parce que c'était alors obligatoire en Norvège, à moins d'un problème grave ou d'une contradiction fondamentale avec ses

convictions intimes, ou d'un gros manque d'envie couplé avec un beau talent de menteur. Je ne satisfaisais qu'à un seul critère (je n'avais pas envie), et ce n'était pas suffisant.

Pendant mon service, je suis parfois allé en forêt avec un sac à dos, bien sûr, puisque c'est manifestement l'action préconisée en cas d'attaque ennemie, et j'ai dormi sous la tente. Je n'ai pas recommencé depuis.

Je me souviens de ces expéditions militaires un peu comme de mes sorties scolaires. C'était avant tout beaucoup de labeur. Emballer, farter, remballer, monter, démonter, organiser. Je me souviens des sorties scolaires comme de 90 % de labeur et 10 % de rando. Les excursions militaires, je m'en souviens comme de 90 % de labeur et 10 % de dodo. Dans des tentes froides qu'on mettait toute une journée à monter.

7. Il y a deux ans, je suis allé au Spitzberg. C'était pour le boulot, évidemment, pour divertir les pauvres bougres frigorifiés de cet avant-poste de la civilisation. Mais puisque nous avions fait tout ce chemin, nous étions un certain nombre à être restés quelques jours de plus pour faire ce qu'on fait au Spitzberg. Une excursion en traîneau à chiens, par exemple. Nous avions sans doute une vision un poil idéalisée de ce que cela recouvrait. Nous nous étions imaginés buvant du vin, emmitouflés sous de lourdes peaux de bêtes, pendant que les chiens couraient ventre à terre. Erreur ! Après avoir été affrétés à un bâtiment qui n'aurait pas déparé dans un camp de prisonniers par un homme taciturne qui avait une arme dans son véhicule, nous nous sommes vu attribuer des combinaisons de ski et indiquer que nous devions jouer les mushers, en commençant par harnacher les chiens. Les chiens, ces créatures proches du loup, qui hurlent, les

babines écumantes, en arrachant presque leurs chaînes. L'une des participantes de l'excursion, une certaine personne qui me connaît fort bien (vous vous souvenez peut-être de l'avoir rencontrée plus tôt dans ce chapitre, c'est celle qui m'imaginait petit sur l'escalier du raccard), affirme avoir découvert ce jour-là un tout nouvel aspect de ma personnalité. Je me suis lancé dans la tâche avec détermination. Je traitais les bêtes avec un amour ferme et vigoureux, je distribuais des ordres à mes camarades et, en moins de temps qu'il n'en faut pour le dire, les chiens étaient attelés. J'étais une espèce d'homme primitif.

Cela pourra nous inspirer bien des conclusions. Notamment que ce n'est pas que je ne supporte pas la nature ou que je ne sois pas capable d'affronter des tâches rudes par températures négatives. Je supporte la nature, je suis capable d'affronter des tâches rudes par températures négatives. Je le gère tout à fait bien.

C'est juste que je n'aime pas ça.

Cet entrain viril que j'ai pu présenter alors était sans lien avec une quelconque griserie que j'aurais éprouvée en sentant l'homme de nature en moi ou avec un sentiment d'être vraiment vivant quand je me servais de mon corps, sous les crocs du froid et au son des chiens hurlant à pleine gorge. Non. J'avais simplement compris que plus vite j'aurais accompli cette tâche, plus vite nous arriverions au bistrot.

Et qu'il ne subsiste pas le moindre doute : j'ai trouvé nettement plus amusant de raconter l'excursion en traîneau à chiens au bar après coup que d'y participer. J'ai déjà vu de la neige. Et des gens en grosse combinaison de ski qui ont des problèmes de coordination. J'habite juste à côté d'un jardin d'enfants.

Donc voilà. C'est ainsi que je suis. Et que sont de moins en moins mes amis. Eux ont choisi la nature.

Et moi aussi, je dois le faire. Je dois braver toute ma résistance intérieure, toute ma peur du labeur, toute ma crainte de perdre mon sens de l'humour. Je dois aller dans la nature pour découvrir cette chose avec laquelle ils me bassinent, tous autant qu'ils sont.

Après tout, je suis quelqu'un qui me laisse entraîner.

Peut-être se livrent-ils là-bas à une activité qu'ils ne racontent pas. C'est peut-être la folie ! Je passe peut-être à côté de quelque chose.

Il faut que j'aille à la montagne. Et dans les bois. Peut-être que je serai converti, que je sentirai toutes les pièces du puzzle s'assembler, que je mesurerai combien je suis petit.

Si tout cela échouait, j'espère au moins retrouver mes vieux amis, pour les ramener à la maison, les doucher, leur donner de vrais vêtements et les emmener au pub.

Mais d'abord, il faut que je comprenne un peu mieux de quoi il retourne.

Et puis, je dois appeler celle qui occupe le pupitre derrière le mien pour lui dire que l'excursion va avoir lieu.

Choses que je ne comprends pas

Je pense comprendre pas mal de choses. Il y en a beaucoup que je n'aime pas, mais en règle générale, avec un peu de bonne volonté, et en étant seul dans la pièce, je suis capable de les comprendre. Il en est trois cependant que j'ai vraiment du mal à saisir.

La religion. La drogue. L'outdoor.

Trois pratiques qui ont de nombreux points communs : une traque un peu trop appuyée de la satisfaction personnelle, un humour assez inexistant, des gens prompts à pérorer sur leurs centres d'intérêt et, quand on ne connaît pas ses limites et ne sait pas s'arrêter à temps, un danger mortel.

Je laisserai ici la drogue de côté, ce qui est toujours préférable, mais j'ai fait une tentative assez sérieuse pour comprendre un peu mieux l'outdoor et l'attirance pour la nature. J'ai lu, googlisé, regardé des films, interrogé des gens. J'ai essayé de parler avec certains des nombreux amis que la nature m'a pris. Ils n'ont pas été faciles à joindre, puisque la plupart étaient très occupés à faire sécher leurs chaussettes et à décider s'ils devaient écrire en légende de leur post Instagram #dehorsc'est-mieux ou #laviec'estmieuxdehors, ou être carrément *crazy* et mettre les deux. Mais j'ai fini par y arriver et j'ai compris. Un peu. Il est rigoureusement impossible de ne pas s'apercevoir combien l'outdoor et la religion ont en commun.

Essayez ceci, par exemple : feuilletez quelques-uns des milliers de beaux livres publiés chaque année sur la belle vie dans la nature. Allez ensuite sur Facebook et/ou Instagram pour passer en revue l'année écoulée d'un de vos amis convertis à la montagne. Pour finir, googlisez « charismatic christianity ». Dans les trois cas, vous trouverez exactement la même chose : un tas de photos de gens au bonheur suspect, qui tendent les bras vers le ciel.

Il s'agit peut-être d'un phénomène profondément humain, d'un réflexe. Il semble inconcevable de se faire photographier sur une montagne sans lever les bras au ciel.

Bien entendu, on ne trouve pas que des bras levés au ciel dans tous ces beaux livres et sur les médias sociaux, mais quasiment toutes les photos dégagent indéniablement un parfum de récente conversion. Les personnes photographiées expriment toutes une joie sans bornes. Ça déborderait presque. Il y a des pouces levés, des gens trempés qui s'embrassent, des enfants heureux, malgré le froid, parce qu'ils se sont habillés chaudement et qu'ils ont un sentiment de maîtrise et de réussite et qu'ils ont appris à faire à manger, à construire un abri, à fabriquer des petites voitures à partir de branches de sapin et de gouttes de pluie.

Ce parfum de récente conversion, je le respire autour de mes amis perdus, qui parlent avec le même prosélytisme que les gens qui viennent de trouver la religion.

Enfin. Faisons preuve de clémence et parlons plutôt de désir d'évangélisation.

Et puis non. Gardons prosélytisme.

Dans leur mission, ils adoptent deux procédés. Le premier consiste à expliquer qu'on peut vivre dans la nature des choses qu'on ne vit pas ailleurs, le second – plus surprenant – à nous démontrer qu'on peut vivre dans la nature la même chose que partout ailleurs. Et c'est là que les gens de montagne commencent à ressembler un peu trop à ces jeunes qui allaient en camp d'été religieux et essayaient de convaincre les foules que c'était au moins aussi fou qu'à Ibiza. À l'instar d'adolescents venant de découvrir une chose secrète, les montagnards récemment convertis vous raconteront tout ce qui se passe dans les refuges. Les refuges, vous vous souvenez ? La Cabane du Blizzard, le Foyer des moustiques, le Refuge du Vilain Bonhomme, et puis Kråkebu (la Maison des corneilles), Dæven (le Diable), Rasskatten (le Trésor de l'avalanche). Oui, ces refuges-là… N'allez pas croire qu'on s'ennuie dans ces refuges, affirment les convertis avec un clin d'œil. Oh que non ! D'ailleurs, on parle de refuges et de chalets, mais les plus grands sont plutôt comparables à des hôtels. Et ça y va ! Il y a du vin, de la nourriture et – là, ils marquent souvent une petite pause en regardant autour d'eux avant de finir leur phrase – oui, de la drague. Il y a beaucoup de drague dans ces refuges. Fjellheimen, le Foyer de la montagne ? Le plus grand lieu de drague du monde. Oh yes !

Ce qu'ils disent, c'est qu'en marchant en côte sous la pluie pendant six ou sept heures, on peut arriver à un endroit où, avec un peu de chance, on pourra vivre exactement ce qu'on peut vivre partout ailleurs, dans n'importe quelle ville, tous les soirs de la semaine. Si ce n'est qu'en ville, on échappe au regard fixe du prof d'allemand glauque en maillot de corps en laine qui nous dévisage. Et en ville, si on s'ennuie ou que la chance ne nous sourit pas dans un bar, il suffit d'aller ailleurs. Ou de rentrer chez soi. À la montagne, on ne peut pas. Parce que l'ailleurs est un refuge qui se trouve à cinquante kilomètres de distance. Et s'appelle Bukspyttkjertelen (le Pancréas).

Le prosélytisme est au plus vif sur Internet, bien sûr, et évidemment une autre dénomination de la vantardise. Personne ne va en montagne sans le faire savoir. À autant de monde que possible. Avec autant de hashtags que possible. Au point, parfois, de presque saturer Internet. Et c'est là que la religiosité transparaît. Comme chez les gens qui ont vu la lumière d'une quelconque autre façon, on ne voit pas ici beaucoup de retenue, de nuance. La tendance n'est pas franchement au « j'ai commencé quelque chose de nouveau, je ne sais pas si ça intéressera grand monde. » Non. Ici, on se vante de la façon la plus éhontée : Regardez ! Regardez ce que j'ai découvert ! C'est ce qu'il y a de mieux au monde ! C'est la vérité et la voie à suivre ! #allezzoutoutlemondedehors #décolledetoncanap #dehorsc'estmieux #monterraindejeu #laviec'estmieuxdehors #lamontagnec'esttop #ilovenorway #restepaslààmatercommeuncon #êtresurunemontagneculnulesbraslevésaucielc'estlepied.

Dehors, les gens ont des révélations. Ils se rendent dans la nature pour trouver des réponses. Quand le secrétaire général du parti travailliste Jonas Gahr Støre a accepté de diriger le plus grand parti de Norvège, et de fait de se lancer dans la bataille pour le poste de Premier ministre, il a expliqué en conférence de presse qu'il avait pris sa décision lors d'une randonnée en montagne. Seul.

De nombreuses personnes acquiescent d'un geste approbateur quand elles lisent des choses pareilles. Moi, je me dis : vraiment ? Tu as décidé que tu voulais être Premier ministre seul dans la montagne ? Tu n'aurais pas dû parler avec quelqu'un, plutôt ? Un adulte, par exemple ? Ta famille ?

Mais quand ils veulent montrer à la fois qu'ils sont forts et qu'ils gardent les pieds sur terre — et ils le veulent — les politiques se tournent vers la nature. Même Angela Merkel se fait photographier marchant avec une canne en montagne l'été, bien qu'elle n'en ait manifestement pas envie. Vladimir Poutine transmet régulièrement des photos de lui dans la nature, à cheval ou une canne à pêche à la main, torse nu. Ils espèrent sans doute être perçus comme des gens authentiques, en contact avec la nature.

Si je voyais l'un des dirigeants politiques de mon pays torse nu, je ne me dirais pas : « Quel dirigeant puissant ! Je vais voter pour lui. » Je me dirais : « Mais qu'est-ce que tu fous, bon sang ?! Rhabille-toi tout de suite et dirige le pays, espèce d'imbécile ! »

Les trois ou quatre dernières campagnes électorales américaines nous ont montré que le cliché du rêve américain était une vérité : n'importe qui *peut* devenir président des États-Unis. Des milliardaires de téléréalité, des gens ayant des origines familiales africaines et Hussein comme deuxième prénom. Même les femmes peuvent arriver presque tout en haut. Mais qui que vous soyez, vous devez toujours croire en Dieu. Vous aurez sans doute des problèmes si vous refusez de dire *God bless America* parce que vous ne croyez pas en l'existence de Dieu et que vous trouvez que la religion, finalement, c'est assez stupide. La situation est différente en Scandinavie. Ici, nous avons eu des Premiers ministres athées et, pour une personnalité politique, le risque d'être tournée en ridicule tendrait plutôt à augmenter si elle est croyante. Parmi les politiques qui rejoindront probablement les futurs gouvernements de Norvège, on trouve des croyants, des indifférents, des athées et un ou deux musulmans plus ou moins convaincus. En revanche, on aura sans doute plus de mal à rallier les foules nordiques si on admet publiquement ne pas voir l'intérêt de se promener dans la nature ou si on déclare que les vacances dans un refuge de montagne sont pour les losers.

Se pourrait-il donc que la nature occupe aujourd'hui la place qu'occupait autrefois la religion ? De nombreuses études suggèrent que la place de la foi chez les Scandinaves est parmi les plus faibles du monde. Est-ce vrai, comme certains croyants l'affirment, que nous avons besoin dans la vie de quelque chose de plus grand que nous-mêmes, d'un élément constant en des temps changeants, d'un phénomène que la raison ne peut pas expliquer ? Si tel est le cas, on pourra noter que tout dans la phrase que je viens d'écrire pourrait dépeindre une montagne tout aussi bien qu'un dieu. Subtil, non ?

Pour en revenir à nos convertis de la montagne sur les médias sociaux, il est frappant de constater avec quelle facilité ils attribuent tout et n'importe quoi à Dieu. Jusqu'à l'absurde. Des sommets montagneux seront ainsi décrits comme « le fer de lance du Seigneur », « le fer à krumkaker[1] du Tout-Puissant » ou encore « l'épluche-légumes de Dieu ».

La question est donc de savoir si la nature a pris la place de la religion. Si l'on est quelqu'un qui remet sa vie aux statistiques et qu'on a un tout petit peu envie que des théories recherchées soient confirmées, on pourra toujours mentionner que la religion se portait bien mieux il y a trente ou quarante ans et que la randonnée comme loisir a connu un formidable essor au cours de ces trente ou quarante dernières années, justement.

---

1. Biscuit à la cardamome cuit dans un fer aux plaques richement ornées et roulé ensuite en cornet sur un ustensile en bois conique.

Mes amis se seraient-ils tout simplement tournés vers une religion ?

Non.

Je le disais, je leur ai demandé ce qui les avait incités à se mettre ainsi à se promener dans la nature. Tous m'ont parlé de se maintenir en forme. Certains s'étaient soudain aperçus qu'ils avaient un corps en poire. D'autres avaient compris qu'ils avaient du ventre en se voyant sur une photo de fête d'entreprise, ce dont ils auraient dû se rendre compte depuis longtemps. D'autres encore considéraient que marcher dans la nature était un moyen sympathique de se remettre en forme, avec le bénéfice d'une vue bien plus belle que dans beaucoup d'autres sports. Et l'un de mes amis ne démordait pas que descendre un coteau galbait joliment les fesses et qu'il pouvait le prouver.

Soit. Mais la plupart de mes amis précisaient aussi qu'il y avait dans la nature quelque chose qu'ils n'arrivaient pas vraiment à exprimer. Un sentiment à connaître absolument, prétendaient-ils. Quelque chose… d'inexplicable. D'aucuns parlaient de l'arrivée au sommet d'une montagne comme d'une victoire, quelque chose de puissant. Ils précisaient que la vue procurait un sentiment tout à fait particulier, qui ne pouvait se comparer à rien d'autre et qui allait au-delà de l'appréciation esthétique. L'un de mes amis parlait même d'excitation sexuelle (c'est celui qui disait ce truc sur les fesses, pour le cas où vous poseriez la question). Religieux, je ne sais pas, mais inexplicable, assurément.

Tout cela se retrouve dans les livres de randonnée. Pas l'histoire d'excitation sexuelle, certes, mais le reste. Car les gens qui écrivent sur la nature deviennent souvent semi-religieux, eux aussi. Ou ont du mal à exprimer leur sentiment.

Le Britannique William Cecil Slingsby aurait été le premier à gravir environ cinquante montagnes norvégiennes. En 1904, il a publié le classique *Norway, the Northern Playground*, qu'il ouvre, tant qu'à faire, sur un récit alternatif de la création des massifs norvégiens, qui seraient le fruit d'un combat entre Dieu et Satan. Dieu voulait un endroit beau et vivable. Typiquement Dieu. Satan souhaitait que ce soit sombre, inaccessible et plein de pierres. Il en a résulté une espèce de mélange des deux.

Henrik Ibsen a été un peu plus simple dans son approche : « Là-haut, sur les hauts plateaux, il y a la liberté et il y a Dieu, en bas tâtonnent les autres. »

Plutôt condescendant à l'égard de ceux qui ne randonnent pas, bien sûr, mais ça, c'est Ibsen tout craché.

Dans la littérature de montagne récente, on décèlera sans doute légèrement moins de Dieu et nettement plus de liberté. Mais de liberté de quoi ? Ou plus exactement : de quoi se libère-t-on ?

L'aventurier norvégien Erling Kagge écrit : « Si je ne peux m'éloigner du monde à pied, en escaladant ou à la voile, j'ai appris à m'en abstraire. »[2]

S'abstraire, se libérer du monde… Tout simplement. Rien que ça.

Sigri Sandberg, journaliste et autrice norvégienne, a beaucoup écrit sur la nature et la montagne. Dans une interview, elle explique que, dans les endroits très fréquentés, elle ressent

---

2. Erling Kagge, *Quelques grammes de silence*, traduit du norvégien par Hélène Hervieu, Flammarion. (N.d.l.T.)

le besoin de se protéger de l'énorme rayonnement des gens, et qu'elle se réfugie dans la nature et y recherche le silence essentiellement pour échapper au brouhaha humain.

Se libérer du monde et des gens, alors. Ce n'est pas de la gnognotte.

Certaines personnes ont toujours besoin de pousser le bouchon un peu loin plus que les autres. C'est le cas du Britannique Thomas Thwaites. Il y a quelques années, il a décidé de vivre comme une chèvre dans les Alpes. Il explique la genèse de son projet et sa mise en œuvre dans un récit intitulé *GoatMan*. Cette démarche reste très particulière à tous égards, bien sûr, mais les raisons qu'il invoque pour ce retour à la nature si profond ne diffèrent pas totalement de ce que décrivent Kagge et Sandberg. Ainsi, il demande s'il ne serait pas merveilleux de pouvoir se défaire de l'angoisse existentielle, ce trait spécifiquement humain, l'espace de quelques semaines. De vivre dans le présent, sans s'inquiéter de ce qu'on a fait, de ce qu'on fait, de ce qu'on va faire. D'échapper à toutes les limitations, à toutes les attentes, non seulement celles que nous imposent la société, la culture, notre histoire personnelle, mais celles de la biologie même. D'échapper aux inquiétudes inutiles qui vont de pair avec la condition humaine.

En un mot, la réponse à cette longue question est « non », bien entendu.

Car si l'on approfondit quelque peu, on pourra noter que ce que demande réellement Thomas Thwaites, c'est s'il ne serait pas plaisant de pouvoir échapper à la responsabilité de ses actes et de son rôle dans la société. Et ce serait sans doute plaisant, oui, mais ces choses-là portent un nom. Égocentrisme, par exemple. Irresponsabilité. Fuite. Immaturité.

Ou chèvre, manifestement.

C'est désormais une notion récurrente dans tout ce qui s'écrit sur la vie dans la nature. Déconnecter, s'abstraire. La nature est un endroit où on échappe aux sollicitations, aux perturbations, aux problèmes, au bruit. Ou à la vie, comme on dit aussi.

La fiction nous propose une tout autre histoire de la nature. De nombreux romans, séries et films parlent de gens qui souhaitent mettre derrière eux une vie trop stressante et vivre en harmonie avec la nature. J'ai perdu un peu le compte au fil du temps, mais je pense ne pas trop me tromper quand j'estime que la destinée des gens qui souhaitent vivre en harmonie avec la nature se répartit à peu près comme suit :

10 % d'entre eux passent le reste de leur vie à échouer dans leurs entreprises pendant que la population locale se moque d'eux.

90 % d'entre eux sont tués.

Bien sûr, vous êtes parfaitement en droit de rappeler ici que la fiction recherche toujours le drame, mais j'ai aussi lu des documents du même tonneau. Dans *Into the Wild*, nouveau classique de la littérature de nature, Jon Krakauer relate l'histoire vraie d'un étudiant qui décide de tout plaquer pour vivre une vie primitive et authentique dans la nature. Il meurt de faim.

Bon. Récapitulons.

La nature, ça peut être un peu rude. Les gens y meurent de faim. Cette rudesse peut sans doute tenter un certain nombre d'entre nous qui occupent des postes de cadres plus ou moins dans le secteur public et ont des conditions de vie relativement peu éprouvantes. Cela pourrait expliquer une partie de l'attrait. Il y a aussi l'exercice physique, le fessier galbé, la forme de poire qu'on élimine. L'expérience de la nature, l'air, la vue.

Et puis nous avons donc le reste, ce plus ou moins inexplicable, qui n'est pas religieux, mais y ressemble, et qui pourrait sans doute se résumer à un désir d'arrêter le temps, de couper le son, de s'isoler du monde extérieur, de trouver des poches d'air et de temps pour réfléchir. Nous vivons des vies stressantes à une époque frénétique et avons plus que jamais besoin de calme et de solitude.

Besoin qui pourrait paraître sympathique et compréhensible.

À ceci près que cette description de la vie que nous vivons aujourd'hui est totalement fausse. Le contraire de vraie.

Nous avons sérieusement commencé à nous tourner vers la nature pour arrêter le temps et éteindre le bruit ces dernières trente ou quarante années. Que s'est-il passé d'autre pendant cette période ? Eh bien, voici une ou deux réponses parmi d'autres :

Depuis 1970, la population a gagné, en moyenne, une heure de temps libre par jour. Elle le passe moins en compagnie d'autres gens qu'autrefois.

En 1980, 10 % des habitants de Norvège ne disposaient d'aucune salle de bains ou de douche. En 2015, ils étaient près de 40 % à vivre dans un logement comptant deux salles de bains ou plus. Ce logement, ils sont aussi bien moins nombreux à le partager : les familles sont plus petites, et près de 40 % des ménages norvégiens ne sont constitués que d'une seule personne. Par ailleurs, ces ménages constitués de moins en moins de personnes possèdent de plus en plus de logements. 40 % des Norvégiens ont accès à une résidence secondaire, 26 % des Norvégiens en sont propriétaires, et depuis le début du millénaire, le pourcentage de Norvégiens possédant un logement à l'étranger a été multiplié par plus de huit.

Pendant cette période où nous avons manifestement éprouvé un terrible besoin de temps et de solitude dans de grands espaces, nous avons donc obtenu plus de temps et plus de place, que nous partageons avec de moins en moins de personnes. Nous n'avons jamais disposé d'autant de temps et d'espace pour être dans le calme et la solitude.

L'explosion de l'outdoor n'est pas une réaction à notre époque, c'est une illustration classique du « plus on en a, plus on en veut ». Il y a deux ou trois générations, quand les gens avaient effectivement de longues et dures journées de travail et rentraient auprès de familles nombreuses dans de toutes petites maisons, quand les gens devaient *vraiment* avoir besoin de poches d'air et de calme, presque personne ne se promenait dans les montagnes pour le plaisir. C'est une activité à laquelle nous nous sommes vraiment mis quand nous avons eu plus de temps libre, plus de logements, des familles moins nombreuses. En fin de compte, le peuple de l'outdoor n'est peut-être pas un peuple de nouveaux croyants, mais plutôt d'insatiables. Vous avez trois logements dans deux pays et constamment mauvaise conscience parce que vous ne les utilisez pas assez, et il faudrait en plus que vous ayez la *nature elle-même* pour vous tout seul ?

On pourra bien entendu objecter que, quand on est attiré par la nature, on ne désire pas plus de choses, mais autre chose. Qui ne se trouve pas dans les maisons chics et les chalets immenses. Comme le savent tous ceux qui ont écouté de la pop, certaines choses ne s'achètent pas avec de l'argent. L'amour, notamment. Le bonheur.

Et le bonheur, ça nous connaît, nous, les Norvégiens. L'ONU se livre régulièrement à des classements des meilleurs pays du monde et des populations les plus heureuses. En gros, ces palmarès fort peu remarquables montrent que les habitants de démocraties aisées qui fonctionnent bien et sont en situation de paix ont systématiquement une vie plus agréable que ceux des pays pauvres en guerre. Évidemment. Ce ne sont pas les montagnes qui rendent les gens heureux et bien dans leur peau.

Car comment expliquerait-on que le Danemark obtienne toujours un bon classement dans ces palmarès alors que son sommet le plus élevé culmine à environ cinquante centimètres d'altitude ? La plupart des Danois ne sont jamais montés plus haut qu'un tabouret de bar.

Notre époque a vu un autre phénomène que je n'ai pas mentionné jusqu'à présent, et qui est, à bien des égards, notre éloignement de la nature. Au quotidien. Les gens vivant de et dans la nature sont largement moins nombreux que par le passé. Ce qui pourrait expliquer peut-être pourquoi nous parlons de la nature comme d'une réalité relativement exotique, et pourquoi elle nous inspire des sentiments religieux, ou érotiques. Ou encore pourquoi nous disons que nous ne pouvons pas vraiment expliquer son action sur nous. Ce ne sont pas des réflexions que nous ferions à propos d'un élément évident, constant et quotidien de notre vie, de quelque chose qui en fait constamment partie, tous les jours.

Cela pourrait expliquer aussi ce désir de montrer que nous sommes toujours un peu basiques, que nous sommes encore un peu des durs, malgré tout ce qui suggère le contraire. Ceux de mes amis perdus qui collectionnent les sommets, et ils sont un certain nombre, parlent de « se faire » tel ou tel sommet. Pas de le gravir. De se le faire. Plutôt viril… Nous vivons peut-être à une époque où tous les moins de vingt-cinq ans souffrent d'une maladie ou d'une autre et où nous autres, adultes, avons besoin d'assistance psychologique pour gérer une réorganisation de notre lieu de travail, mais la montagne, putain, on se la fait !

Aujourd'hui, pour beaucoup d'entre nous, être dans la nature – et même marcher, se déplacer, se servir de son corps – n'est plus un fait quotidien ; prenant la forme de sport ou de week-ends au chalet, c'est désormais une pratique à laquelle nous nous livrons de façon déterminée quand nous avons du temps libre (et pour laquelle nous portons des tenues idoines), ce qui est complètement différent.

J'ai mentionné que, dans mon enfance, il n'y avait que les originaux pour se déplacer à pied dans les rues de mon bourg. Aujourd'hui, on voit davantage de marcheurs, mais leur pas est pressé, ils portent des chaussures colorées, des Lycras, indiquant clairement qu'ils ne traînent pas dans le bourg. Ils font du sport.

J'ai vu un jour un homme très athlétique traîner des pieds. Tout indiquait qu'il arrivait directement de la salle de muscu. Sac de sport à la main. Extrêmement bien bâti. Et il traînait des pieds. Soulever deux cents kilos en développé couché, oui, mais soulever ses propres pieds quand il quitte la salle, trop fatigant.

Ce body-builder traînant des pieds me paraît offrir une image assez précise, à défaut d'être très réjouissante, de notre époque.

À bien des égards, mon grand-père maternel, qui a exploité la ferme dans laquelle j'ai grandi aussi longtemps que j'y ai vécu, était un homme de nature. Je crois que, avec la plus grande évidence, il savait tout ce qu'il y a à savoir sur la nature et les animaux. Il vivait à la ferme. Il portait un costume aux célébrations de confirmation religieuse et, le reste du temps, il était en combinaison.

Il ne se *baladait* jamais dans la forêt, comme ça, sans raison. Il ne se promenait jamais pour le plaisir de se promener. Il ne soulevait pas d'objets pour le plaisir de soulever. Il ne portait jamais de coupe-vent aux couleurs criardes pour gravir le sommet le plus proche et lever les bras au ciel avant de rentrer chez lui. Si Instagram avait existé de son temps, il n'aurait jamais écrit #c'estmieuxdehors.

Parfois, il s'asseyait sur l'escalier de raccard susmentionné et fumait la pipe en caressant le chat. Rien ne me laisse penser qu'il méditait sur son infimité dans l'infinité.

Aujourd'hui encore, les gens qui vivent ou ont grandi dans de petits villages, avec la nature sous leurs fenêtres, ont sans doute moins de facilité à égrener des formules prétentieuses sur le temps à arrêter et les poches d'oxygène à trouver. C'est du moins ce que nous nous plaisons à croire.

Les citadins vont dans la nature pour trouver la paix intérieure. Les campagnards vont dans la nature pour abattre des proies.

Les citadins regardent des séries de téléréalité où les participants vivent à l'ancienne dans une ferme parce que c'est un bon divertissement, aux vertus parfois éducatives. Les campagnards, parce qu'ils aiment se moquer des citadins qui ne savent pas manier une hache.

Les citadins ont la larme à l'œil quand ils voient un agneau. Les campagnards, l'eau à la bouche.

Nous avons cela dans le sang, nous tous qui pouvons nous enorgueillir d'avoir grandi à la campagne. Nous aimons nous prévaloir d'un rapport non idéalisé à la nature, mais pour la plupart d'entre nous, tout cela n'est probablement plus que de la rhétorique. Soyons honnêtes : combien de temps survivrions-nous dans la nature sans téléphone ? D'ailleurs, à quoi bon aller dans la nature sans téléphone ? Aujourd'hui, les campagnards sont aussi nombreux que les citadins à goûter les plaisirs de la promenade dans les bois sans autre motivation que le plaisir d'un spectacle de toute beauté, probablement parce qu'ils mènent désormais des vies plus semblables, mais historiquement, cette approche de la nature était l'apanage des habitants des villes.

Quand on vit en Scandinavie, on se figure parfois – par chauvinisme et manque de connaissance de l'histoire – que marcher en montagne pendant des jours est une activité typiquement nordique, ancienne, proche de la terre. La vérité est que c'est une pratique importée, snob et relativement récente.

Cette tradition de la randonnée trouve son inspiration en Angleterre, où elle était un divertissement de la classe supérieure. Les autres n'avaient probablement pas le temps. Pour l'anecdote, le mot *boredom* (ennui) est attesté pour la première fois à peu près à l'époque où des Anglais fortunés ont commencé à se rendre en Norvège pour marcher en montagne. Bien entendu, il y a eu des gens dans les montagnes avant cela, mais ils y étaient globalement parce qu'ils avaient quelque chose à y faire, donc ça ne compte pas. William Cecil Slingsby qui, comme nous le disions, gravissait des sommets norvégiens il y a cent cinquante ans, suggère dans ses écrits que les paysans du coin peinaient à comprendre sa démarche. Et pourquoi l'auraient-ils fait ? La montagne était leur lieu de travail. On ne demande pas aux cadres et aux DRH de profiter de leurs vacances pour se balader dans l'open space de leur entreprise.

Mais revenons à la Norvège. Quand quelques personnes se sont associées pour fonder DNT, la fédération norvégienne de promotion de la randonnée pédestre, il ne s'agissait pas précisément de paysans. DNT, c'est donc la fédération qui possède un grand nombre des refuges vers lesquels les gens randonnent. Vous vous souvenez de ces refuges, hein ? Spiterstulen (le Chalet d'alpage du Filet d'Eau), Styggemannshytta (le Refuge du Vilain Bonhomme) et, tant qu'on y est, pourquoi pas aussi Rallkattlia (la Colline des Matous Errants), et Hengemyra (le Bourbier) ? Bref, cette fédération a été fondée en 1868 à Oslo, par des gens des hautes sphères. Des directeurs, des colonels, des gens qui étaient consuls, juges de tribunaux locaux, assesseurs et autres titres que l'on ne trouve que chez des personnages qui, tous, ont en commun d'être nés de la plume de Henrik Ibsen.

Autrement dit, l'initiative ne venait pas précisément d'en bas. Et la randonnée n'est toujours pas un loisir particulièrement représenté dans les classes populaires. Aujourd'hui encore, plus on gagne et plus on est diplômé, plus la probabilité d'être un adepte de la randonnée est élevée.

C'est seulement ces dernières trente ou quarante années que l'outdoor a commencé à prendre l'allure d'un mouvement de masse, d'un mode de vie démocratisé, et qu'on a pu dire que la randonnée était passée du rang d'activité pour citadins aisés à celui d'activité pour tous. Enfin, si l'on veut pinailler un peu, on pourra toujours rappeler que cela reste une activité pour citadins aisés ; simplement, ces dernières trente ou quarante années, presque tous les Norvégiens sont devenus des citadins aisés.

Bien évidemment, ce n'est pas tout à fait vrai, mais le revenu moyen en Norvège a augmenté de 124 % depuis 1980, en corrigeant l'inflation. 80 % des habitants de Norvège vivent actuellement dans des villes et des agglomérations urbaines. Et, je le disais, les gens qui vivent directement de et dans la nature sont moins nombreux, y compris dans les campagnes.

Il semblerait que des générations et des générations aient travaillé à atteindre ce point où nous menons une vie confortable, sans tout ce labeur, sans être assujettis aux caprices de la nature, et maintenant que nous avons enfin atteint ce point, nous souhaitons retourner à la nature. Non sans ressembler à ces couples qui désirent un enfant plus que tout au monde et qui, après sa naissance, n'aspirent à rien d'autre qu'à une soirée tranquille, sans enfants. Pour pouvoir boire un verre de vin et parler avec des adultes. De la fatigue que c'est d'avoir une progéniture.

Bref. Résumons ce que j'ai pu apprendre et comprendre jusqu'ici : les amateurs d'outdoor sont des nouveaux convertis, aisés et insatiables, qui souhaitent avoir la fesse ferme et, en attendant que ce soit le cas, lèvent les bras au ciel et écrivent #c'estmieuxdehors sans la moindre ironie.

Il doit bien y avoir autre chose. Les statistiques n'offrent pas toutes les réponses. La littérature non plus. Et mes amis sont des gens aussi bien que les autres. Ils l'étaient, en tout cas. Quelque chose a dû m'échapper.

Il faut que j'en fasse l'expérience par moi-même.

Et que je procède de façon classique : en allant au Jotunheimen, ce massif montagneux qui regroupe tous les plus hauts sommets d'Europe du Nord, cette région où est né le tourisme de montagne norvégien et où on a fait les premières randonnées de refuge en refuge en Norvège, ces montagnes qui ont coupé le souffle des aristocrates britanniques, inspiré de grandes œuvres aux artistes. Il faut que je traverse la Besseggen et il faut que j'aille sur la plus haute montagne de Norvège et d'Europe du Nord, le Galdhøppiggen. D'ailleurs, le Galdhøppigen, je vais *me le faire*. Et je verrai si j'ai l'impression d'être un dur, si je me sens petit, ou grand, ou heureux, ou croyant, ou excité sexuellement.

Je vais dormir dans des refuges aux noms bizarres. Rencontrer ces gens insatiables, convertis, aisés.

Vivre en harmonie avec la nature.

Et mourir de faim, sans doute.

Mais d'abord, il me faut acheter tout l'équipement nécessaire pour une telle randonnée.

Outdoor d'intérieur et pop-corn au feu de bois

Rien n'est plus effrayant qu'une boutique qui vend des produits auxquels on ne connaît rien. On s'arme de courage, on entre, on répond oui à toutes les questions pour ne pas avoir l'air d'un imbécile fini, on essaie de blaguer un peu pour montrer qu'on maîtrise la situation, et un quart d'heure plus tard, on se retrouve sur le trottoir en ayant dépensé quarante mille couronnes norvégiennes pour on ne sait trop quoi.

Cela fait partie des choses que je redoute le plus dans toute cette aventure : me procurer tout l'équipement dont j'ai besoin. Et probablement beaucoup dont je n'ai pas besoin.

Avant d'en arriver là, je dois adhérer à DNT, cette fédération norvégienne de promotion de la randonnée pédestre dont vous vous souvenez peut-être qu'elle a été fondée il y a cent cinquante ans par des citadins de la classe supérieure avec des titres dignes de Henrik Ibsen et qu'elle donne accès à nombre de ces refuges qui s'appellent Fleskedalsbua (la Cabane de la Vallée du Lard), Tjukka (la Grosse), Bufsen (le Rustre), Kukeligrend (le Hameau de Cocoricouille), ou Hakespetthytta (le Refuge des Pics Épeiches).

Cette fédération a un magasin au cœur de la ville où j'habite. On peut y acheter des produits utiles dans la nature, y demander de l'aide pour planifier des randonnées et y obtenir la qualité de membre, qui donne droit à la clef universelle de Slaskedalsbu (le Chalet de la Vallée Flasque), Krykkja (la Mouette Tridactyle), Fokstugu (la Cabane du Blizzard), et Tåkeheimen (le Foyer des Brumes). C'est là que je me trouve maintenant, après avoir passé un quart d'heure sur le trottoir à m'armer de courage en contemplant avec regret le café d'en face, où les gens lisent le journal, bavardent et rient comme des gens heureux ordinaires.

Dans le magasin de randonnée, de nombreux clients portent des pantalons avec une infinité de poches. Juste à côté de moi, deux d'entre eux me scrutent. Ils ont un casse-croûte, une carte, une thermos. Manifestement, venir dans le magasin est une randonnée en soi. Au bout d'un certain temps, je finis par comprendre que je les gêne pour aller à une table dans le coin. Je souris, me déplace et leur fais signe de passer d'un geste généreux du bras. Ils ne me sourient pas, ne me remercient pas, passent devant moi, s'asseyent, déballent leur casse-croûte, déplient leur carte et se mettent à murmurer.

Mon tour arrive. J'affiche mon sourire le plus large et le plus inclusif (un sourire drôlement large et inclusif, demandez à n'importe laquelle de mes connaissances) et je me dirige vers le comptoir.

« Bonjour ! dis-je, rayonnant. J'ai besoin d'aide.

– Oui ! » répond la femme.

J'éclate de rire. Parce que j'ai cru à une plaisanterie de sa part. Et pour montrer que je maîtrise la situation. Mais rien ne suggère que c'était de l'humour…

Je commence à me demander si les randonneurs ne souffrent pas de petites difficultés en termes de rapports sociaux ordinaires.

Je lui explique que j'aimerais adhérer à la fédération.

Elle a d'abord l'air très affairée. Elle ne tambourine pas exactement des doigts, mais presque. Honnêtement, je pensais être dans un endroit où on savait prendre son temps. Je m'imaginais que, reconnaissants et même un peu fiers d'avoir ramené une personne de plus dans le droit chemin, des gens qui avaient abondamment quadrillé la nature norvégienne dépliaient des cartes, apportaient une thermos de café, probablement très allongé, vous en servaient une tasse en vous prodiguant des conseils mûrement réfléchis et assortis de tapes sur l'épaule. Je n'espérais pas tambours, trompettes et tapis rouge, mais je pensais tout de même que mon désir d'adhésion serait accueilli autrement qu'avec de la hâte d'en finir. Elle a sûrement envie de fermer la boutique tôt, afin de pouvoir sortir de la ville et se rendre sans tarder dans la forêt, où elle pourra se poser et rester seule. Ça doit être l'enfer pour des gens comme ça de travailler en ville. Elle porte un pantalon de montagne, vois-je, avec une multitude de poches. Elle est parée pour se précipiter dans la nature, à la seconde de la fermeture.

Le bavardage étant contre-indiqué, je me contente d'énoncer mon nom et mon numéro de téléphone et je règle mon dû. J'obtiens ma carte de membre et la clef des refuges aux drôles de noms. En l'occurrence, je ressens une certaine fierté. Et une petite envie de pantalon multipoches.

« Où allez-vous randonner ? » s'enquiert-elle. Ah, voilà ! Il faut avoir la clef pour être considéré comme l'un des leurs et pouvoir discuter montagne.

« Dans le Jotunheimen, dis-je crânement. Besseggen. Galdhøppingen.

– Oui, c'est là que tout le monde va…

– Vous voulez dire que vous me déconseillez d'y aller ?
– Non, pas si vous aimez marcher en file indienne… »

Résumons : je me suis largement éloigné de ma zone de confort en décidant de faire exactement ce que cette association voudrait que les gens fassent, à savoir visiter les classiques des massifs norvégiens. Et qu'obtiens-je en retour ? Des réprimandes.

Je ne me laisse pas affecter par si peu et pars acheter l'équipement dont j'ai besoin.

J'ai demandé conseil et il apparaît que ce dont on a besoin pour marcher dans la nature, c'est tout ce qu'on possède déjà, mais avec le complément « de montagne » ou « de randonnée ». Chaussures de randonnée, pantalons de randonnée, chaussettes de randonnée, sous-vêtements de montagne, veste de montagne, bonnet de montagne, plats lyophilisés de randonnée, couverts de randonnée, popote de randonnée, serviette de randonnée, trousse de toilette de randonnée, gants de montagne, lunettes de soleil de montagne.

Commençons par les chaussures. Au cas où vous ne le sauriez pas, de bonnes chaussures sont le commencement et la fin de toute chose, l'alpha et l'oméga.

Devant le premier magasin de sport se trouvent trois imposantes pancartes avec des photos de gens qui tendent les bras vers le ciel, sous les slogans « C'est dehors que ça se passe », « C'est dehors qu'on est libre », « C'est dehors qu'on vit ».

Du coup, il n'est alors pas très tentant d'entrer *à l'intérieur* du magasin, mais il le faut.

« J'ai besoin de chaussures de randonnée, dis-je à un type qui travaille dans le magasin, en balançant mon fameux sourire inclusif, auquel il ne répond pas.

– Vous allez marcher où ?

– Dans le Jotunheimen. Besseggen. Galdhøpiggen.

– Tous les endroits que nous déconseillons.

– Pourquoi ?

– Ben, parce que c'est bondé, là-bas. On marche en file indienne. »

Mais enfin quoi, merde ?!

Jusqu'ici, aujourd'hui, deux constatations émergent :

1. Les randonneurs semblent avoir des difficultés en termes de sociabilité ordinaire.

2. Il faut s'attendre à se faire houspiller si on a l'intention de se rendre dans des endroits plébiscités.

Ces deux données pourraient bien être liées. Faut-il s'étonner que les montagnards galèrent un peu dans les relations sociales quand, de toute évidence, ils ne sont pas du tout habitués aux autres ? Car quiconque juge le Jotunheimen bondé n'a aucune espèce d'idée de ce qu'est une foule. D'ailleurs, si on trouve qu'il y a beaucoup de monde dans la nature norvégienne, c'est probablement qu'on n'aime pas les gens, tout bêtement. Hypothèse qui n'est pas forcément fausse, la littérature m'a déjà enseigné que les randonneurs entretenaient un désir de fuir le monde, qu'ils envisageaient les autres comme du bruit.

Affirmons-le sans attendre : quelle que soit l'échelle employée, ce n'est bondé nulle part en Norvège, et encore moins dans la nature. À Hong Kong, c'est assez bondé, dans le métro londonien à l'heure de pointe, c'est assez bondé, dans la nature norvégienne, ce n'est pas bondé. Tous les humains de la Terre tiendraient dans le comté de l'Østfold. C'est véridique.

En comptant un demi-mètre carré par personne, on a de la place pour tout le monde. Ce comté représente à peine plus d'un pourcent de la superficie totale de la Norvège. *L'intégralité de la population mondiale tiendrait dans un pourcent de la Norvège !* Alors, non, ce n'est pas bondé dans ce pays, et encore moins dans le Jotunheimen, un massif immense. Si tous les habitants d'Europe y plantaient leur tente individuelle, il resterait encore plus de deux cents kilomètres carrés de libres.

Je n'en dirai pas davantage.

Mais il s'agit-là d'une maladie répandue, et pas uniquement chez les randonneurs, bien sûr. En voyage, nous avons une fâcheuse tendance à souhaiter nous éloigner des endroits où il y a beaucoup d'autres gens comme nous, sans doute parce que nous aimons nous sentir spéciaux. Nous avons tendance aussi à valoriser les lieux difficiles d'accès. S'il y a un café quelque part sur une corniche, et qu'il a fallu ramer et grimper pendant des heures pour y arriver, vous pouvez être certains que les gens prétendront qu'on y sert la meilleure soupe de poisson du monde.

Elle n'est probablement pas si bonne que ça, mais quand on a ramé et grimpé pendant des heures pour parvenir au café, avant de faire le chemin inverse pendant des heures pour rentrer, on ne se précipite pas pour admettre qu'on s'est fait servir de la soupe en sachet.

Ceci explique peut-être aussi pourquoi mes amis convertis à la nature parlent souvent avec de grands alléluias de l'arrivée à destination. Que cette destination soit un chalet dans la forêt ou un sommet montagneux. La vue est tellement plus belle quand on a dû faire un petit effort pour y arriver, disent-ils. La nourriture est tellement meilleure après une marche longue et ardue. De nombreuses personnes que je connais prétendraient que la vue du sommet d'une montagne est plus belle quand on est monté à pied que quand on est monté en téléphérique.

Je suis moi-même tombé dans ce panneau en tant que touriste. Avec un copain, nous allons parfois à Édimbourg, c'est une jolie ville, et son festival convient bien aux gens comme nous. Un jour, nous avions décidé de partir à la recherche d'un pub mentionné dans une quelconque publication obscure. Un écrivain le recommandait, en le qualifiant de pub authentique qui n'était pas envahi par les touristes et les festivaliers. Après avoir cherché pendant bien trop longtemps, nous avons fini par le trouver. Et nous avons tout de suite compris pourquoi il n'était pas envahi par les touristes et les festivaliers : l'endroit n'était pas particulièrement sympa. Pas de musique. Des locaux pas aérés depuis la génération précédente. Des clients assis chacun dans leur coin, sans se parler. Quand on entrait, tout le monde se retournait. Le barman était tout aussi mutique, et il ne prenait pas la carte. Aux murs, des photos en noir et blanc montraient ce qu'on aurait vu par les fenêtres s'il y en avait eu, et si Édimbourg avait été en noir et blanc. Nous y avons perdu une heure de notre vie, dévisagés par les autochtones.

On se sent rarement aussi bête que quand on s'est donné beaucoup de mal pour dénicher le seul pub de la ville à moitié désert, silencieux et déplaisant, dans une ville où on trouve tous les quatre mètres des pubs conviviaux, animés, avec de la bonne musique et un personnel qui fait des blagues et vous appelle « sir ».

Je pense qu'on se sentirait tout aussi stupide de randonner dans la région où se trouve la montagne la plus élevée de

Norvège sans s'y rendre. Les vieux de la vieille de la randonnée vous raconteront sans aucun doute qu'il y a d'autres montagnes à proximité où on peut marcher *tout seul*. C'est bien possible. Mais vous ne serez alors pas allé sur la montagne la plus haute de Norvège. Vous aurez seulement été seul. Et ça, je peux le faire sans bouger de chez moi.

Alors je ne cède pas devant l'adversité, je maintiens mon choix d'itinéraire, et je continue aussi ma chasse aux bonnes chaussures.

Ce qui est amusant dans les magasins qui vendent des chaussures de randonnée, c'est qu'ils offrent souvent de la fausse montagne, pour tester les chaussures. Cette montagne doit culminer à quarante centimètres de haut (ou de très haut, comme on dirait au Danemark) et elle est composée d'une minuscule montée et d'une minuscule descente.

Franchement : si vous parvenez à aller et venir sur une toute petite montagne jouet dans un magasin sans pouffer de rire, vous avez un sérieux problème. Je n'arrêtais pas de glousser pendant que je testais les chaussures. Nettement plus que les vendeurs. Lors de mon tout premier essai sur une mini-montagne, je suis entré en collision avec une pancarte de promotion pendant du plafond, j'ai souri de toutes mes dents en disant que c'était exactement comme marcher en haute montagne. Le vendeur m'a répondu :

« Oui, c'est important de vraiment essayer les chaussures. De bonnes chaussures, c'est l'alpha et l'oméga. »

OK. L'humour. Jusqu'ici, on a eu un peu de mal dans ce domaine, les randonneurs et moi.

Après quarante et quelques années à rencontrer bon nombre de gens dans des contextes divers et variés, j'ai la nette impression que l'humour, l'autodérision et l'ironie sont répandus et appréciés. En situation de sociabilité, les sourires et l'humour passent quasiment toujours bien.

Cependant, et ce n'est pas la première fois que je me fais cette réflexion, il pourrait sembler que la nature soit une limite. Plus on en approche, moins il est probable que les gens relèveront la plaisanterie. Ils peuvent être ironiques comme pas permis à propos du village ou de la ville d'où ils viennent et même en parler en termes carrément péjoratifs, mais quand il s'agit de la nature autour, on ne déconne pas. De très nombreuses personnes estiment tout à fait sérieusement vivre dans le plus bel endroit du monde. Bien sûr, il est impossible que tous ceux qui sont de cet avis aient raison, mais c'est exactement ce qu'il ne faut pas leur dire. Là, ils perdent leur sens de l'humour. Les gens peuvent être déraisonnablement fiers de leurs îles et de leur littoral, ou des montagnes près de chez eux. Comme s'ils les avaient construites de leurs propres mains. Et quand vous êtes en visite et qu'ils vous montrent le paysage en disant « C'est beau, hein ? », ce n'est pas une question. On pourrait l'imaginer, je sais, puisque la phrase est interrogative, mais croyez-moi, ce n'est pas une question.

Si on se trouve dans un endroit entouré de nature, avec quelqu'un qui en est originaire, disons autour d'un feu de camp, non pas parce que les feux de camp, c'est chouette, mais parce que sans ce feu, on périrait de froid ou on serait dévoré par les moustiques, voire les deux. Si on est là en train de se dire qu'on aurait peut-être dû se vêtir autrement, non pas parce qu'on n'est pas habillé pour la circonstance ou qu'on a froid, mais parce que les vêtements qu'on porte vont sentir le feu de bois pendant treize ans, et que dans les cercles où on évolue au quotidien, les gens n'y verront pas un signe qu'on est un homme du grand air, mais croiront que notre maison a brûlé dans un incendie. Si on est là, donc, auprès de ce feu de camp, et que l'une des personnes du coin dit : « On n'est pas bien, là ? », il faut opiner du chef. Pas répondre.

Je le sais. Et en temps normal, je suis quelqu'un de poli et d'aimable. J'y tiens. Mais la combinaison de patriotisme local et d'absence d'humour peut faire ressortir les pires aspects de ma personnalité, elle me rend puéril. Vous l'aurez deviné depuis longtemps, cette situation m'est arrivée. Je me suis retrouvé auprès d'un feu de camp, dans l'un des huit cents lieux de Norvège considérés comme le plus beau du monde par leurs habitants, et l'un des indigènes a ouvert les bras en disant : « Regardez cette montagne. C'est superbe, non ? »

Je sais bien que ce n'est pas une question, je le sais, mais j'ai répondu.

« Moi qui viens du Vestlandet, je n'appellerai pas ça une montagne, mais c'est de drôlement beaux rochers, oui. »

Ça n'a pas eu de succès.

Il faudra que je travaille là-dessus quand je serai dans la nature.

Après les deux ou trois premières rencontres, ça se passe mieux pour moi en ce grand jour d'achat de matériel. Je finis même par trouver des gens qui ont de l'humour dans les magasins d'équipement de randonnée. Et il en faut, de l'humour, quand on travaille dans ce genre de magasins.

Car bien sûr, il y a du matériel de randonnée indispensable. Ai-je mentionné que de bonnes chaussures étaient l'alpha et l'oméga ? Mais il y a aussi beaucoup de matériel de randonnée loufoque. Sans doute parce que presque tout le monde randonne de nos jours, les entrepreneurs se sont manifestement lâchés pour inventer le plus possible de versions « randonnée » des objets ordinaires, à savoir donc des versions qui prennent peu de place et ne pèsent pas lourd. On trouve des objets ingénieux comme les couverts et gamelles miniatures, les tasses pliables, les plats sous vide et les serviettes de toilette qui ne pèsent qu'un gramme, mais il existe aussi des seaux pliables, des douches de poche et des carafes à vin de voyage. Des gaufriers de voyage, des casseroles à pop-corn de randonnée à utiliser sur un feu de camp. En cherchant un peu, je suis sûr que j'aurais déniché des réfrigérateurs sous vide, des abris de jardin portables et des terrasses en bois pliables. Il y a tellement de produits miniaturisés pour la randonnée qu'on peut vivre dans la nature exactement comme à la maison, si ce n'est que tout est plus petit.

L'astuce, dans un magasin spécialisé, c'est évidemment de rechercher les vendeurs qui ne semblent pas tout à fait à leur place. Pour du matériel informatique, on guettera ceux qui ont le moins l'air de geeks. Pour du matériel de randonnée, il faut se tourner vers ceux qui ont le moins l'air sportifs et virils.

C'est ainsi que je repère mon préféré ce jour-là. Il se peut très bien que ce soit un homme d'outdoor, mais il a l'air doux. Il ressemble davantage au type qui regarde la mer en méditant sur la vie qu'à celui qui gravit des sommets en se martelant le torse. Je sais que j'ai trouvé l'homme de la situation quand j'essaie un pantalon de montagne recommandé sur une pancarte avec au moins dix mots que je ne comprends pas et qu'il me dit :

« Je trouve que c'est en bleu qu'il est le plus joli. »

Croyez-moi, ce n'est pas le genre de réflexions que font les gros virils qui travaillent dans les magasins de sport.

Nous examinons le pantalon et convenons que c'est un bleu particulièrement joli.

Ensuite, j'ai confiance en tout ce qu'il me dit, et je veux aussi la veste qu'il recommande. L'étiquette volante indique notamment qu'elle offre un très bon transport aérien. Je m'étais toujours figuré que le transport aérien désignait les avions, mais de toute évidence, ce n'est pas le cas. Mon homme de la situation se moque avec indulgence de tous les concepts stupides employés dans l'univers de la randonnée et m'explique que transport aérien signifie simplement qu'on peut s'aérer si jamais il fait chaud et/ou lourd en montagne et ce, sans passer son temps à enlever et remettre sa veste. Autrement dit : où qu'on pose sa main, on tombera probablement sur une fermeture Éclair. J'aime beaucoup l'aération, dans tous les domaines de la vie.

Cette veste, il me la faut.

Le problème, c'est que la seule dans ma taille est verte. Très verte. De ce vert qu'on pouvait voir sur les tee-shirts des années 1990, pendant un bref instant d'égarement du monde de la mode. On ne peut pas faire plus vert, si vous voyez ce que je veux dire.

J'essaie cette veste très verte. Avec le pantalon fort bleu.

« Beaucoup de gens randonnent habillés comme ça, observe mon homme, diplomate, mais je ne suis pas certain que vous ayez envie de faire partie de leur groupe. Je crois que je modérerais un peu le look. »

Étant maintenant persuadé qu'il me faut cette veste si je veux éviter d'être moite et en sueur en montagne, c'est le pantalon qu'il faut modérer. J'en essaie un bien plus discret, gris et noir, et nous sommes d'accord que ça marche. La veste est toujours très verte, mais ça marche.

« C'est important d'être visible en montagne », affirme mon homme. Et je m'aperçois que je hoche la tête. Sage réflexion. Je me demande si moi aussi, je vais commencer à dire ce genre de choses après quelques jours dans la nature.

C'est important d'être visible en montagne.

De bonnes chaussures, c'est l'alpha et l'oméga.

La plus grosse bévue qu'on puisse commettre est de ne pas assouplir ses chaussures avant de partir en randonnée.

Le temps change vite en montagne, il faut être préparé à tout.

Ça fait du bien de se servir de son corps.

« Je prends, dis-je pour interrompre mes pensées. Le tout. »

Mon shopping accompli, je me sens quelque peu revigoré. J'ai écouté les conseils de montagnards chevronnés et, je l'espère, acheté tout ce dont j'ai besoin et pas grand-chose d'autre. Et j'ai trouvé des randonneurs qui rient des mêmes choses que moi. En tout cas un.

D'une manière générale, la situation semble plus prometteuse à présent. Alors que je contemple mes achats chez moi, je me sens bien mieux armé que lors de mon dernier contact avec la nature.

C'était à un festival de musique à Træna, une île à trois heures de ferry de Bodø dans le Nordland. Parce que, comme nous l'avons évoqué, ce qui est difficile d'accès a plus de valeur. Pour bien enfoncer le clou, l'un des concerts se déroule sur une île voisine. Il faut prendre encore un bateau et ensuite marcher un certain temps. Je suis sûr qu'il y a un café en hauteur qui sert la meilleure soupe de poisson du monde. Bref. C'était notre troisième jour de festival, on attendait le concert, couchés dans l'herbe, dans un environnement majestueux, en se tartinant de lotion antimoustique, sans que les moustiques s'en laissent affecter pour autant. On avait des sacs en plastique et des cubis de vin. Derrière, un homme se tenait debout sur un rocher, le dos diablement droit, en chaussures alpha-oméga et pantalon multipoches. De toute évidence, il désirait nous montrer quelque chose, alors j'ai souri (de mon sourire inclusif, bien entendu) et je lui ai fait un signe de tête. Nous avons eu la conversation suivante :

LUI : Vous avez des problèmes de moustiques ?

MOI *(agitant un bras pour chasser les moustiques tout en vaporisant du spray de mon autre main)* : Non, non, ça va.

(Pause inutilement longue)

LUI : Vous n'avez peut-être pas beaucoup de moustiques là d'où vous venez ?

MOI *(réprimant mon envie de souligner qu'il ne sait pas d'où nous venons, et aussi l'envie de lui rétorquer quelque chose de carrément méchant)* : Oh, les moustiques, on en a vu d'autres.

LUI : Hmm.

(Pause inutilement longue)

LUI : Ça pique à l'abri.

MOI *(me demandant pourquoi il se met soudain à parler en mandarin)* : Hmm ?

(Pause inutilement longue)

LUI : Ça pique à l'abri, sous le vent. Les moustiques. Si vous vous levez, ça ira mieux.

MOI *(pensant: « Alors ce que tu es en train de dire, c'est que les moustiques ne s'attaquent qu'aux jean-foutre en mauvaises chaussures qui s'asseyent quand ils sont dans la nature au lieu de se tenir debout et de contempler le paysage, l'air héroïque? »)*: Oui, oui, je sais. J'avais juste besoin de reposer mon genou. Je me suis blessé, vous comprenez.

L'UNE DES PERSONNES AVEC QUI JE SUIS: Accident de beuverie.

MOI *(pensant: « non, pas maintenant »)*: Hé hé!

(Pause inutilement longue).

LUI: C'est joli ici, non?

MOI *(hochant la tête)*

La prochaine fois que j'en rencontrerai un comme ça, je m'en sortirai bien mieux. Parce que je suis prêt maintenant. Je me suis renseigné. Je sais ce qui m'attend. J'ai mon équipement en ordre.

Et je suis sur le point de devenir comme les randonneurs convertis, insatiables, aisés, qui veulent avoir le fessier galbé. Non que je pense tellement à cette histoire de fessier. Non que je sois devenu converti ou insatiable. Mais aisé, je le suis manifestement, car je viens de calculer combien tout cet équipement m'avait coûté. Que les choses soient bien claires: mener une vie primitive n'est pas bon marché. Et encore, je n'ai pas pris ce qui coûtait le plus cher. Sur certains points, j'ai choisi de dépenser un peu. Il y a des choses sur lesquelles on ne transige pas. De bonnes chaussures, par exemple, c'est l'alpha et l'oméga. Mais j'ai aussi été carrément raisonnable pour une partie de l'équipement, donc au final, je me suis sans doute tenu sur une ligne médiane, d'un point de vue strictement financier. Voici ce que j'ai acheté : des lunettes de soleil, un bonnet, des sous-vêtements en laine, une thermos (là, la décision était facile, j'ai bien sûr opté pour une thermos de la marque Thermos. Quand la marque devient nom commun, on sait qu'on a affaire à un produit fabriqué par des vieux de la vieille épris de qualité. S'il existait une marque de voiture appelée « Voiture », c'est celle que je choisirais), des couverts de randonnée, une popote de randonnée, une tasse de randonnée, de la nourriture de randonnée, du café de randonnée, un sac de couchage, une veste de montagne (verte), un pantalon de randonnée (multipoches), un pantalon de pluie, des gants, des chaussettes en laine, des chaussures de randonnée, un sac de montagne, une carte, un compas, une pochette à cartes, une trousse de premiers secours, des pansements pour ampoules, de la crème solaire, du spray antimoustique, une lampe frontale, des piles pour cette lampe, un pantalon d'intérieur pour les refuges, la carte de membre de DNT et la clef des refuges. Où l'hébergement n'est pas donné non plus. Pas plus que les repas et les boissons. Il y a aussi le transport qui coûte quelque chose. Tout compte fait, j'ai calculé que cette randonnée d'une semaine allait me coûter 40 353 couronnes.

Et qu'est-ce qu'on a de nos jours pour 40 353 couronnes ?

Je me suis renseigné.

On a, par exemple, douze vols aller-retour pour New York.

Ou treize week-ends impromptus en Islande, hôtel inclus.

Ou encore quarante-trois dîners arrosés de bons vins dans un restaurant français très sympa un peu plus loin dans ma rue.

Quatre cent cinquante pintes de bière dans mon pub préféré, pourboires inclus.

Cent cinquante places de concert. Soit, si j'ai une vie correspondant à l'espérance de vie moyenne, trois ou quatre concerts gratuits par an, pour le restant de mes jours.

Et si l'on en croit le site de Redd Barna (Save the Children Norvège), cette somme pourrait aussi offrir un an de scolarité à cent soixante enfants des pays pauvres.

Mais je ne vais rien faire de tout cela. Je vais aller en montagne pour sentir combien je suis petit.

J'ai toutefois un dernier point à régler. Je ne peux pas partir seul. Je possède le matériel, certes, mais je ne sais pas vraiment comment l'utiliser. Je ne suis pas sûr de maîtriser tout à fait l'art de lire une carte et je suis relativement certain que je ne me rappelle pas comment on se sert d'un compas. Il y a beaucoup de ficelles à connaître avec le matériel de randonnée. Et puis j'ai besoin de quelqu'un avec qui parler. Il faut que je puisse débriefer, évacuer la vapeur. Et surtout : après une longue journée de conversations avec des randonneurs, on court le risque que j'aie engrangé un certain nombre de blagues et de répliques méchantes. Il faudra que ça sorte.

Enfin, il faut bien quelqu'un pour me prendre en photo avec les bras levés au ciel. Ce périple doit être immortalisé.

Je dois partir avec quelqu'un qui ait plus d'expérience de la randonnée que moi, mais qui ne soit pas non plus totalement converti et qui supporte mon humour. Ces personnes ne courent pas les rues. Je n'en connais qu'une seule. En contrepartie, je la connais très bien. Vous la connaissez aussi, d'ailleurs. C'est elle qui m'imaginait petit, sur les marches du raccard. Et elle qui a découvert de nouveaux aspects de ma personnalité au Svalbard, quand je manipulais les chiens avec une robuste masculinité. Il se trouve qu'elle vit dans le même appartement que moi, alors je n'ai pas à aller loin pour lui demander.

MOI : Tu veux venir marcher en montagne avec moi ?

ELLE : En montagne ? Tu sais qu'il y a très peu de bars, là-haut ?

MOI : Il faudra que je m'y fasse. Tu veux venir avec moi ? Tu reverras peut-être les mêmes aspects de ma personnalité que quand j'étais avec les chiens au Svalbard.

ELLE : J'en doute. Au Svalbard, tu avais la perspective d'aller dans un pub.

MOI : J'ai besoin d'une responsable de la documentation.

ELLE : C'est la plus belle chose qu'on m'ait jamais dite.

PREMIÈRE TENTATIVE : AU JOTUNHEIMEN POUR TROUVER LE SALUT

Plan de la randonnée
1er jour : Préparatifs
2e jour : Oslo centre – Nordmarka
3e jour : Nordmarka – Jotunheimen
4e jour : Besseggen
5e jour : Gjendesheim – Spiterstulen
6e jour : Galdhøppigen
7e jour : Excursion tranquille et débriefing

Objectifs de la randonnée
• Trouver la paix intérieure.
• Comprendre à quel point je suis petit.
• Vivre quelque chose de difficile à expliquer.
• Avoir envie de lever les bras au ciel.
• Déterminer si la cuisine et les boissons ont meilleur goût et si la vue est plus belle quand on a marché longtemps.
• Parler avec des gens que je rencontre dans des refuges au nom bizarre, les comprendre et peut-être même les aimer.

Dernière nuit de liberté

« C’est drôlement ambitieux, ça, observe la Responsable de la Documentation.

– Oui, si je veux vraiment tester ces trucs-là, c’est important d’y aller à fond.

– D’accord, mais le but, c’est aussi que ça te plaise, non ?

– J’ai l’intention de m’y essayer, oui. »

La Responsable de la Documentation examine l’itinéraire que j’ai imprimé. Elle consulte les descriptifs des étapes quotidiennes, que j’ai imprimés aussi. Parce que, non contents de m’expliquer la nécessité d’avoir de bonnes chaussures et la paix que j’allais trouver, les gens m’ont mis en garde : dans la nature, on ne peut pas compter sur la technologie ! On n’a pas toujours Internet, par exemple. Alors j’ai imprimé des pages trouvées sur *ut.no* (dehors.no), une espèce de bible de la nature en ligne, où les randonneurs partagent leurs expériences et se racontent tout ce qu’il y a à raconter sur toutes les randonnées. Longueur, dénivelé, difficulté, durée. J’ai aussi acheté une pochette en plastique pour tous les papiers, parce que la nature, c’est parfois mouillé. J’ai été consciencieux. Je suis préparé. Je suis content de moi.

« Donc demain, on va marcher jusqu’à ce refuge dans les bois ? demande la Responsable de la Documentation.

– Hmm.

– Et puis après-demain, on va marcher encore un peu et prendre le train et le bus pour le Jotunheimen ?

– Ouaip.

– Et là, on traversera la crête de Besseggen ?

– Exact.

– Ce qui prend entre six et huit heures, d'après ce qui est écrit ici.

– Hmm.

– Et puis on marchera jusqu'à ce refuge près du Galdhøpiggen.

– Oui.

– Et puis on montera au Galhøpiggen.

– Et on redescendra.

– Juste histoire de lever toute ambiguïté, c'est drôlement long de marcher huit heures.

– Oui, j'ai bien compris.

– Pas mal de ces endroits sont très escarpés.

– Oui, oui.

– Tu te souviens que tu as une blessure au genou ? »

Si je ne la connaissais pas si bien, je gagerais qu'elle ne croit pas vraiment en moi.

« Ça va être bien, tu vas voir », dis-je en hochant la tête. Un peu aussi pour me convaincre moi-même.

« Bien sûr que ça va être bien », répond la Responsable de la Documentation, et je crois qu'elle est sincère.

Nous sourions, levons nos verres, buvons de la bière. Nous regardons la ville. Demain, ça va commencer, mais à cet instant précis, nous sommes aussi loin de la nature qu'on peut l'être en Norvège.

Quand on se balade dans ce pays, on repère sans difficulté que la nature n'est pas loin ; plus on s'en rapproche, plus les probabilités augmentent que les vêtements de tous les jours soient des vêtements de randonnée. Dans les villages accolés à la montagne et à la forêt, il n'est pas rare de voir les habitants en pantalon de randonnée et chaussures de marche pour acheter des chips et une boisson gazeuse au supermarché. Comme s'ils étaient toujours prêts à partir en intervention. Comme si tout séjour dans le bourg n'était qu'un intermède dans leur constant échange avec la nature.

Là, nous sommes dans l'est du centre d'Oslo, une petite partie de la Norvège où l'on peut rencontrer plus de citoyens étrangers, plus d'homosexuels, plus de musulmans, plus d'alcooliques et plus d'étudiants en un quart d'heure qu'au cours de toute une vie dans la plupart des villes et villages du pays. C'est l'un des rares endroits de Norvège où l'on ne remarquera pas que les vacances d'hiver ou de Pâques ont commencé. Les cafés ne seront pas désertés, le niveau sonore ne diminuera pas et restera tout aussi polyglotte. J'ai vécu dans ce coin pendant une grande partie de ma vie d'adulte et je n'y ai jamais vu personne en vêtements de randonnée. Si, une fois. Mais je suis passablement sûr que c'était pour un enterrement de vie de garçon. C'est l'endroit de Norvège qui ressemble le moins à ces beaux livres où tout le monde tend les bras vers le ciel.

Dans ce quartier de la plus grande ville de Norvège se trouve l'Oslo Plaza, un hôtel de 117 mètres de haut, construit dans les années 1980, qui, comme toutes les autres constructions de plus de cinq étages du pays, a attiré la haine et les polémiques.

Peu de choses font monter le niveau d'agressivité dans le débat public autant que la construction de choses hautes.

D'ordinaire, la discussion en Norvège est plutôt teintée d'une seyante indifférence, mais quand quelqu'un prévoit de construire quelque chose qui va modifier la vue qu'on a de ses fenêtres, les loups sont lâchés. Vous pouvez dégainer la plus vilaine maison sur deux niveaux de la Terre sans que quiconque ne s'en mêle, mais si vous voulez construire quelque chose d'original, de stylé et de haut, n'oubliez pas de prévoir trente ans de plus pour le grabuge. En Norvège, lutter contre la construction d'un bâtiment, et contre la perte de sa vue sur le fjord, est souvent perçu comme du progressisme, comme une certaine radicalité. Les gens qui dans leur jeunesse étaient pour la révolution armée deviennent plus tard surtout contre les grands immeubles. Comme tout le monde. Car même s'il n'y a qu'une minorité des habitants de Norvège qui vivent dans la nature, nous désirons tous la voir depuis notre salon.

À la question de savoir ce qu'on associerait à la Norvège, ou ce qu'on trouve de plus beau dans le pays, personne ne répondra l'Oslo Plaza. Souvent, cet hôtel est même source d'une certaine gêne, car en étant honnêtes avec nous-mêmes, nous devons tout de même reconnaître que, quand il était neuf, nous le trouvions plutôt pas mal, ce bâtiment ostentatoire. C'était à une époque où personne encore ne percevait quoi que ce soit de cool dans la Scandinavie, bien avant que cela s'impose comme une évidence que quiconque possédant un ordinateur portable et venant de Bergen devenait une star de la pop. À cette époque, nous trouvions formidable d'avoir un édifice *ressemblant* à ceux qu'on voyait dans les grandes villes d'autres pays. Quand le Plaza a ouvert ses portes en 1990, en étant l'hôtel le plus élevé de Scandinavie, c'est le roi qui a coupé le ruban, et les gens faisaient la queue pour prendre l'ascenseur extérieur.

Aujourd'hui, le Plaza n'est plus l'hôtel le plus élevé de Scandinavie. À côté s'élèvent Posthuset, la tour de la poste, qui est haute aussi, et détestée bien sûr, un ou deux centres commerciaux, un échangeur routier et la gare routière qui a été élue bâtiment le plus laid d'Oslo en 2008. En face, on a le Fiasco, un bar à burgers, et l'un des rares endroits de Norvège où l'on peut s'asseoir à une table à la fenêtre, regarder dehors et ne pas voir le ciel. Je me suis toujours plu au Fiasco.

En Norvège, on ne fait pas plus éloigné de la montagne et de la forêt.

Et c'est à cet endroit précis que notre randonnée va commencer. Car bien sûr, on n'y échappe pas, même ici : c'est le départ d'un chemin balisé à destination du Jotunheimen.

On compte plus de vingt mille kilomètres de sentiers de randonnée balisés en Norvège. Dans l'ensemble, ils sont indiqués par des T rouges peints sur des pierres. Si vous voyez un T rouge, vous êtes sur un chemin de randonnée, et vous êtes en sécurité. Cette information ne pourra pas vous échapper si vous grandissez en Norvège. Ce n'est pas sûr que vous apprendrez à lire et à écrire, mais l'histoire des T rouges, vous saurez. Et l'un de ces sentiers, dit sentier du Jotunheimen, commence donc au cœur de la plus grande ville de Norvège, juste derrière le Plaza. Si vous avez du temps devant vous, vous pouvez partir à pied de cet endroit et marcher jusqu'au Jotunheimen. C'est une randonnée de plus de 300 kilomètres qui prend une quinzaine de jours.

C'est mon grand plan. Nous n'allons pas faire tout le chemin jusqu'au Jotunheimen à pied, bien sûr. Nous ne sommes pas malades. Et nous n'avons pas quinze jours devant nous. Qui a quinze jours devant soi ? Nous allons faire la première étape. Ce soir, nous allons passer la nuit au Plaza, au trentième étage, avec vue sur toute la ville — parce que la vie peut aussi être comme ça —, et puis cette ville, nous la traverserons à pied, avant de nous rendre dans la forêt et, quelques heures plus tard, nous arriverons à un chalet sans eau ni électricité, au milieu des arbres. Nous allons y passer la nuit — parce que la vie peut aussi être comme ça. Du très urbain au très primitif en un jour. Je trouve mon plan classieux.

C'est d'ailleurs ce que je dis à la Responsable de la Documentation alors que nous sommes au bar du sommet de l'Oslo Plaza, à boire une bière, en passant en revue les papiers de notre itinéraire. Nous avons commencé l'expédition par une bière au Fiasco, qui est le summum de l'urbanité, puis nous avons pris l'ascenseur jusqu'au trente-troisième étage, où l'on reste tout à fait dans l'urbanité, mais avec une vue. Je me sens déjà un point commun avec les randonneurs : j'aime la vue. J'aime beaucoup être dans un bar au sommet de l'hôtel presque le plus grand de Scandinavie, à contempler les lumières qui se déploient sur la ville avant de s'estomper petit à petit et de céder la place à l'obscurité, quelque part au loin, où se trouve la nature. D'humeur vaguement optimiste et légèrement poétique, je bois une autre gorgée de bière. Loger à l'hôtel dans la ville où j'habite me procure une joie enfantine, je recommande l'expérience. C'est un peu comme faire l'école buissonnière. Un dernier acte fondamentalement déraisonnable de deux personnes qui, demain, deviendront des personnes raisonnables qui lisent leur carte dans une pochette en plastique, ont bien assoupli leurs chaussures et veillent à rester hydratées. C'est la fin de l'été, il pleut. Je crois que je suis prêt.

« C'est un plan plutôt classieux, non ? » redis-je, parce que j'ai l'impression que la Responsable de la Documentation ne m'a pas entendu la première fois.

Elle acquiesce d'un signe de tête, sourit. Je sais qu'elle se réjouit. Je n'ai eu aucun mal à la convaincre. Cette mission lui plaît. Pour autant, l'ambition du projet semble l'inquiéter quelque peu. Mon genou aussi.

« C'est juste que je ne voudrais pas que tu te décourages, que tu sois dégoûté de la randonnée, ce serait un échec complet.

– C'est là que tu entres en ligne. Si je commence à me décourager, tu dois me remonter le moral avec ta bonne humeur et ton expérience de la randonnée !

– Je dois donc être la fille exaspérante tellement elle est positive, c'est ça ?

– Oui ! Exactement.

– Je dois être celle qui dit qu'il n'y a pas de mauvais temps, que des mauvais vêtements ?

– Peut-être pas à ce point. »

On ne fait pas plus exaspérant que cette phrase. Elle résume tout ce qu'il y a d'agaçant chez les dingos de l'outdoor. Il n'y a pas de mauvais temps, que des mauvais vêtements ? Ça veut dire quoi, ça ? Qu'en mettant quarante mille couronnes de côté, n'importe qui sera capable de marcher dehors pendant huit heures sous une pluie battante ?

« Je dois être celle qui dit que c'est dans les côtes qu'on va vers le haut ? »

Bon, d'accord. Peut-être que l'histoire du mauvais temps et des mauvais vêtements ne vient qu'en deuxième place du palmarès.

« Ce dont personne ne parle, dis-je, c'est que c'est dans les descentes qu'on avance le plus vite.

– Pas nécessairement.

– Pas nécessairement quoi ?

– On n'avance pas nécessairement plus vite en descendant d'un sommet, par exemple.

– Quoi ?

– Quand je suis allée au Galdhøpiggen, j'ai mis quatre heures pour monter et quatre heures pour descendre.

– Vraiment ?

– Hmm. »

Voilà un élément largement passé sous silence dans tout ce qui s'écrit sur la randonnée.

« Et c'est comment, la descente ?

– Long, ennuyeux et très dur pour les genoux.

– Hmm. »

Ça aussi, c'est largement passé sous silence dans tout ce qui s'écrit sur la randonnée.

« Là, je pense qu'il faudra que je sois d'une positivité exaspérante à l'extrême.

– On dirait, oui… »

Nous contemplons la ville. Nous consultons une dernière fois les prévisions météo. On annonce du mauvais temps. La Responsable de la Documentation s'apprête à dire quelque chose, mais se rend compte que c'est inutile. Nous finissons nos pintes.

« Une autre ? propose-t-elle.

– Non. Il faut qu'on aille se coucher. On a une longue journée devant nous demain.

– Je n'aurais jamais cru t'entendre dire ça un jour.

– C'est une nouvelle ère, baby ! Une nouvelle ère. »

Douze heures plus tard, je suis dans le lobby plutôt chic de l'Oslo Plaza, en chaussures de randonnée, pantalon de randonnée et avec l'un des coupe-vent les plus verts qui aient jamais été confectionnés. Je suis très probablement la première personne qui s'habille ainsi dans l'histoire de ce quartier. Et, si tant est que ce soit possible, cette veste a l'air encore plus verte ici que dans le magasin. J'ai sur le dos un grand sac moyennement bien garni, autour du cou, un compas et une carte dans une pochette en plastique. La Responsable de la Documentation est habillée comme moi, mais en moins vert, tout de même. Et puis elle possède une partie de son équipement depuis un certain temps. On voit bien que ce n'est pas la première fois qu'elle fait une chose pareille. Moi, en revanche, tout le monde peut voir que ce que je porte et transporte était encore muni d'une étiquette de prix il n'y a pas plus de vingt-quatre heures.

La Responsable de la Documentation prend sa mission de positivité exaspérante au sérieux et elle a commencé la journée en passant « Le Joyeux promeneur », une chanson d'outdoor d'une positivité exaspérante, pendant que nous faisions nos sacs. Si vous avez la chance de ne pas connaître ce classique, je peux vous préciser que c'est à l'origine une chanson populaire allemande, qui a été traduite dans de nombreuses langues, donnant des versions toutes aussi horripilantes les unes que les autres. Elle se chante à plusieurs voix, un peu trop fort, avec un bon sourire, et dans la version norvégienne, le texte donne ceci :

On m'appelle le joyeux promeneur
Car je vais tout insouciant
Sur le long chemin de campagne

Où j'aime marcher
Falleri fallera fallera fallera-la-la-la-la-la !
Falleri fallera ! Où j'aime marcher !
Le soleil chaud est mon ami
Le temps pluvieux est mon frère

Oui, vous comprenez. *Le temps pluvieux est mon frère.* On en est là.

Étant un gars qui aime se laisser entraîner, et ayant un gros faible pour les vieilles chansons populaires, je sens néanmoins que cette ritournelle d'une positivité exaspérante me met bel et bien du baume au cœur. Je commence à me réjouir quelque peu à la perspective de randonner, à présent. À défaut d'autre chose, parce que marcher n'est pas faire son sac, activité à laquelle nous avons consacré ces dernières vingt-quatre heures. Nous avons fait et refait notre sac encore et encore. Il y avait de l'équipement de randonnée sur tout le plancher du salon. Et des emballages ! Je ne vais pas en faire tout un numéro, mais je voudrais simplement mentionner que vivre en harmonie avec la nature produit d'énormes quantités d'emballage. En temps normal, je sais voyager léger, mais c'est sans doute parce que je vais dans des destinations où il suffit de sortir acheter ce qu'on a pu oublier. Dans le cas présent, il faut se situer par rapport à une foultitude de conseils sur la façon de faire son sac afin qu'il soit agréable à porter et qu'on puisse facilement accéder à ce dont on a le plus besoin. Résumons ces conseils en une phrase : la tâche est impossible. Par conséquent, on finit par s'y prendre plus ou moins mal, on ne retrouve pas ce dont on a besoin quand on arrive à destination, et on doit tout recommencer à zéro le lendemain, en écoutant une chanson dont le refrain fait « Falleri fallera fallera fallera-la-la-la ».

Et cette chanson super joyeuse, voilà que je la fredonne à la réception. C'est inévitable.

Personne n'a la même allure que nous, naturellement. Les clients de l'hôtel sont en costume ou en tailleur, avec leur nom sur un badge, ou alors ils portent des vêtements de tous les jours et des sacs bouclés à la va-vite et ils ont l'air fatigués, heureux, encore un peu ivres. Certains passent devant nous et se retournent ensuite, en se demandant s'ils ont bien vu, voire lèvent les yeux au ciel. Je ne saurais le leur reprocher. Je transpire. Ces vêtements ne sont pas faits pour l'intérieur. J'ouvre l'une des soixante-huit fermetures Éclair du coupe-vent et déclenche le fameux transport aérien.

Falleri. Fallera.

Le réceptionniste est jeune, son badge révèle qu'il est en formation. Il a un sens du service qu'on n'a que pendant sa formation.

« Avez-vous fait bon séjour chez nous ? » demande-t-il d'une voix un peu trop forte, sur un ton qui sent un peu trop l'inculqué, en exhibant sa denture. Cette langue qu'il parle, c'est le réceptionnais, et cela signifie : « Pourquoi avez-vous apporté cent soixante litres de bagages pour une nuit à l'hôtel ? Et existe-t-il vraiment des vestes aussi vertes ? »

Je souris de mon sourire inclusif désormais célèbre depuis belle lurette.

« Vous ne voyez peut-être pas tellement de gens habillés comme ça dans cet hôtel ? » dis-je pour faire la conversation.

Le réceptionniste rame à présent. Cette réplique ne fait pas partie de sa formation. Notre homme doit improviser.

« Eh bien, peut-être pas tellement de gens habillés… *exactement* comme ça.

– Nous allons faire le sentier du Jotunheimen.

– Hmm », dit le réceptionniste. Que dire d'autre ? « Hmm » est du reste un mot réceptionnais qui signifie « Le Jotunheimen ? Ce n'est pas à 300 kilomètres d'ici ? Et cette veste est vraiment extrêmement verte. »

« Vous saviez que le sentier du Jotunheimen commençait juste devant l'hôtel ?

– Non, je ne savais pas. » Ce qui en réceptionnais signifie : « Devrais-je appeler quelqu'un ? »

D'une manière générale, peu d'éléments suggèrent que le sentier du Jotunheimen commence là où il commence. *Ut.no* nous fournit cette indication bien commode qu'il « peut être approprié de commencer au bord de l'Akerselva, au niveau de l'Oslo Plaza, où l'on trouvera un écriteau indiquant Oset dans le Maridalen. »

Ce n'est pas le cas, il n'y a pas d'écriteau. Et dans le coin derrière l'hôtel, il n'y a pas non plus grand monde à qui il vaille la peine de demander le chemin du Jotunheimen. J'irais même jusqu'à recommander de ne rien demander du tout aux rares autres personnes qui traînent au bord de la rivière, à moins d'avoir une grosse envie de stupéfiants.

Nous trouvons un réverbère où il semblerait que quelque chose ait jadis été vissé et concluons que l'écriteau a dû se trouver là. Après quelques instants de silence, nous nous mettons en route.

Nous longeons la rivière à travers la ville, empruntant des sentiers et des rues que j'ai suivis de nombreuses fois par le passé, pendant mes pauses déjeuner et mes promenades du soir. J'y ai aussi marché ces derniers jours, pour assouplir mes chaussures de randonnée. Ce qui est important. Demandez à n'importe qui.

Nous commençons à guetter les T rouges. Après tout, nous sommes sur un chemin de randonnée. Ce serait cool qu'un T rouge, le symbole même de la Nature, surgisse ici, au cœur de la Norvège urbaine. Ce ne sont pas les pierres ni les murs qui manquent pour taguer un T au bord de cette rivière, mais nous n'en voyons aucun. Nous voyons en revanche bien d'autres choses sur ces pierres et murs. *I love sluts*[3], par exemple. Mais je doute fort que ce soit l'œuvre de DNT.

Quoique ? Peut-être un sous-groupe ? Le Groupe des Randonneurs Phallocrates ? En l'occurrence, il n'est pas totalement impossible que cela existe… Car, pour des gens qui recherchent la solitude et le silence de la nature, les randonneurs sont particulièrement friands de s'associer. DNT compte près de soixante associations membres et toute une ribambelle de groupements locaux. Il y a des groupes pour jeunes, pour enfants, pour seniors. Le groupe des randonneuses lesbiennes. Un groupe pour hommes homosexuels (pour les hommes qui aiment les hommes qui aiment la montagne, comme l'indique leur slogan).

Environ sept minutes après le Plaza, le sentier du Jotunheimen passe juste devant le café où je vais tous les matins. C'est un endroit très sympa. On y connaît mes habitudes. Nous sommes trois ou quatre qui fréquentons les lieux tôt le matin et qui commandons la même chose. Une petite communauté.

3. J'aime les salopes.

Nous nous disons les mêmes phrases tous les jours. Les rares fois où je suis tombé sur l'un des habitués de ce café ailleurs, c'était un peu comme de rencontrer un collègue ou un voisin en vacances, loin de la maison.

Ceci est un test. Je vais entrer dans ce café, dont je suis un habitué, en tenue de randonnée, et je vais arborer cette tenue avec fierté. Je vais montrer à mon peuple que je suis désormais un gars comme ça. L'exercice est bien plus embarrassant que je ne pensais. Et pourtant des choses embarrassantes, j'en ai fait. Demandez à n'importe qui. Je lève la tête, redresse le dos, ouvre trois ou quatre fermetures Éclair de mon coupe-vent et franchis la porte.

Je m'en tire à bon compte. Comme je passe habituellement un peu plus tôt, aucun de mes camarades n'est présent. Et la serveuse travaille ici depuis peu ; en ce qui la concerne, il se pourrait tout à fait que j'aie l'habitude de rentrer chez moi après mon café du matin, pour me vêtir de vert extrême avant de revenir avec un sac sur le dos.

Dehors, la Responsable de la Documentation prend des photos.

« Le dernier cortado, déclame-t-elle avec emphase. Dorénavant, c'est en avant toute café lyophilisé.

– Il n'y a pas de mauvais café, dis-je, que des mauvais vêtements. »

Il se met à pleuvoir.

« Le temps pluvieux est notre frère », commente la Responsable de la Documentation.

Et nous quittons la civilisation.

De la ville à la forêt, heure par heure

Première étape : centre-ville d'Oslo – refuge de Tømte.
À pied. Durée estimée : six heures et demie.

12 h 15 : Nous avons marché un quart d'heure. Nous sommes toujours en ville et nous marchons sur de l'asphalte. La pluie s'est arrêtée. Le cortado est bu. J'ai « Le Joyeux promeneur » dans la tête. L'humeur est bonne.

12 h 45 : Nous sommes toujours en ville, mais dans une partie que je ne connais pas très bien. Ça n'est pas pour me déplaire. Nous imaginons les personnes qui y habitent. Parfois, nous passons devant un endroit où l'un de nous est allé à l'occasion d'une soirée ou d'une réunion, ou en joggant, ou pour se baigner. C'est chouette de se promener dans sa ville. Très chouette.

12 h 50 : Très, très chouette.

13 h 00 : Nous n'allons pas tarder à laisser l'asphalte derrière nous et prendre un chemin de terre. Nous nous asseyons sur un banc pour une pause barre chocolatée. Il se remet aussitôt à pleuvoir.

13 h 15 : nous marchons sur le chemin de terre depuis environ vingt secondes quand nous croisons un couple d'un certain âge qui se dirige vers la ville. Ces gens nous disent bonjour en souriant. Apparemment, on commence à saluer les gens qu'on ne connaît pas à la seconde où on cesse de marcher sur l'asphalte.

13 h 30 : Nous mettons exactement le temps que nous sommes censés mettre, d'après *ut.no*, pour atteindre le Maridalsvatnet. Nous en tirons un sentiment, étrange, d'avoir bien travaillé. Il ne pleut plus.

13 h 45 : Nous marchons depuis quelque temps sur un chemin rural (ou un truc comme ça). La nature est de plus en plus présente, la ville de moins en moins, mais je continue de me focaliser sur ce qu'il ne faut pas. Je pousse des exclamations enthousiastes comme : « Regarde, une maison ! » ou « On entend les voitures sur la route ! » Il est temps de me ressaisir, de me concentrer sur la nature.

14 h 00 : Nous arrivons à un panneau indiquant une autre direction que celle que nous pensions devoir prendre. En la suivant, nous revenons à la route et à l'asphalte. Nous consultons la carte et découvrons que deux endroits pas très distants l'un de l'autre portent exactement le même nom et ne sont pas très distants l'un de l'autre. Nous commençons à nous demander si nous avons réussi l'exploit de nous perdre dans la nature avant même d'arriver dans la nature.

14 h 05 : Désirant démontrer notre aptitude à la positivité exaspérante, nous décidons que c'est le moment parfait pour trouver un rocher, nous asseoir, déjeuner, boire un café, et regarder la carte au calme afin de déterminer où nous sommes et où nous allons.

14 h 06 : Il se remet à pleuvoir.

14 h 07 : Mémo à mon intention personnelle : toujours garder l'assise en mousse, les vêtements de pluie et la nourriture facilement accessibles dans le sac à dos.

14 h 10 : La Responsable de la Documentation prépare un petit sachet de café de randonnée éthiopien. Nous mangeons des sandwiches. Ce n'est pas si mal, même s'il pleut. Et un rapide coup d'œil sur la carte nous indique que le chemin que nous devons prendre commence juste derrière nous. Les choses sérieuses commencent.

14 h 20 : Nous entrons peu à peu dans la forêt. Il nous reste quatre bonnes heures avant d'atteindre le refuge, si l'on en croit *ut.no*. Et il le faut bien.

14 h 25 : Il pleut davantage à présent. J'observe qu'on ne sent presque pas la pluie quand on marche sous les arbres.

« La forêt est le toit de la nature », dis-je. Nous convenons que nous ne pourrons pas nous proclamer gens de l'outdoor avant de parvenir à prononcer ce genre de phrases sans rigoler.

14 h 30 : Les sujets de conversation sont nettement moins nombreux quand on est entouré de forêt, de forêt et encore de forêt. Nous décidons que les lieux se prêtent à un essai de marche méditative, sans paroles. C'est maintenant que nous allons sentir la vie urbaine, le quotidien, le bruit, lâcher prise et que nous allons commencer à voir clair dans les choses.

14 h 40 : Nous avons marché en silence et réfléchi pendant dix minutes. Voici ce que j'ai pensé jusqu'à présent : « Tiens, une racine. Tiens, une racine. Ah, là, c'est mouillé. Tiens, une racine. Tiens, une racine. »

14 h 43 : Racine. Racine. Falleri. Fallera. Fallera-la-la-la.

14 h 45 : Concluant que ceci n'est pas le paysage du silence et de la pensée lucide, nous nous essayons à la conversation profonde. Plusieurs amis randonneurs qui aiment marcher avec de la compagnie affirment que c'est en randonnée qu'ils ont eu leurs plus belles conversations. Parlé des grands sujets.

Car l'enfer logistique du quotidien est si loin. Nous nous lançons. Et nous nous débrouillons fort bien. Nous parlons de nos rêves, des choses que nous avons toujours eu envie de faire, des endroits où nous voudrions aller.

14h48 : Il apparaît que, résolument, tous les endroits où nous avons envie de nous rendre sont des endroits sans pluie ni résineux. Cette conversation est carrément destructive.

14h50 : Tiens, une racine. Tiens, une racine. Ah, là, c'est mouillé. Tiens, une racine un peu étrange.

14h55 : Nous passons aux livres que nous aimerions lire. J'en mentionne un qui vient de sortir.

« De quoi ça parle ? demande la Responsable de la Documentation.

– Ça commence par l'assassinat bestial d'une famille dans un refuge de la forêt d'Oslo. »

14h56 : Racine. Racine. Racine.

15h00 : Falleri. Fallera.

15h05 : Nous décidons de nous concentrer sur une nécessité impérieuse : nous extraire « Le Joyeux promeneur » de la tête. Il n'existe qu'une méthode reconnue pour se sortir une chanson agaçante de la tête, la remplacer par une autre chanson. La Responsable de la Documentation décide de m'apprendre « Do-Re-Mi » tiré de *La Mélodie du bonheur*. Ne me demandez pas comment elle la connaît. Elle connaît beaucoup de choses. J'apprécie l'initiative.

15 h 25 : Nous connaissons désormais tous deux « Do-Re-Mi » par cœur.

15h27 : « Do-Re-Mi » est une chanson assez exaspérante.

15h35 : Je crois que je regrette « Le Joyeux promeneur ».

15h40 : Il faut faire quelque chose pour nous débarrasser de « Do-Re-Mi » et la Responsable de la Documentation propose de voir combien de chanteurs et de groupes en A nous connaissons. Ce n'est peut-être ni le silence qui permet de faire le point ni *La* conversation profonde, mais ça fait passer le temps.

« Abba, dis-je. Évidemment.

– Annie Lennox, rétorque la Responsable de la Documentation.

– Andrew Sisters.

– A-ha.

– Avicii. »

Il pleut drôlement fort maintenant. Encore deux heures et cinquante minutes. Autour de nous, nous voyons des arbres. Uniquement des arbres.

15 h 55 : Le débit d'artistes en A ralentit. Les noms sont entrecoupés de longues pauses de réflexion. Il fait plus humide. D'une manière générale, nous gardons les yeux baissés pour éviter de trébucher ou de nous retrouver dans la boue jusqu'aux genoux. Est-ce censé être comme ça ? me dis-je. Ne devrions-nous pas lever le nez ? Voir des choses dans les arbres ? Des animaux ? N'est-il pas censé y avoir des animaux ici ? N'est-ce pas la nature ? En quatre heures de marche, nous n'avons pas vu ne serait-ce qu'une souris. En ville, même quand je ne marche que dix minutes pour descendre à l'épicerie, je croise souvent un chat ou deux. Et un bon paquet d'oiseaux.

Je m'écrie A flock of seagulls !

Et j'ai un sentiment de victoire.

16 h 05 : Ce balisage des chemins de randonnée est plus troublant qu'on ne le suggère. A fortiori quand on a des baisses de vigilance parce qu'on est en train de chercher des noms d'artistes en A. Dans cette forêt, il y a des balises rouges et bleues sur les arbres. Pas de T rouges sur des pierres, comme je l'avais appris. Ces balises sont parfois très espacées. Parfois les arbres rouges et bleus se séparent, parfois un arbre est marqué des deux couleurs. En temps normal, nous aurions googlisé ce phénomène, mais bien sûr, il n'y a pas de réseau ici.

« Alphaville », dit la Responsable de la Documentation.

Je suis prodigieusement agacé de n'avoir pas pensé à Alphaville.

16 h 15 : D'un seul coup, le balisage prend fin. Nous ne voyons plus aucun arbre avec une balise de couleur. Il pleut vraiment. Pour autant que nous puissions en juger, il n'y a pas d'autres artistes en A. Nous nous mettons d'accord pour continuer un peu dans la même direction ; nous trouverons bien d'autres balises…

16 h 25 : Nous avons continué encore un peu dans la même direction : point de balises. En revanche, nous avons trouvé une pente très raide qui descend vers ce qui, selon toute apparence, est un gigantesque marais. La Responsable de la Documentation commence à dire de vilaines choses sur les gens qui balisent ces sentiers. Autrement dit, il m'appartient désormais d'assurer la positivité exaspérante. C'est ça, le travail d'équipe.

« On va peut-être avoir du réseau maintenant ? » dis-je. En l'occurrence, c'est le cas.

La fonction cartographie du téléphone ne nous est d'aucun secours : nous serions apparemment au milieu d'une vaste zone désertique. Chose qui signifie pour le moins que la carte correspond au territoire. Mais Google nous apprend tout de même qu'il existe deux types de sentiers balisés : les pistes d'hiver et les pistes d'été. Le problème, quand on suit des sentiers d'hiver en été, c'est qu'ils peuvent se révéler traverser un lac ou – ta da ! – un marais ou autre zone impraticable. Et, logiquement, les sentiers d'été sont balisés de la couleur d'hiver froide qu'est le bleu, et ceux d'hiver de la couleur chaude qu'est le rouge. Nous voilà renseignés.

C'est le genre d'informations sur lesquelles on devrait se pencher *avant* de partir, vous dites-vous certainement en lisant ces lignes, si vous êtes du genre habitué aux randonnées et plein de bon sens. Et c'est exactement pourquoi je *déteste* les gens habitués aux randonnées et pleins de bon sens.

16 h 30 : Nous décidons d'être pleins de bon sens, nous aussi, et de faire demi-tour à temps. Nous devons retourner où nous étions. Si nous trouvons le chemin. Tout est pareil. Il n'y a que des arbres ici. Nous faisons demi-tour. Nous marchons, vite. Je chantonne « Do-Re-Mi » à mi-voix. La Responsable de la Documentation chantonne « Le Joyeux promeneur » avec mauvaise humeur.

17 h 00 : Nous sommes de retour là où nous nous étions trompés de chemin et fêtons cela avec une barre chocolatée.

« Comme ça, on a pu voir un peu plus de forêt, déclare la Responsable de la Documentation, reprenant ainsi sa mission de positivité exaspérante.

– Il n'y a pas d'erreurs de chemin, il n'y a que des mauvais vêtements. »

Nous parlons du temps perdu avec toutes ces histoires. Combien ? Une heure ? Plus ? Deux ? Et à quel moment nous sommes-nous trompés ? Juste avant la pause déjeuner ?

Pas facile à dire. Nous décidons de laisser ces déconvenues derrière nous et de marcher avec un entrain renouvelé. Nous sommes devenus des gens comme ça, maintenant. Déjà. Nous savons désormais que c'est bien parti. Nous avons encore des barres chocolatées et du café éthiopien lyophilisé. Et nous n'avons fait que la première lettre de l'alphabet. Nous commençons le B et allongeons le pas.

« Beyoncé, lance la Responsable de la Documentation.

– Bob Marley.

– Boney M.

– Bananarama.

– Beastie Boys. »

Il nous reste deux heures. Peut-être trois. Ou plus. Je ne sais pas. Il pleut et pleut encore.

17 h 15 : L'un de nous pose enfin la question qui, je crois, nous taraudait tous deux depuis un certain temps :

« À quelle heure la nuit tombe, au juste ? »

Voilà une information qu'on ignore souvent quand on n'a pas l'habitude de traîner dans les bois le soir. Je me raccroche au seul élément auquel je puisse me raccrocher.

« Hier, il faisait jour quand on a pris notre chambre au Plaza et je crois qu'on est arrivés un peu avant vingt heures.

– Oui, mais il faisait assez sombre quand on s'est installés au bar.

– En effet. »

Autrement dit, la nuit tombe quelque part entre quelques minutes avant vingt heures et un peu plus tard.

Si nous ne nous étions pas trompés de chemin, la bible de la randonnée en ligne indiquait que nous serions arrivés à dix-huit heures trente. Nous décidons d'accélérer la cadence.

17 h 30 : Nous sommes maintenant au degré zéro de l'appréciation de la nature. Nous marchons, un peu trop vite. Les yeux baissés. Tout est de plus en plus mouillé. Intérieurement, nous faisons tous deux des calculs de minutes, de secondes et de kilomètres. Aucun de nous n'a prononcé la moindre parole depuis un quart d'heure. Ce n'est pas la paix intérieure qui nous étouffe.

« Bonnie Tyler », lâche la Responsable de la Documentation.

17 h 38 : Qu'est-ce qu'on peut être heureux de voir un panneau de signalisation dans la forêt ! Comme je le disais, le balisage n'est pas toujours évident ni à trouver ni à comprendre, mais les panneaux, eux, sont des objets de confiance. C'est donc d'un ton enjoué que nous nous exclamons tous deux « Panneau ! » chaque fois que nous en voyons un. Celui-ci nous indique que nous sommes sur le bon chemin, mais le flou demeure quant à la distance qu'il nous reste à parcourir. Les panneaux indiquent seulement un lac qui figure sur notre itinéraire et nous ne savons pas à quelle distance du refuge il se trouve. D'après la carte, il semblerait en outre que le dernier tronçon soit quasi exclusivement en montée.

« C'est dans les côtes qu'on va vers le haut », rappelle la Responsable de la Documentation.

Il reste un peu plus de deux heures avant la nuit. Peut-être.

17 h 40 : Soudain surgit une joggeuse qui court vers nous. Une jeune femme qui saute d'un pied léger de racine en racine. Allez savoir d'où elle vient. Le seul élément de certitude est qu'elle a dû courir longtemps et qu'il doit lui rester encore longtemps à courir.

Je voudrais juste dire un truc à tous ceux qui trouvent qu'il y a du monde dans la nature norvégienne : c'est la première personne que nous croisons depuis que nous avons quitté la ville. C'est même le premier être vivant que nous voyons. Nous sursautons. Nous l'arrêtons, ce qui l'agace quelque peu, je crois, mais il le faut. Une personne qui galope dans les environs comme si c'était la chose la plus évidente du monde connaît forcément le coin.

Elle nous sourit poliment en joggant sur place. Nous lui expliquons rapidement où nous allons. Elle n'a jamais entendu parler du refuge, ce qui n'est franchement pas très rassurant, mais elle connaît bien le lac vers lequel nous nous dirigeons et confirme que nous sommes sur le bon chemin. C'est loin ? demandons-nous. Non, non, répond-elle, c'est juste là-bas.

Puis elle repart en courant dans la forêt. Je parie que nous la verrons bientôt sur les marches d'un podium.

18 h 20 : Mémo à mon intention personnelle : ne jamais, jamais, jamais, faire confiance à des joggeurs vraiment en forme qui disent qu'un endroit est « juste là-bas ». Leur notion du « juste là-bas » n'est pas normale. C'est comme de parler de distances avec des gens qui vivent dans des zones de peuplement très épars. Un jour, je suis allé dans l'une des régions les moins peuplées de Norvège, tout au nord du pays. Des autochtones fort joviaux nous avaient invités à finir la soirée chez eux après la fermeture du pub. « C'est loin ? » avions-nous demandé. « Non, avait répondu l'hôte, une heure et demie de motoneige ».

18 h 25 : « Panneau ! » s'écrie la Responsable de la Documentation. Nous sommes au lac. Il y a des signes de civilisation. Des bancs. Des gens ont fait un barbecue il n'y a pas longtemps. Certains en ont même fait un sur l'un des bancs, qui est à moitié calciné. Et, enfin, nous voyons un panneau avec le nom du chalet où nous allons. C'est un peu plus loin que nous pensions. Et comme prévu, ça monte. À partir d'ici, ça ne fait qu'aller vers le haut.

19h05 : Marre maintenant. Vraiment marre.

19h25 : La Responsable de la Documentation en a marre aussi. Elle a temporairement abdiqué de ses fonctions de positivité exaspérante. Elle commence à plaider en faveur d'un abattage de tous les arbres des forêts d'Oslo pour y construire à la place des logements. Elle n'a peut-être pas tort. Si, en étant toujours dans la plus grande ville du pays, on peut marcher dans la forêt sans voir personne pendant huit heures, on ne peut sans doute pas exclure qu'il y ait assez de forêt comme ça en Norvège.

19h35 : Panneau ! Il reste un kilomètre. Et l'obscurité commence à tomber, ce n'est pas une illusion. Mon cerveau n'est pas près de pouvoir calculer combien de temps il va nous falloir pour gravir un kilomètre de côte sur un sol mouillé, avec de gros sacs sur le dos, et après toute une journée de marche. Alors, je fais la seule chose qu'une personne douée de raison puisse faire dans une situation pareille. Je me mets à compter les mètres. Un. Deux. Trois…

Et pour tous les gens pleins de bon sens et habitués de la randonnée qui lisent ces lignes : oui, nous avons des lampes frontales, mais ça avance plutôt lentement dans le crépuscule humide de cette forêt. Et nous avons faim. Rien que cent mètres avec une lampe frontale dans l'obscurité, ce serait trop maintenant. Bien trop. Ça nous ferait péter les plombs. Et faire la ronde en entonnant « On m'appelle le joyeux promeneur » d'une voix aiguë et agressive.

19h40 : Légèrement requinquée par le dernier panneau, la Responsable de la Documentation engage la conversation.

« Tu as déjà marché dans une forêt tropicale ? »

Je ne réponds pas. En partie parce que je ne veux pas être interrompu quand je compte les mètres et en partie parce que je sais d'expérience que cette question n'est que le préambule à une anecdote de son séjour au Panama.

« Quand j'étais au Panama, commence la Responsable de la Documentation, j'ai marché dans une forêt, avec une côte comme celle-ci. Il y avait des singes dans les arbres et on avait vu de fabuleux papillons bleus. »

Vraiment ? me dis-je. En sept heures et demie de marche sous la pluie, nous avons vu des arbres, des arbres et encore des arbres. Et quelques racines. C'est tout. On a deux cents litres de bagages sur le dos et sûrement deux litres de flotte dans nos chaussures, il va faire nuit dans vingt secondes, et tu trouves que c'est le moment de me rappeler qu'ailleurs, il existe des forêts où le soleil brille et où il y a une faune intéressante ?

Je ne le dis pas à voix haute, bien sûr.

« Plus que cinq cents mètres, dis-je, bien que ce ne soit pas vrai. Et puis, allez : Bon Jovi, tiens ! »

La Responsable de la Documentation est impressionnée.

19 h 50 : Panneau ! Dans la pénombre, nous arrivons à peine à déchiffrer ce qui est écrit. « Chalets Tømte ». Bon Dieu, mais c'est là que nous allons ! Cette mention n'étant assortie d'aucune indication de distance, c'est que nous y sommes. Grisée, la Responsable de la Documentation se met à trottiner. Dans la mauvaise direction.

Je parviens à l'arrêter à temps. Nous convenons qu'il serait trop bête de se perdre maintenant. Nous suivons la direction du panneau et quatre mètres plus loin, nous voyons le chalet.

Nous avons marché exactement huit heures, en comptant une petite pause. Mon téléphone indique que nous avons fait vingt-sept virgule six kilomètres. D'après *ut.no*, nous aurions dû en faire vingt-deux.

Mais maintenant, nous y sommes. Enfin, je vais pouvoir ressentir ce dont tout le monde parle : le bonheur d'arriver après une longue journée d'effort, la nourriture tellement meilleure, les plaisirs si plaisants, l'endormissement facile, le sommeil profond.

19 h 55 : Soudain, je songe que nous n'aurons peut-être pas le chalet pour nous tout seuls. Le principe est que les refuges sont accessibles à tous ceux qui ont la clef, c'est-à-dire l'ensemble des membres de DNT, soit environ trois cent mille personnes. J'espère vraiment qu'il n'y a personne. La dernière chose que je voudrais, là, c'est d'être obligé de faire la conversation. Parler de notre excursion, écouter des commentaires hautains sur l'importance de connaître le balisage *avant* de partir en randonnée, sur l'impossibilité de se tromper si seulement on sait où regarder, sur la nécessité d'avoir de bonnes chaussures et sur le fait que si on met ses vêtements comme il faut, on n'a pas les pieds mouillés, même s'il pleut toute la journée. Il n'y a pas de mauvais temps, que des mauv…

Huit heures dans la forêt et je commence déjà à devenir misanthrope.

20 h 00 : Aucune fumée ne sort de la cheminée. Bien sûr qu'il n'y a personne. On est lundi. Il est tard. Il pleut. Nous n'avons croisé qu'*un seul* être vivant de toute la journée, et encore c'était une joggeuse qui s'éloignait d'ici à toute vitesse.

20 h 05 : Les minutes que je vis actuellement sont les plus agaçantes et les plus inutiles que j'aie connues dans ma vie jusqu'à présent. Nous arrivons au chalet. Mouillés, affamés, las. Et je dois enlever mon sac à dos, dehors, sous la pluie, pour essayer de trouver dans laquelle des environ six cents poches astucieuses de mon sac j'ai mis la clef. D'une manière générale, il y a beaucoup de poches dans tout ce qui s'appelle outdoor.

20 h 06 : Tout en cherchant, je commence à développer une théorie selon laquelle le degré de sympathie des gens est inversement proportionnel à leur nombre de poches. Il n'y a que les gens d'un raisonnable exaspérant qui aient beaucoup de poches, ces gens toujours préparés à tout, qui savent toujours ce qu'il faut faire. Le groupe professionnel qui a le plus de poches est celui des photographes et reporters qui travaillent en zone de guerre. Des alcooliques fatigués de la vie, pas rasés, qui savent tout mieux que tout le monde et sont très contents d'eux, tous autant qu'ils sont.

20 h 08 : Il faut que je mange. Vite.

20 h 11 : Je trouve la clef dans la poche astucieuse numéro quarante-trois. Nous entrons. Maintenant, ça va être la belle vie, la belle vie de chalet.

20 h 15 : Mais d'abord, il y a toute une flopée de trucs à faire. Quiconque est déjà allé dans un chalet le sait, mais c'est étonnant ce qu'on peut vite oublier. Il faut aller chercher de l'eau, nous devons donc trouver le puits. Et maintenant, il fait bel et bien noir. Noir dans une forêt, c'est noir. En errant près du refuge avec une minuscule lampe de poche, j'aperçois de petits écriteaux, avec des symboles plus petits encore, légèrement difficiles à voir dans le noir et pas évidents à interpréter. On aurait pu choisir d'écrire « puits » sur l'écriteau, en norvégien et dans une ou deux langues internationales, mais on a donc opté pour les symboles, probablement par égard pour tous les touristes ouzbeks qui ne parlent pas l'anglais et qui courent les rues par ici.

Là, je n'ai pas la patience d'interpréter des symboles dans le noir. Là, je n'ai pas la patience de quoi que ce soit. J'ai besoin de manger. Je manque de heurter un petit bâtiment. J'ouvre la porte. Les toilettes sèches. Il y a une photo de la famille royale comme c'est l'usage dans les toilettes d'extérieur de Norvège, pour montrer comme nous sommes merveilleusement terre à terre, sociaux-démocrates et charmants, ici, en Europe du Nord. Nous avons peut-être des rois et des reines, mais nous les accrochons au mur des chiottes. Je déteste les Scandinaves. Je déteste les gens qui ont trop de poches. Je déteste l'obscurité. Je…

J'ai besoin de manger. Maintenant !

Je commence à me faire du souci pour la Responsable de la Documentation. Ça doit être pire pour elle. Elle est du genre qui disjoncte quand elle ne mange pas à temps. Vous pensez sans doute connaître des gens qui gèrent mal l'hypoglycémie ? Oubliez. Ça n'a rien à voir, nous sommes ici dans une tout autre dimension.

J'entends un bruit derrière moi. Un craquement. Je me retourne lentement et distingue tout juste la Responsable de la Documentation à la lueur de ma lampe de poche. Ses longs cheveux mouillés sont plaqués sur son visage. Elle se tient parfaitement immobile. Entourée d'arbres. Les arbres bougent. On dirait qu'ils se penchent en avant et me dévisagent. Les arbres approchent-ils ?

Elle a un objet dans une main. Une hache ? Une arme ?

C'est une lampe de poche. Elle dirige le faisceau sur son propre visage, sourit. « Je vais chercher du bois », annonce-t-elle.

À manger, maintenant.

20 h 23 : Après être allés chercher de l'eau et du bois en tâtonnant dans l'obscurité, nous voyons dans le chalet l'affichette qui précise qu'il n'est pas prudent de boire l'eau du puits. Ah bon, d'accord. Il nous reste trois décilitres de l'eau que nous avions emportée.

Mais, donc : manger.

D'abord, nous devons trouver du papier pour allumer le feu, de préférence quelque chose qui ne soit pas mouillé, et qui ne soit pas la carte dont nous aurons besoin demain. Puis nous devrons trouver les allumettes. Et fouiller la moitié du chalet pour déterminer où ils ont caché les bougies. Il apparaîtra que c'était dans l'abri où nous venons d'aller chercher le bois. Nous obligeant à ressortir. Ensuite, nous devrons allumer vingt-quatre chandelles pour pouvoir voir quoi que ce soit. Et puis, nous devrons faire du feu dans la cheminée. Et suspendre tous nos vêtements pour les faire sécher. Et monter notre gazinière d'un jour et faire bouillir de l'eau pour le repas, ce qui prend énormément de temps. À la fois le montage et l'ébullition.

Mais ensuite…

20 h 55 : Tout cela est fait. Enfin, nous allons nous asseoir pour déguster le *lapskaus* de randonnée auquel il suffit d'ajouter de l'eau bouillante avant de le laisser se bonifier pendant huit minutes. Du *lapskaus*, une potée de viande aux pommes de terre et aux carottes. Un vrai plat de chalet, authentique et robuste, pour les vrais gens de nature.

Nous nous asseyons, nous nous servons un tout petit peu de l'eau qui nous reste, nous sortons des couverts d'un tiroir et nous nous préparons à attaquer.

21 h 03 : Le lapskaus s'est bonifié pendant les huit minutes prescrites.

Il est absolument immonde.

Je veux dire vraiment.

Franchement, c'est fort. On fabrique des plats lyophilisés depuis des décennies. Ce n'est peut-être pas la nourriture qu'encenseraient les meilleurs cuisiniers du monde, mais le plus souvent, c'est parfaitement mangeable. Ce *lapskaus* ne l'est pas.

Alors, si c'est vrai que la nourriture est *meilleure* après une marche longue et difficile, ce *lapskaus* est vraiment un morceau de bravoure en termes de cuisine déplorable.

« La promenade n'a peut-être pas été assez longue, suggère la Responsable de la Documentation.

– Il aurait fallu qu'elle soit longuissime pour que ce *lapskaus* soit bon.

– Si on avait passé plusieurs années dans un camp de prisonniers et qu'on avait été torturés, on aurait sûrement trouvé ça parfaitement délicieux.

– Dans ce cas, je serais d'avis qu'une option plus acceptable serait tout simplement de manger de la bonne nourriture. Et de laisser tomber la torture.

– C'est peut-être une idée, ça. »

21 h 15 : Après avoir retourné le chalet dans tous les sens, nous dénichons un plat de pâtes en sachet que d'anciens occupants du refuge ont laissé. Le goût est tout à fait… acceptable.

21 h 35 : La Responsable de la Documentation m'adresse un sourire malicieux. Elle se dirige vers son sac à dos, fouille un peu et sort une flasque !

« Tu as emporté de la *gnôle* ?! dis-je un peu trop fort.

– Ça fait partie de la randonnée. »

Elle me sert un petit coup à boire.

« Normalement, on est censé s'en jeter un petit quand on atteint un sommet, explique-t-elle, mais comme on n'en gravira pas avant après-demain…

– Je savais que ton expérience de la randonnée nous serait utile.

– Il n'y a pas de mauvaise gnôle. Santé ! »

21 h 45 : Ça commence à ressembler à quelque chose maintenant. À un week-end dans un chalet, en l'occurrence. Je me souviens alors d'un aspect qui me plaît dans les chalets, et qui est aussi la raison pour laquelle j'aime les hôtels et les aéroports : ce sont des endroits où l'on est un peu hors du monde. Peu importe quel jour on est, dans quel pays on se trouve. D'autres règles s'appliquent. Dans les aéroports, on pourra voir des gens ordinaires pas du tout alcooliques commander une bière à huit heures du matin. À l'hôtel, on pourra voir des gens ordinaires pas du tout criminels décider de voler tout ce qui n'est pas vissé ou cloué dans la chambre. Et dans un chalet, on abandonne la civilisation. L'alcool est sur la table. Au milieu des restes du mauvais repas. Un léger désordre règne. Nous sommes assis sur le canapé, nous inquiétant constamment à l'idée que le feu s'éteigne. Derrière nous est suspendue une guitare à laquelle il manque une corde. C'est ça, la vie de chalet.

Il n'y a plus qu'à se livrer à l'activité de chalet par excellence : lire le livre d'or sous une mauvaise lumière.

21 h 55 : Ce refuge a connu beaucoup de passage. Vraiment beaucoup. Et les gens sont logorrhéiques. Je vois le nom d'une famille que je connais. Qui a écrit des phrases d'une positivité exaspérante qui fleurent bon la randonnée. Ce n'est pas « Il n'y a pas de mauvais temps », mais presque. Et, d'ailleurs, certains l'ont écrit. Ça, et des variations sur le plaisir d'arriver, les repas tellement meilleurs après une longue randonnée. Je me retiens d'écrire un commentaire dans la marge.

Voilà trois couples qui sont partis ensemble. Ils ont écrit : « Qu'y a-t-il de mieux que de déconnecter de la corrida du quotidien en se rendant dans un sympathique petit chalet libéré de tous les colifichets technologiques du quotidien ? »

Les randonneurs parlent vraiment une autre langue. D'après ce que ces trois couples écrivent par ailleurs, je déduis qu'ils doivent avoir une petite trentaine. Eh ! Oh ! Personne de moins de cent cinquante ans ne parle de « corrida du quotidien » ou de « colifichets technologiques » ! À moins d'être dans un sketch.

22 h 40 : Nous nous brossons les dents en plein air, avec l'eau douteuse du puits. Vivre sur le fil du rasoir…

23 h 00 : J'ai vraiment hâte de me coucher maintenant.

23 h 30 : Je n'arrive pas à dormir. Mon sac de couchage est froid, la chambre, chaude. L'obscurité est totale. Et c'est une obscurité qui n'a rien à voir avec celle d'une maison ou d'un appartement. On n'a vraiment aucune idée de ce qui est à deux centimètres. Ça pourrait être un mur, un élan, aussi, mais sans doute pas, puisqu'il n'y a manifestement pas d'animaux dans cette forêt.

Le silence est extrême.

« On est en sécurité, ici ? » demande la Responsable de la Documentation.

Bon. J'emmène une fille qui a l'expérience de la randonnée dans l'espoir d'être soutenu, réconforté, appuyé, et quand on n'arrive pas à dormir et qu'on est à huit heures de marche de la civilisation, elle me demande si on est en sécurité ?!

Nous parlons, et ce n'est pas la première fois, de la singularité de ce système de refuges. En temps normal, la confiance est perçue comme un sentiment positif, mais elle peut aussi être excessive. Est-ce réellement une bonne idée de dormir, à l'écart de tout, dans un chalet dont trois cent mille personnes possèdent la clef ?

« Peu importe le nombre de gens qui ont la clef, souligne la Responsable de la Documentation, de toute façon, la porte n'est pas verrouillée.

– Quoi ?!

– On ne peut pas verrouiller de l'intérieur. »

Alors n'importe qui peut entrer. Si ce n'est qu'aucune personne saine d'esprit n'aurait l'idée de venir ainsi au milieu de la nuit, sous la pluie, dans le brouillard.

À la réflexion, ce ne sont peut-être pas les gens sains d'esprit qui nous inquiètent.

La Responsable de la Documentation me précise qu'elle a un couteau sous son oreiller. Je pense qu'elle plaisante, mais je n'ai aucune certitude.

« Tu crois que c'est pour ça qu'ils construisent les refuges si loin de tout ? demande-t-elle. Parce qu'aucun voyou ne serait prêt à se donner le mal de venir jusqu'ici pour causer des problèmes ?

– Bien pensé.

– Bon, bonne nuit, alors.

– Bonne nuit. »

00 h 10 : Le silence est vraiment incroyable, ici. Dans l'un de ses romans un peu trop longs, l'écrivain américain John Irving parle du bruit le plus effrayant qui soit : le bruit de quelqu'un qui essaie de ne pas faire de bruit. C'est exactement ce que fait la nature en permanence. Il règne un silence complet, mais en même temps, on entend toujours des bruits infimes, qui n'en sont peut-être pas. C'est peut-être mon imagination. Ou des gouttes de pluie. Une branche au vent. Un fou avec la clef universelle.

00 h 45 : Je me mets à penser aux choses que j'aime. C'est mieux que de compter les moutons.

Tout ce que j'aime fait du bruit.

Les gens, pour commencer par une évidence.

La pluie qui tombe lourdement sur un store. Ça aussi, j'aime. Particulièrement quand le store fait partie d'un endroit où il y a des serveurs.

Le rire de mes camarades dans la salle quand je suis aux pissotières d'un bar. J'adore.

Les touristes qui regardent des choses que je vois tous les jours et en parlent dans des langues que je ne comprends pas.

Une radio qui est quelque part, mais je ne sais pas où.

Une canette de bière qu'on ouvre.

Une soirée dont les sonorités s'échappent par une fenêtre ouverte l'été.

Le début d'une chanson que je connais. Ces trois premières secondes de pure expectative, quand je sais que je la connais, mais que je ne l'identifie pas encore, et que je ne sais même pas si je l'aime ou non.

La musique, d'une manière générale. Songez seulement comment une chanson peut être le son d'une personne donnée. *The River* de Bruce Springsteen, par exemple, est le son de mon frère. Il a deux ans de plus que moi. Quand nous grandissions, nous aimions des musiques différentes, par principe. C'est ça, être frères. S'il découvrait un artiste avant moi, je ne pouvais pas l'aimer aussi. Ainsi étaient les règles. Je devais me trouver un autre chanteur, et de préférence aussi proche de l'opposé que possible. Mon frère a découvert Bruce Springsteen d'abord. Quel artiste j'avais pu trouver qui incarne l'opposé de Bruce Springsteen ? Je ne saurais trop dire. J'ai bien peur que ç'ait été Chris de Burgh. J'étais très jeune à l'époque, je ne savais pas. Alors *The River* est le son de mon frère. Mais la version *live*, avec l'intro interminable, est le son de mon copain Alex, qui la connaissait – et la connaît sans doute encore –par cœur, du début à la fin, avec l'accent du New Jersey et tout, et cette version me rappelle toujours la puissance que peut avoir le son d'un artiste préféré, parce qu'un été, ce même Alex a eu le choix entre prendre un billet Interrail pour sillonner l'Europe avec moi, son meilleur ami, et se rendre au concert de Bruce Springsteen à Oslo. Il a choisi Bruce. Je ne le lui reproche pas. Il ne pouvait pas savoir que, quelques décennies plus tard, Bruce Springsteen se produirait en Norvège à peu près tous les quinze jours. Mais de toute façon, ce n'est pas maintenant qu'il faut le voir. Enfin, allez-y si vous avez envie, surtout ne vous en privez pas, mais c'est à l'époque que ça représentait tout. Qu'il était le plus grand du monde. C'est à l'époque que c'était un grand événement. J'adore les grands événements. Et les grands événements font toujours du bruit.

J'aime aussi le bruit qui suit immédiatement un grand événement. On est assis quelque part, sans se douter qu'il se passe quelque chose de grand, et puis soudain, tout change. Des fenêtres et des portes s'ouvrent. Les gens poussent des cris de joie. Des voitures klaxonnent. Il est impossible de ne pas s'élancer dehors pour voir ce qui se passe. Ce pourrait être la fin d'un match de foot, de cricket, un concours de chanson, l'annonce du lauréat d'un prix, ou du pays qui accueillera les Jeux olympiques. Aucune importance. C'est impossible de ne pas être de bonne humeur.

J'aime ouvrir la porte d'un endroit que j'aime. Qui peut être mon propre foyer. Ou celui d'un ami qui m'a invité à dîner. Ou, par exemple, le café où nous sommes passés ce matin pour acheter notre dernier cortado. Ouvrir ces portes, entendre la musique et les voix, deviner qui c'est. J'aime.

J'aime le premier rire après un événement triste. C'est l'un des plus beaux bruits que je connaisse.

Un fou rire. Bruit formidable.

Une salle de concert ou de théâtre juste avant le début du spectacle. Quand on entend cent conversations, mais pas les propos tenus. Et pourtant, ce bruit en dit long sur qui ils sont, leur âge, leur ébriété, leurs attentes, le genre de soirée qui s'annonce.

Un café qu'on traverse en ne percevant que des bribes de conversations. Deviner quel genre de personnes sont assises aux différentes tables.

« … ont un peu perdu le truc à la quatrième saison… » (Des hommes, assurément, probablement barbus.)

« … dormi trois heures cette nuit… » (Congé parental. Indubitablement.)

« … Non. Non. Non. Non. Non… » (Des hommes qui évaluent la sélection sur Tinder ?)

« … j'ai un certain nombre de projets intéressants sur le feu… » (Quelqu'un qui très probablement n'a aucun projet intéressant sur le feu.)

« … j'ai plein d'heures sup à rattraper… » (À tous les coups : des hommes d'environ quarante-cinq ans avec une alliance. Ils se dégarnissent, boivent des bières artisanales et ne vont pas tarder à partir. Parce qu'ils vont se lever tôt demain pour randonner).

01 h 45 : Mais je ne suis pas censé penser à ce genre de choses, je suis censé savourer le silence. Trouver la paix. Dormir, avec plaisir. Cela ne semble pas près d'arriver. Aujourd'hui, d'une manière générale, je n'ai pas vécu grand-chose de ce qu'on est censé vivre dans la nature. Je n'ai pas senti le stress lâcher prise. Je ne me suis pas senti libre. J'ai compté les mètres, j'ai calculé les heures et les minutes, j'ai évité de trébucher, j'ai cherché de la peinture sur les arbres. J'ai vu beaucoup d'arbres. Beaucoup trop d'arbres.

02 h 30 : Aujourd'hui, je n'ai pas vécu la nature. Pas vraiment. Aujourd'hui, j'ai vu de la forêt. Et de la pluie. Ce n'est que demain ou après-demain que je pourrai faire l'expérience de la nature qui donne la foi aux gens. Là, je vais marcher sans avoir peur de me tromper de chemin ou de ne pas arriver à temps. Je vais juste marcher. En le savourant. Et je comprendrai peut-être tout cela. Il faut être ouvert. Il faut être humble. Je dois être incroyablement fatigué pour me dire que je dois être ouvert et humble.

03 h 13 : Je suis à deux doigts de m'endormir.

03 h 16 : La Responsable de la Documentation me réveille. S'est-il passé quelque chose ? A-t-elle entendu quelqu'un ? A-t-elle vraiment un couteau sous son oreiller ?

Elle m'observe d'un air grave.

« Billy Idol », déclare-t-elle.

Adieu à la logistique

Deuxième étape : Refuge Tømte – Gjendesheim.
À pied, en train et en car. Durée estimée : une journée.

J'aime le train. Pour toutes les raisons habituelles, j'imagine. L'allure parfaite. Suffisamment vite pour arriver à destination en un temps raisonnable, mais pas trop vite pour voir les lieux que l'on traverse. En train, on regarde le paysage qui change sous ses fenêtres. Parfois, on aperçoit l'intérieur d'une maison, une famille qui ne se sait pas observée. Le bruit des roues sur les rails, bien entendu. Et le sifflet ! Quelle assurance… Et la place ! On en a plus que dans d'autres moyens de transport. J'aime aussi que les employés aient toujours l'air de sortir d'une vieille série télé pour enfants. En plein âge de l'informatique, ils se promènent en uniforme et casquette, agitent des petits drapeaux et soufflent dans des sifflets. En plus, les trains disposent souvent d'un wagon-restaurant. Ce n'est peut-être pas très surprenant pour vous qui avez maintenant appris à me connaître, mais j'apprécie cette possibilité de se déplacer dans la nature avec son propre restaurant.

Je dois admettre aussi que je tire un certain plaisir à me savoir mieux loti que quelques autres passagers. Et, oui, quand je dis cela, je pense particulièrement à ceux qui ont été dans la nature, probablement pendant des jours, et qui arrivent en direct de la forêt, se laissent choir sur leur siège, sales et mouillés, avec un barda bien trop volumineux, des sourires bien trop figés et des familles bien trop nombreuses. Un fatras de gros sacs à dos, de coupe-vent trempés, de famille recomposée et de grosses chaussettes en laine. Des skis, si c'est l'hiver. Et des bâtons. Le tout dans le ruissellement collectif. Ces familles-là pourront rester à bord pendant des heures, elles ne passeront pas une minute assises tranquillement. La première heure sera consacrée à l'organisation. Il faut se changer. Et de préférence improviser aussi des étendoirs à linge qui exaspèrent d'autres passagers se préparant à une réunion à Bergen et n'ayant pas besoin de chaussettes qui pendent au-dessus de leur Mac. Skis et bâtons doivent être empilés. Or, jusqu'à présent, personne au monde n'a jamais réussi à empiler plus de deux paires de bâtons avec dignité. L'humeur se dégrade, on donne des ordres aux enfants pendant que maman cherche les casse-croûtes et que papa essaie de faire de la place sur l'étagère à chapeaux pour son gigantesque sac à dos bourré à craquer, en répétant à sa chère et tendre qu'il va y arriver, c'est bon, C'EST BON, OK ?! Sur quoi, le contrôleur arrive et ils doivent renoncer à leur conquête de l'étagère et à leur quête du casse-croûte pour passer une demi-heure à chercher et ranimer leurs téléphones trempés et l'appli des billets de train.

Ces gens agacent de nombreux passagers. En particulier ceux qui font ce trajet quotidiennement pour travailler. Et bien sûr, je peux comprendre que les randonneurs agacent à bord d'un train. Ils font trop de bruit, prennent trop de place, ruissellent trop, sentent fort, le tout avec un risque croissant qu'au moins l'un d'eux pète les plombs.

Mais en ce qui me concerne, je ne me laisse pas agacer, car je me dis que le plus agaçant, c'est certainement *d'être* ces gens. Et cela me met en joie d'imaginer ce qui se passerait si j'allais les trouver avec un sourire benoît pour leur dire : « Ce n'est pas sans raison que ces étagères sont appelées étagères à *chapeaux* ! »

Oui, oui, oui, je sais… Nous voilà nous-mêmes devenus ces gens. Après bien trop peu de sommeil et un réveil bien trop matinal, nous avons enfilé nos vêtements encore relativement mouillés et refait entièrement nos sacs, activité à laquelle nous allons probablement devoir nous livrer tous les jours. Nous avons ensuite passé bien trop longtemps à porter à ébullition de l'eau pour deux cafés, avant de marcher une heure et demie jusqu'à une gare au beau milieu de la forêt au nord d'Oslo. À la gare, quelqu'un avait tagué « Oui aux loups » pour nous rappeler que nous restions en ville même si nous étions en pleine forêt.

À la gare, nous avons aussi vu une femme trempée jusqu'aux os, qui nous a expliqué qu'elle avait pris le train à la fin de sa journée de travail pour passer la nuit dans la forêt, dans sa tente, sous la pluie, et qu'elle repartait maintenant au travail. Je me suis abstenu de tout commentaire.

Passons. En tout cas, une heure et demie dans la forêt, c'est largement suffisant pour se mouiller, car, bien sûr, il pleut aujourd'hui aussi. Nous arrivons dans le train crasseux, croulant sous les bagages. Dégoulinants. Nos sourires sont moins crispés que ceux qu'affichent habituellement les gens dans notre état dans le train. Une tendance à la mauvaise humeur s'est certes manifestée ce matin quand nous nous sommes trompés de chemin juste devant le chalet, mais lire la carte et nous livrer à une fort jolie séance de chanteurs en C nous a promptement remis du baume au cœur.

Et je peux désormais affirmer, en étant en mesure d'étayer mes opinions, qu'effectivement il est plus agaçant *d'être* ces gens mouillés dans le train. Une fois tout le déballage et le changement de vêtements terminés, on sent qu'on n'est pas à sa place. On est vêtu pour la nature, on a des restes de cette nature sur son pantalon et ses chaussures, tout ce qu'on porte est trop grand, trop sale, trop vert. Et trop mouillé. Bruyant ! À l'origine de grosses flaques dans l'allée centrale. C'est comme si on insistait pour apporter le plus possible de forêt dans le train, afin d'importuner les gens qui sont en souliers de ville. En plus, tout ce qu'on transbahute gêne ceux qui se contentent d'une cravate et d'un ordinateur.

Et encore, nous n'avons pas de skis, de bâtons ou de famille nombreuse.

La seule idée de fouiller à la recherche d'un livre ou d'acheter un café, pour ajouter à tout le reste, est écrasante. Car il ne nous reste que deux ou trois heures avant de devoir redescendre de ce train. Pour prendre un car. Et là, ce sera rebelote. Refaire le sac, remettre les coupe-vents encore mouillés. Le branle-bas de combat. Alors, un livre à ranger ou un gobelet à jeter en plus, non merci. On a déjà assez à faire comme ça.

On se contente donc de rester assis sans rien faire, d'attendre en prenant trop de place. Et probablement en sentant mauvais.

« Bon ! fait la Responsable de la Documentation. Bilan !

– Je pense que mon salut et ma conversion ne s'opéreront sans doute pas dans la forêt…

– Non. En tout cas pas sous la pluie. Et sûrement pas avec du *lapskaus* comme récompense.

– Mais qu'est-ce qu'ils avaient fichu en préparant ce *lapskaus* ?!

– Je crois que tu préférerais ne pas le savoir.

– Certes.

– Tu as plus foi en la montagne ?

– J'ai plus foi en la montagne. J'aime avoir une vue.

– Et en plus, nous allons dorénavant passer nos nuits dans des refuges gardés avec restauration.

– Ça aussi, ça me plaît. J'aime les serveurs. Depuis toujours. Une formidable invention.

– Ça va être chouette.

– Ça va être chouette.

– On se fait un petit « Joyeux promeneur » ?

– Euh, ce serait peut-être pousser un peu, non ? »

Nous montons dans l'autocar (dont les horaires varient selon la saison, saison qui, manifestement, change à peu près à l'instant où nous descendons du train), refaisons notre sac, nous changeons, avec encore moins de place que dans le train, mais tout de même une ou deux personnes qui sont dans la même mouvance que nous, puisque le véhicule est à destination du Jotunheimen. Je me félicite d'avoir cette journée qui présente la civilisation sous ses traits les plus horripilants avant d'arriver dans les montagnes. Quel plaisir de mettre tout cela derrière nous ! À partir de demain, fini les horaires pas fiables, la logistique compliquée. À partir de demain, fini la forêt touffue. À partir de demain, il n'y aura que nous et la montagne.

Nous arrivons.

Voici le Jotunheimen, le Foyer des Géants, massif de trois cent mille cinq cents kilomètres carrés, baptisé par le poète Aasmund Olavsson Vinje. C'est ici que se trouvent le plus haut sommet d'Europe du Nord, le plus vieux sentier de randonnée balisé de Norvège, le paysage qui fait que des hommes adultes se sentent petits.

Et ici, tout près de nous, la crête de Besseggen, site de l'une des randonnées en montagne les plus pratiquées de Norvège, 60 000 personnes chaque année. Quand on l'évoque, les montagnards aguerris lèvent les yeux au ciel en parlant de marche en file indienne. Plusieurs sites de randonnée la qualifient de passage obligé pour les Norvégiens. Tous ceux à qui nous en avons parlé l'ont faite. Elle est ici. La crête qui va me convertir. La crête qui a inspiré à Ibsen la chevauchée du bouc de *Peer Gynt*. La voici, puissante, dominante.

Du moins, les gens prétendent que c'est ici qu'elle se trouve.

Nous ne pouvons que les croire sur parole, car l'épais brouillard empêche de voir quoi que ce soit.

Il pleut aussi, au cas où vous vous poseriez la question.

Repas commun en maillot de corps

Voici notre première occasion de vérifier s'il règne bel et bien une ambiance de folie dans les refuges de montagne, et si les grands d'entre eux sont effectivement comparables à des hôtels. Car ce soir, nous allons loger à Gjendesheim, refuge où de très nombreux randonneurs logent avant et/ou après leur Besseggen. Avec plus de cent quatre-vingts lits et vingt mille nuitées par an, c'est le refuge le plus fréquenté de la Norvège-des-Montagnes.

Quand on entre, un certain nombre d'éléments rappellent un hôtel, en effet. Par exemple, il y a des gens. Il y a l'électricité. Rien que ça, c'est un pas énorme vers l'hôtel par rapport au refuge d'hier. Il y a aussi une réception, et un service de restauration.

La ressemblance s'arrête là.

Pour le reste, tout a été fait pour que cet hébergement pour près de deux cents personnes rappelle autant que possible le cabanon primitif. Tout ce qui peut être en bois est en bois. Les lits sont petits, les douches rares. L'entrée est bourrée de chaussures de randonnée et le bâtiment entier embaume la sueur et les vêtements mouillés.

Les prévisions météorologiques pour aujourd'hui et demain sont imprimées et posées sur le comptoir de la réception. Ça n'a pas l'air bien brillant.

Les gens qui travaillent ici sont du genre à mettre en valeur les vêtements de randonnée. Car, bien sûr, ils portent des vêtements de randonnée. Jeunes, avenants, ouverts à la vie, ils ont en réalité l'air bien trop cool pour travailler dans un chalet en bois. Ils devraient plutôt être bénévoles dans un festival. Quand l'automne arrive et que le refuge ferme, je ne serais pas surpris d'apprendre que toute la bande s'envole en Australie pour travailler dans un bar sur une plage.

On nous attribue une chambre pour quatre. Pour l'instant, il n'y a que nous, ce qui est tout aussi bien, vu qu'il n'y a pas de place pour quatre, à moins que tout le monde garde son barda dans son lit. Les toilettes sont au sous-sol, deux étages au-dessous de nous, de même que la douche, où on a droit à quatre minutes d'eau pour dix couronnes, entre l'heure pile et la demie pour les hommes et entre la demie et l'heure pile pour les femmes. À moins que ce ne soit l'inverse.

En fin de compte, il y a aussi autre chose qui ressemble à un hôtel ici : le prix. Pour le prix de deux places dans une chambre de quatre au Gjendesheim, on aurait une chambre double tout à fait correcte dans un hôtel. Et, en plus, à l'hôtel, les toilettes sont souvent au même étage et on peut se doucher à n'importe quelle heure du jour et de la nuit sans surcoût, quel que soit son sexe. Certains hôtels se targuent d'être de « haut standing à bas prix ». Ici, la Responsable de la Documentation et moi sommes tentés de retourner à l'entrée du refuge pour voir s'il n'est pas écrit « standard bas à prix hauts ».

Nous gloussons un peu.

Puis nous nous ressaisissons. Nous devons bien nous conduire, maintenant. Maintenant, nous allons être positifs. Nous allons nous fondre dans la masse des randonneurs.

Et, à cet instant précis, les randonneurs attendent l'heure du dîner dans le salon-cheminée. Hormis ceux qui prennent une douche express en s'inquiétant à l'idée d'avoir pu se tromper dans le règlement des genres.

Dans le salon-cheminée, il y a des tables en bois, des chaises en bois, des canapés en bois et des bibliothèques en bois, pleines de livres sur la randonnée en montagne pour ceux qui auraient besoin de se distraire un peu après leur randonnée en montagne. Il n'y a pas de musique, par exemple, mais un piano est installé dans le coin, comme une menace. On notera aussi qu'on parle doucement, d'une voix feutrée de salle d'attente, mais le plus remarquable reste que tout le monde se promène en chaussettes, comme si c'était la chose la plus naturelle du monde. Et puis tout le monde a aussi le teint très animé.

Les gens boivent du vin rouge, consultent les prévisions météo sur leur téléphone. Des jeunes hommes jouent aux cartes en silence. Un homme d'un certain âge converse avec un client plus jeune, peu disert. Deux couples qui ne se connaissent pas se montrent des photos de leur randonnée du jour. D'une manière générale, on se fait passer beaucoup de téléphones. Les mains dans le dos, un homme avide de contact interroge un membre du personnel qui ne faisait qu'essayer de ranger. Le regard plus ou moins vide, un groupe de copines d'âge mûr parlent en hochant la tête avec un groupe identique d'un autre pays. Je parie qu'elles sont profs, toutes autant qu'elles sont. Quelques quinquas qui n'en sont pas à leur première randonnée essaient de faire croire qu'ils se baladent en maillot de corps en laine parce que c'est un vêtement commode et pas du tout parce que la maille épouse leur torse.

Ainsi sont donc les montagnards.

J'agis comme souvent : je traverse la salle en recueillant des bribes de conversation aux différentes tables.

« … six, sept heures… »

« … oui, j'y suis allé souvent… »

« … *six hours…* »

« … non, non, ce n'est pas loin… »

« … ce n'est pas une randonnée très difficile… »

« … non, non, non, ce n'est pas effrayant du tout… »

« … sept heures. Mais on a fait beaucoup de pauses… »

« … on va prendre l'autre itinéraire, pas celui que tout le monde… »

« … en file indienne… »

« … pas mal d'heures sup à récupérer… »

Et, au cas où vous vous poseriez la question, cette dernière phrase est prononcée par l'un des quinquas en maillot de corps.

Pour le reste, toutes les conversations du salon-cheminée tournent résolument autour de l'itinéraire que les gens ont emprunté aujourd'hui, de celui qu'ils vont emprunter demain, de ceux qu'ils ont empruntés par le passé, de ceux qu'ils aimeraient emprunter à l'avenir, mais aussi de la durée de telle ou telle randonnée et de combien elle est facile pour quelqu'un qui est dans une forme moyenne. « Moyenne » étant l'adjectif de prédilection des faux modestes pour parler de leur propre forme.

Pas étonnant que les randonneurs préfèrent éviter de rencontrer trop de monde dans les montagnes, de toute évidence, ces gens-là sont incapables d'avoir des rapports sociaux normaux. Imaginons-les à un dîner. L'hôte ouvre la porte :

« Bonjour, bienvenue !

– Eh bien, je suis venu à pied, moi.

– Ah, vraiment ? Entre.

– J'ai mis huit minutes trente.

– Ah oui ?

– Ça doit faire un peu plus d'un kilomètre, je pense. Marche rapide. Pour quelqu'un qui est dans une forme moyenne.

– Vraiment ?

– Oui. Le terrain est assez accidenté. Surtout des chemins de terre. Et puis il a plu, alors ça glisse un peu.

– D'accord…

– Mais c'était zéro stress, hein. Super promenade.

– Formidable. Mais…

– Et toi, tu as marché loin aujourd'hui ?

– Non, je suis essentiellement resté à la maison pour préparer le dîner.

– Hmm. C'est bien de sortir un peu, quand même.

– Absolument. Mais…

– Je pensais changer d'itinéraire pour le retour. Par la forêt. Il n'y a pas trop de monde.

– De toute façon, il ne doit pas y avoir grand monde qui se promène dans le coin au milieu de la nuit, si ? Mais entre donc, les autres sont dans le salon.

– Le salon ? C'est loin ?

– Loin ? Non, c'est juste là…

– Huit, dix mètres, peut-être ?

– Euh… oui, sans doute ?

– Je vais probablement faire quelques passages aux toilettes dans la soirée. Tester différents itinéraires. Tu as des toilettes en bas et en haut, hein ?

– Oui…

– Je vais probablement aller aux deux. C'est bien de se servir un peu de son corps, de bouger.

– D'accord. Mais maintenant, il faudrait que tu viennes t'asseoir avant que le dîner ne refroidisse.

– Bien sûr. Dis ?

– Oui ?

– Ça ne pose pas de problème que je sois en maillot de corps ? »

Au Gjendesheim, on a compris que les montagnards n'étaient pas rompus à la sociabilité de base et avaient besoin d'entraînement, c'est donc sociabilité obligatoire pendant le dîner.

L'impression de camp scout est récurrente. Le repas est servi à horaires fixes. On mange ce qu'il y a. Probablement de la viande. Et on s'assied là où on nous dit. La pièce est loin d'être pleine, mais les clients sont tous placés ensemble autour de deux grandes tables. On nous attribue les places près de la fenêtre, avec vue sur un mur de brouillard. Ayant compris le code vestimentaire, nous nous sommes déshabillés pour le dîner. Tel un montagnard aguerri, me voilà donc attablé en maillot de corps en laine moulant et pantalon de jogging gris intemporel. Et chaussures d'intérieur. La plupart des autres sont toujours en chaussettes, mais honnêtement, ce n'est pas parce qu'on loge dans un refuge qu'on est obligé de se laisser aller à la ruine totale.

Les gens s'installent dans la salle à manger, se saluent. On converse dans plusieurs langues.

« … *seven hours…* »

« … *sieben Stunden…* »

« … un peu plus de six heures… »

Six, sept minutes après l'heure prévue pour le dîner, il reste toujours cinq chaises libres à notre table. Quelqu'un a déjà consulté sa montre, fait claquer sa langue, levé les yeux au ciel.

Puis un quinquagénaire entre dans le salon, suivi de quatre hommes. Il est vêtu d'un maillot de corps en laine moulant, je crois que c'est obligatoire, et de ce qui ressemble à un jean. Eh ben ! Voyez-vous ça… Un vêtement civil. Osé !

De toute évidence, il ne recherche pas la discrétion quand il entre dans une pièce.

« Bienvenue en bas, tout le monde ! lance-t-il en écartant les bras. Félicitations à tous ceux qui ont survécu à l'ascension ! »

Certains lâchent un petit rire hésitant, d'autres consultent leur montre, font claquer leur langue, lèvent les yeux au ciel encore une fois. Des convives obligeants assurent la traduction simultanée de ses propos. Une personne pleine de bon sens souligne que tout le monde n'a pas fait la Besseggen aujourd'hui, certains vont y aller demain.

Je souris de toutes mes dents en me disant : *ces cinq-là ont pris l'apéro*. Ça me plaît. Et les cinq chaises libres sont à notre table, à côté de nous.

Il apparaît rapidement que nous avons la compagnie du groupe le plus animé du refuge, et de loin. Ces cinq amis travaillent ensemble sur une plateforme pétrolière et tous les ans, ils font une randonnée en montagne. L'an dernier, c'était le Galdhøpiggen, cette année, c'est la Besseggen. Quand on fait une chose pareille, c'est qu'on aime ses collègues. D'un autre côté, les gens qui travaillent en mer du Nord alternent les périodes de travail sur la plateforme avec de longues périodes de repos sur le continent, où ils ne se voient pas et ont peut-être le temps de se manquer. Une fois par an, ils assistent aussi à un festival de blues dans la ville de l'un d'eux. Ils dorment alors dans son jardin, dans une tente qui ressemble à un petit bus. J'imagine la scène, avec la nette impression que cet autre rendez-vous annuel ne met pas franchement l'accent sur l'outdoor. Ni sur le blues, d'ailleurs.

Nous commandons du vin rouge, trinquons et devenons potes comme pas permis.

Prouvant que nous ressemblons de plus en plus aux indigènes, nous posons toutes les questions requises.

Ils ont mis sept heures pour faire la randonnée de la Besseggen. En faisant un certain nombre de pauses. Ils avaient des bières et de l'alcool fort. L'un d'eux n'a pas eu tellement d'entraînement depuis leur précédente randonnée il y a un an, mais il ne lui en faut pas beaucoup pour se remettre en forme, nous révèle-t-il, et en général, la première montée suffit. Il éclate de rire.

De nombreuses remarques de cet acabit seront échangées ce soir-là. Et les éclats de rire fuseront. Ce sont des gens comme ça. J'aime bien les gens comme ça.

Nous leur demandons si c'était désagréable de marcher dans le brouillard et sous la pluie. Non, disent-ils. Pas du tout. Cela corrobore tout ce que nous avons pu entendre. Tous ceux qui ont fait la Besseggen vous diront que la crête a l'air étroite et inquiétante sur les photos, mais qu'il n'y a en fait aucun problème, c'est facile comme tout, il y a de la place, ça ne fait absolument pas peur. Bien sûr, ils ont tous entendu des histoires de gens qui flippent et doivent être sauvés en hélicoptère, mais globalement ce sont toujours des étourdis en Converse qui viennent de l'étranger. Cette randonnée, c'est du gâteau. Les gens font la Besseggen avec leurs gamins. Ils emmènent des chiens. Des centenaires l'ont faite, des gens avec des béquilles. Certains la font en courant. Je crois même avoir entendu parler de quelqu'un qui l'avait faite en fauteuil roulant, mais c'est peut-être mon imagination.

Nos nouveaux amis du pétrole nous expliquent qu'ils n'ont peut-être pas vu grand-chose grand-chose là-haut, mais ils nous montrent des photos et, indéniablement, ils ont vu *un peu*, malgré le brouillard. Des esquisses de panorama apparaissent sur plusieurs photos.

Après cela, notre décision est irrévocable : nous ferons la Besseggen demain. Nous avions envisagé de temporiser un jour en randonnant dans des coins légèrement moins élevés si on annonçait une visibilité nulle et un temps épouvantable, mais notre décision est prise. Nous vérifions encore une fois les prévisions météo sur notre téléphone, c'est ce que font les gens font dans ces refuges quand ils ne sont pas en train de parler d'heures et de minutes et de se regarder en sous-vêtements. Grosso modo, tous les services de météorologie disponibles indiquent que le temps va être épouvantable demain, et qu'il sera encore pire après-demain. Nous allons faire la randonnée demain, c'est clair.

Nous célébrons notre décision en commandant encore du vin rouge.

Nous parlons avec nos amis de l'industrie pétrolière de la façon dont s'est déroulée notre excursion jusqu'à présent. Nous racontons la journée où nous avons marché dans la forêt sous la pluie et de l'affreux *lapskaus* que nous n'avons pas pu avaler.

« C'est que vous n'aviez pas assez faim », affirme l'un de ces hommes en maillot de corps.

Une fois arrivés au bout de tous les sujets de conversation obligatoires, ainsi que du vin et du dessert, nous nous déplaçons vers le salon-cheminée, que, dans un moment d'égarement, j'en viens à évoquer comme le bar de l'hôtel. Et en l'occurrence, cet espace en a bel et bien la convivialité. Nous bavardons, nous rions, nous parlons de boulot, de loisirs, de famille, d'avenir, de tout et de rien et de n'importe quoi. D'où nous venons, de ce que nous aimons. Et même des Eagles. Je ne sais plus pourquoi. Et morbleu ! nous abordons même la politique et la religion, ce qui, j'en suis passablement sûr, contrevient aux règlements tacites de la bienséance. Nous commandons des bières. Au bout de quelque temps, le refuge le plus fréquenté de la Norvège-des-Montagnes est à court de bière ordinaire et nous devons passer à l'intéressante, et sans doute légèrement plus forte, production d'une brasserie locale.

Je songe que c'est finalement très chouette, cette vie de chalet. Et puis, je comprends alors que c'est parce que ce qui se passe en ce moment précis ressemble diablement à une soirée ordinaire dans n'importe quel bar sympa. Si ce n'est que je suis en pantalon de jogging. Et que les gens sont en chaussettes. Et qu'un type assis devant la cheminée est en train de se couper les ongles des orteils.

D'accord.

Nous sommes la tablée la plus bruyante de la salle à manger. Sans que la concurrence puisse être qualifiée de très rude. Certains clients nous lancent des regards qui me semblent désapprobateurs et bientôt nous sommes seuls dans la pièce.

Le dernier à s'en aller est le monsieur d'un certain âge que nous avons vu discuter ici au début de la soirée. La conversation est manifestement sa spécialité. Il s'arrête à notre table et nous gratifie d'une petite causette. Il est ici depuis plusieurs jours, seul. Il n'a pas fait la Besseggen, n'a aucune intention de la faire. Ce qu'il aime, lui, ce sont les promenades courtes dans le coin. De petites balades, ai-je l'impression, souvent le long de la route. On dirait bien qu'il a trouvé la grande paix intérieure. Ou alors il est complètement taré. Après nous avoir informés de ses habitudes de randonnée, il a son compte de conversation pour la journée et peut aller se coucher la conscience tranquille. Minuit est encore loin et tout le monde est déjà au lit. Sauf nous.

Une ambiance de folie.

Ce qui m'évoque le plus les camps scouts, c'est qu'il en faut très peu pour se sentir canaille. Il suffit de commander plus de deux bières. D'être encore debout à vingt-trois heures trente. De rire bruyamment.

Nous devrions sans doute être raisonnables et nous coucher, nous aussi, après tout, nous allons nous faire une montagne demain, mais je n'ai pas envie d'être raisonnable. Et c'est là qu'intervient l'un de mes postulats pour expliquer pourquoi je ne me suis jamais mis à marcher en montagne comme tous ceux que je connais : aurais-je consumé toute ma sagesse ?

Mais écoutez, quoi ! Et si nous disposions tous d'un certain capital de sagesse à dépenser au cours de notre vie ? Il pourrait bien sembler que ce soit le cas. Il est assez fréquent d'être déraisonnable dans son adolescence, sa jeunesse, pendant la période des études, pour ceux qui se livrent à ce genre de choses. On maraude dans les jardins, on ment à ses parents, on fume en cachette, on fait le mur et on boit de l'alcool à treize ans, on se lève quand on a envie, on oublie la vaisselle dans l'évier, on se laisse pousser les cheveux, on goûte les drogues, on couche à droite à gauche, on lance des pierres sur des ambassades. Et puis, à un moment de sa vie, on se rend compte qu'on va bien être obligé de commencer à écouter la raison si on veut avoir le temps d'épuiser son capital avant d'être six pieds sous terre. C'est alors que les gens fondent une famille, trouvent un emploi permanent, acquièrent une voiture, des habitudes, une morale, s'impliquent dans l'association parents-profs, les activités sportives des enfants et des sujets parfaitement mineurs concernant leur environnement local, se mettent à se coucher à heure fixe, font des randonnées en forêt et en montagne. Quant à moi, jusqu'à présent, j'ai suivi le chemin inverse. J'étais un enfant sage, à un point embarrassant. Je faisais ce que les adultes d'autorité me disaient de faire, je travaillais à l'école, je finissais mes devoirs, je levais la main avant de parler et je me conduisais bien. Aurais-je tout bonnement brûlé tout mon capital sagesse à ce moment-là ?

Mais là, nous devrions être raisonnables. Nous le savons, même si ça ne nous est naturel ni à l'un ni à l'autre. Demain, nous allons marcher pendant des heures, essentiellement en montée, sûrement sous la pluie et dans le brouillard. Nous devrions aller nous coucher. Indubitablement.

Et c'est exactement ce que nous faisons.

Après une autre tournée de bière locale intéressante, sans doute un peu forte.

Et après avoir chanté les Eagles. Je ne me souviens plus pourquoi.

La cloche des dernières commandes sonne. Bien sûr, les pétroleurs demandent trois pintes par personne. Ils vont sans doute s'attarder encore un peu.

Et ils le méritent bien.

Cette histoire d'excellent sommeil dans les refuges de montagne, c'est un mensonge. J'ai désormais de quoi étayer mes opinions sur cette question aussi. Tout ici est en bois. Je ne suis pas sûr de l'essence employée, mais elle a dû faire l'objet de générations de sélection afin d'atteindre le maximum du grincement. Et si les humains étaient faits pour dormir dans des sacs de couchage, on n'aurait jamais eu besoin d'inventer les couettes. Étrangement, il fait bien trop chaud et bien trop froid à la fois. En plus, un sac de couchage, ça fait beaucoup de bruit. Il règne peut-être un grand silence dehors, mais quel raffut dans le mètre carré qu'est mon lit !

Je me demande aussi si je n'appréhenderais pas un peu la randonnée de demain. Je ne saurais dire pourquoi. Le problème quand on n'arrive pas à dormir, c'est qu'on a le temps de réfléchir à ces choses-là. Et c'est trop bête. Je devrais me réjouir. Je me suis réjoui, d'ailleurs. Fini la logistique, fini la forêt pesante. Rien que nous et la montagne. Et c'est du gâteau. Pas de problème. Et après la randonnée, qu'est-ce que c'est chouette ! Il n'y a qu'à voir la bande des pétroleurs : si contents, heureux – et drôles ! – après *s'être fait* la Besseg-gen. Dans moins de vingt-quatre heures, c'est moi qui entrerai dans la salle à manger, les joues roses, plein d'assurance, et qui commanderai du vin rouge d'une voix un peu trop forte.

Ça va être chouette.

Je reste éveillé, à réfléchir à ce que je ressens. Et ce que je ressens, c'est que j'aimerais mieux être ailleurs. Aux toilettes, pour être précis. Qui se trouvent au sous-sol, deux étages au-dessous. Je suis obligé de me rhabiller. Et de passer devant le salon-cheminée, où il règne toujours une super ambiance.

Quand je reviens, je suis complètement réveillé. J'essaie de répertorier toutes mes connaissances qui ont traversé la Besseg-gen. Ça ne m'est d'aucun secours. Ça ne fait que me prendre très longtemps.

J'essaie de me souvenir des paroles de « Do-Re-Mi ». Je m'endors.

Vers le sommet

Troisième étape : Gjendesheim – Memurubu – Gjendesheim, par la Besseggen. Durée estimée : variable selon les sources. Sur *ut.no*, certains disent huit heures, d'autres sept, ou encore six à huit. L'encyclopédie donne sept. *Besseggen.com* six à huit. De sympathiques travailleurs des plateformes pétrolières que nous avons rencontrés hier disent sept, mais ils avaient emporté de la bière et de l'alcool, et un copain assez peu entraîné.

Il y a beaucoup de choses importantes qu'on risque d'oublier quand on va marcher en montagne pendant quelques heures. On se le fait constamment rappeler. Des affiches au Gjendesheim dressent de longues listes de ce qu'il peut être judicieux d'avoir sur soi pour faire la Besseggen : de l'eau, de la nourriture, des vêtements de rechange, chauds et coupe-vent, des gants, un bonnet, une lampe de poche.

À en juger par nos conversations d'hier, rien toutefois ne pourrait être pire que d'oublier de consulter sa montre au départ de la randonnée. Arriver à destination sans savoir combien de temps on a mis ne présente pas grand intérêt. On se retrouve alors en sous-vêtements dans le salon-cheminée sans sujet de conversation.

Pour notre excursion, nous prenons un sac de randonnée à la journée. Tentons ici d'expliquer ce concept. Le sac de randonnée à la journée est au sac à dos ce que la pochette est au sac à main : un contenant facile à emporter, pour le strict nécessaire, et assorti à sa tenue. À ce détail près que le « strict nécessaire » d'une randonnée en montagne va un peu au-delà du strict nécessaire d'une soirée en ville. Et que rien au monde ne va avec une tenue aussi verte que la mienne.

Pour que la randonnée puisse commencer, il faut donc beaucoup de déballage et de remballage. Encore. Quarante-huit heures se sont écoulées depuis que nous nous sommes réveillés au Plaza. Au cours de ces quarante-huit heures, j'ai dormi pendant un total de sept heures, et c'est la sixième fois que je refais mon sac.

Bien sûr, nous sommes pressés, nous avons un bateau à prendre. Car cette excursion commence par une traversée en bateau. C'est exactement comme refaire son service militaire : assis sur un lit superposé dans une chambre exiguë, on essaie de se souvenir de ce qui doit être où, à temps pour pouvoir faire quelque chose qu'on n'a pas envie de faire. Il y a aussi l'obscurité de la pièce. C'est impressionnant ce qu'il fait sombre partout dans ces refuges, même quand ils sont équipés de lumière électrique. Et de lumière naturelle. Je ne sais pas comment ils font leur compte.

Pour quelque chose qui est censé offrir un contrepoids à la sempiternelle tyrannie de la logistique, la montagne n'en est tout de même pas entièrement dépourvue.

Et alors même qu'on avait exploité la moindre place disponible de son sac de randonnée à la journée, on se souvient qu'il faut aussi emporter un casse-croûte. À préparer soi-même pendant le petit-déjeuner ; qui, du reste, est ce qui rappelle le moins l'expérience hôtelière dans ce refuge. On a misé sur le simple, le basique, le rustique, le protestant. Aucun excès. La plus grande extravagance, ce sont les tranches de concombre, tout aussi sèches que les tartines.

Quand nous sortons enfin, et qu'une franche pluie commence à tomber, s'ajoutant au brouillard qui, naturellement, est encore plus dense qu'hier, je sens mon agacement s'évanouir. Je pourrais dire que c'est le bon air de la montagne, mais non : c'est d'en avoir terminé avec toute cette besogne. Et de savoir que je suis prêt. Je suis en sécurité. Je n'ai rien oublié. Comment le pourrais-je ? J'ai emporté presque tout ce que je possède. J'ai de la nourriture, de l'eau, du café, des vêtements de rechange, une veste et un pantalon de pluie, un bonnet, des moufles, un hélicoptère. Mais non, pas d'hélicoptère !

En revanche, j'ai une lampe de poche. Du chocolat. Une carte, un compas, un appareil photo, ma carte bleue. Tout cela ne tenant pas dans mon sac de randonnée à la journée, je porte autour de mon cou tout ce que je peux, sous mon coupe-vent, pour éviter que ce soit mouillé. Autrement dit, je n'ai plus seulement l'air d'une bleusaille en veste bien trop verte, j'ai l'air d'une bleusaille *enceinte* en veste bien trop verte.

Mais cette veste verte va me garder au sec jusqu'à la fin de mes jours. Un jeune homme sensible dans un magasin de sport me l'a promis. En plus, elle bénéficie de transport aérien. J'ai de bonnes chaussures de randonnée. Je suis paré à tout. Je sens que j'ai hâte de me mettre en route. Je dirais même que j'éprouve quelque chose qui ressemble à un sentiment de liberté.

Nous regardons dans la direction où est censée se trouver la montagne.

« Ça va se lever, dis-je à la Responsable de la Documentation.

– Ça va se lever », répond-elle.

C'est la formule consacrée quand la visibilité est mauvaise. Pendant les seules dix heures que nous avons passées au Gjendesheim, la phrase a sûrement été prononcée cent cinquante fois. D'un seul coup, ça se lève, affirment les gens, clients comme employés. Ils semblent se figurer qu'il suffit de le répéter suffisamment pour que ça se produise.

Je sais bien que ça peut se produire. Ce n'est pas ça. Ça s'est passé la première fois que j'ai emmené la Responsable de la Documentation à la montagne (ah ! oui, j'ai oublié de mentionner que j'avais déjà emmené la Responsable de la Documentation à la montagne). C'était là où je suis né, là où il y a l'escalier de raccard, et où l'on peut faire une promenade en montagne comme je les aime : elle commence au bord de la route principale, se fait en téléphérique et aboutit à un restaurant. Je voulais lui montrer la vue splendide. C'est-à-dire que, d'ordinaire, la vue est splendide. Ce jour de juillet, il neigeait. On ne voyait rien. Zéro. Nada. Dans le restaurant, des touristes de mauvaise humeur, croulant sous de gros appareils photo, buvaient pour se consoler. Nous, nous l'avions bien pris, car c'est le genre de personnes que nous sommes, et nous avions commandé à manger. Et puis, pendant que la Responsable de la Documentation était aux toilettes, ça s'est produit.

Le temps s'est dégagé.

Dans le restaurant, c'était le chaos total. Tandis que je courais aux toilettes dames et ouvrais la porte à toute volée en criant, les touristes saisissaient leurs appareils photo et s'élançaient vers la sortie en renversant sur leur chemin des pintes de bière, des chaises, des familles nucléaires.

Et puis, nous nous sommes tous retrouvés à contempler la vue qui s'ouvrait devant nous.

Quinze secondes plus tard, c'était terminé. On ne voyait plus rien.

Entre-temps, nos plats avaient refroidi.

C'était magique.

« Ça va être pareil », pensons-nous maintenant. Car c'est le genre de personnes que nous sommes. D'une positivité exaspérante.

Nous rions.

Mais rire, c'est ce que nous devons arrêter de faire si nous voulons nous considérer comme des gens de l'outdoor.

J'ai la patate et je me sens prêt, au point même de lever les yeux au ciel en voyant l'accoutrement d'un couple de Canadiens que nous avons à peine salués hier soir. Je claque de la langue.

« Il est en baskets… dis-je.

– Il porte un de ces ponchos de pluie gratuits qui sont distribués dans les festivals. Et elle, une veste normale, même pas imperméable, renchérit la Responsable de la Documentation.

– Zéro transport aérien. »

Nous sommes choqués.

« Ça va ? » demandons-nous en les croisant, et nous affichons les sourires inclusifs qui doivent déjà être en passe de devenir légendaires dans les cercles montagnards.

«Ça baigne», répond la femme.

Le bateau est presque vide. Pour tous ceux qui se lamentent sur la foule en montagne, je tiens à le préciser : ce n'est pas difficile d'éviter de se retrouver à marcher en file indienne. Il suffit de s'y rendre un jour où il ne fait pas particulièrement beau et il n'y aura pas de queue. Au cours de cette journée, nous verrons un total de dix personnes et un chien. Six de ces personnes sont sur le bateau. Le couple canadien sans transport aérien, deux copines peu avides de contact, qui prennent beaucoup de photos, et deux femmes très joyeuses venues de l'Utah, avec qui nous bavardons. « *Your country is beautiful* », déclare l'une d'elles en lieu et place de « bonjour ». Je suis légèrement tenté de répondre que ce n'est pas moi qui ai fait le pays, mais étant bien élevé, je fais comme la Responsable de la Documentation et la remercie poliment, en ajoutant : « *Sorry about the weather.* » Les femmes demandent s'il fait souvent ce temps-là en Norvège. Nous mentons.

Le bateau se rend à un endroit et un refuge appelé Memurubu (oui, hein ? C'est bien ce qu'on disait). De là, nous allons marcher un certain nombre d'heures pour arriver finalement à notre point de départ. Comme souvent dans la vie. Enfin, quand je dis marcher, les deux Canadiens se mettent presque à galoper dès que nous débarquons.

« Ils vont devoir lever le pied », affirme la Responsable de la Documentation.

Les dames de l'Utah prennent leur temps. Les deux copines peu avides de contact ont tout un tas de photos à prendre avant de commencer à marcher.

Il n'y a donc que nous et la montagne, à présent. Il pleut, mais pas tant que ça. Et le brouillard non plus n'est pas un problème, du moins pas si bas. Ça monte en douceur. C'est facile de trouver son chemin. C'est chouette. Nous bavardons. Nous faisons une brève pause barre chocolatée. Nous reprenons notre marche. Je fredonne « Do-Re-Mi ».

Et à ceux qui n'ont jamais essayé, je voudrais dire la chose suivante : une randonnée en montagne par temps pourri avec une légère gueule de bois et un classique de la comédie musicale dans la tête, eh bien, ce n'est pas si mal que ça.

Le temps passe vite. Surtout parce que, à la différence de la forêt, il se passe des choses ici. Un changement subit de paysage. Une légère montée, une descente. On ne se contente pas d'aller tout droit tout le temps. En contrebas, apparaît soudain un joli lac, presque vert. Et puis, la Responsable de la Documentation découvre un autre élément qui lui apporte beaucoup de joie : elle voit les Canadiens au loin et est persuadée que nous les rattrapons.

Sur ce point, nous sommes un peu différents. Je trouve indéniablement une certaine valeur de divertissement à ce genre de choses, et j'aurais bien voulu avoir quelques Canadiens à rattraper dans la forêt le premier jour pour donner un peu de sel à la promenade, mais la Responsable de la Documentation, elle, joue dans une autre ligue. Elle pourra trouver un véritable plaisir à battre des gens dans une compétition dont ils ignorent jusqu'à l'existence. Ce qui explique peut-être qu'elle ait plus marché en montagne que moi. En ce qui me concerne, je ne suis pas ambitieux et j'ai un instinct de compétition bas. Je sais bien que ces déclarations sont souvent de la coquetterie, mais en l'occurrence j'ai un jour fait un test de personnalité dont la conclusion était la suivante : faible ambition, instinct de compétition bas. J'ai des documents pour le prouver.

Réjouissons-nous de n'avoir jamais été obligés de tenter notre chance dans le monde du travail.

Nous rattrapons les Canadiens. La Responsable de la Documentation sourit de toutes ses dents et leur lance un « Coucou ! » particulièrement chaleureux.

« *Your country is beautiful* », répond l'homme. C'est manifestement la salutation des touristes étrangers. Nous échangeons quelques mots. Ils se montrent un peu plus bavards à présent. Nous avons peut-être mérité leur respect en les rattrapant. Ou alors, c'est l'attitude très enjouée de la Responsable de la Documentation qui leur inspire confiance. Ils ne peuvent pas savoir qu'elle est si souriante parce qu'elle les a démolis dans une compétition dont ils ne savaient rien.

Ils ont beaucoup randonné (Oui, d'accord, mais sur quoi d'autre aurions-nous pu ouvrir la conversation ? L'instabilité de la situation politique au Zimbabwe ?). Vraiment beaucoup randonné. Surtout dans les Rocheuses, mais ils voyagent dans le monde pour marcher en montagne. Il semblerait que ce soit leur activité principale. Et je sais ce que pense la Responsable de la Documentation : *Et pourtant, on marche plus vite que vous.*

Grand bien lui fasse.

D'un signe jovial de la main, nous prenons congé de nos montagnards chevronnés.

« Maintenant, on est les premiers de tous les passagers du bateau, annonce la Responsable de la Documentation.

– D'accord, mais n'oublions pas qu'une randonnée, ce n'est pas une compétition, c'est avant tout une expérience de la nature. Et la compétition la plus importante, c'est celle qu'on se livre à soi-même. »

Ne pas rire en faisant ce genre de déclarations : à revoir.

À ce moment précis, nous constatons que nous sommes sur une pointe où ont été prises de nombreuses photos de cette randonnée. Nous sommes tout bonnement dans Instagram. Si ce n'est qu'il y a un peu plus de brouillard et de pluie que sur la plupart des photos, mais pas au point de nous empêcher de voir que c'est beau. Ou au moins de le deviner. Ces deux lacs quelque part en bas, de part et d'autre de la montagne étroite, l'un d'eux étant donc tout vert… Nous prenons des photos. Et nous sentons que la vie de randonneur n'est pas si désagréable, et qu'il peut être judicieux de ne pas boire trop de bière locale et de manger un peu avant de partir en randonnée. Je me sens indifférent, goguenard.

Après vingt ou trente mètres, le sentier s'arrête. La montagne devient franchement pointue et se dresse droit vers le ciel. Sur environ quatre mètres. Avant de disparaître dans le brouillard épais. Qu'y a-t-il à gauche de ce rocher pointu qui s'élève droit vers le ciel ? Impossible à dire. Là aussi, il y a du brouillard. Et on ne voit rien non plus à droite, si jamais vous vous posiez la question.

« Il faut monter là ? » demande la Responsable de la Documentation. Bonne question. Cela ne ressemble guère à un endroit qu'on gravit sans être alpiniste, et très légèrement dérangé.

« Serait-ce la crête même ? » dis-je. Désormais plus rien ne ressemble aux photos, car, parmi les auteurs, blogueurs, créateurs de sites sur la randonnée en montagne, et ceux qui vantent leurs excursions sur les médias sociaux, personne ne prend de photo par un brouillard opaque. Strictement personne. J'en parlerai aux autorités si jamais nous arrivons à redescendre d'ici un jour.

On est censé n'avoir qu'à suivre les pierres estampillées d'un T rouge, mais nous n'en voyons aucune. À moins que ce que nous voyons sur cette pierre dans le brouillard, devant, ne soit des restes de peinture rouge ? Ce pourrait aussi n'être qu'une tache. Ou simplement du mouillé, puisqu'avec cette pluie, tout est mouillé ici. Et glissant, sans doute.

Si encore on marchait en file indienne pour traverser la Besseggen, comme tout le monde le rabâche, nous saurions où aller. Nul besoin d'ailleurs de toute une file indienne, mais quelqu'un au moins. Pour nous renseigner. C'est ce qui est bien avec les gens. Ils peuvent se parler. Se demander conseil. S'entraider. Trouver des solutions ensemble.

C'est une bonne chose, à la montagne comme dans la vie. Enfin, je dis ça, je ne dis rien.

Mais il n'y a *strictement personne* !

Et puis, cela se produit. Le temps se lève. Une simple fissure dans la couche nuageuse. Une ou deux secondes seulement, mais assez pour que nous constations que sur notre droite, la montagne plonge à pic, loin, et puis de nouveau nous ne voyons plus rien.

Coucou caché !

Vraiment, il faut nous l'accorder, à la Responsable de la Documentation et moi, quand il le faut, nous sommes doués pour prendre des décisions pas spécialement viriles, mais raisonnables. Avant-hier, dans la forêt, nous avons fait demi-tour. Et cette fois, nous décidons d'attendre les Canadiens.

Au moins, nous serons quatre à nous perdre dans le brouillard. Ou à tomber dans ce lac très vert, qui se trouve peut-être là, à quelques centaines de mètres en contrebas. À moins qu'il y ait uniquement des pierres. C'est bien possible, ça aussi.

Les Canadiens arrivent, lui avec quelques mètres d'avance sur elle, selon une formule classique. Il lance un coup d'œil sur la crête, ou ce que ça peut bien être, puis sur le brouillard, et entreprend de grimper rapidement sur la pierre mouillée. En baskets. Sans un mot. Il disparaît presque aussitôt dans le brouillard. Nous nous retournons, observons son épouse. Elle hausse les épaules, semble résignée depuis des années. De la montagne, de sa vie de couple, de la vie.

Nous restons un moment à regarder droit devant nous. Un assez long moment. Il n'y a pas un bruit.

Enfin, nous l'entendons crier.

«*I found a T*[4] !»

C'est donc par là qu'il nous faut monter.

Personne ne nous avait prévenus. Nos amis, nos connaissances, les montagnards chevronnés, les employés du refuge au pied de cette montagne, les personnes qui ont pour métier d'aider les gens à planifier des randonnées. Nul ne nous a parlé d'escalade.

Plus tard, quand je m'en épancherai, les montagnards argueront que c'est de la grimpette, pas de l'escalade. Et c'est là que mon intérêt pour les nuances de la langue s'arrête. Quand on doit se servir à la fois de ses bras et de ses jambes pour

4. J'ai trouvé un T.

progresser sur un rocher, c'est de l'escalade, point final. Personne ne nous a prévenus. On nous a dit que c'était une jolie promenade facile, que les gens la faisaient avec leurs gamins, leurs chiens, leurs grands-parents âgés de cent cinquante ans.

Et ça peut sans doute se comprendre, puisque la plupart de nos interlocuteurs ont effectué cette randonnée il y a longtemps. C'est une classique. L'une des premières qu'on fait quand on se lance dans ce genre d'entreprise. Alors, ils ont sûrement oublié. Ou refoulé. Ça arrive à tout le monde. Et puis, ils l'ont sûrement faite sous le soleil. Il y avait toujours du soleil avant.

Mais ces cinq gars des plateformes que nous avons rencontrés hier, avec qui nous avons parlé pendant des heures? Ils *venaient* de faire la randonnée, par le même temps qu'aujourd'hui.

Eux non plus n'ont rien dit, et pourtant, nous leur avons posé la question. Ils ont affirmé que c'était du gâteau. Les doigts dans le nez.

Nous en discutons. Pour des questions de protection de la vie privée, je n'entrerai pas dans les détails, mais la Responsable de la Documentation se permet d'émettre des doutes sur la crédibilité de l'un des hommes en particulier, qui nous certifiait n'avoir eu aucun problème à faire la randonnée, que ce soit mentalement ou physiquement. Elle le nomme. Je ne le ferai pas.

Quoi qu'il en soit, nous devons commencer notre escalade avant que notre ami en baskets n'arrive au Canada.

Car il s'agit bien d'escalade. Sur terrain glissant. Sans aucune visibilité. Nous ne voyons pas ce qui est sur notre gauche, nous ne voyons pas ce qui est sur notre droite, mais l'aperçu que nous en avons eu ne nous a pas plu. Nous distinguons à peine ce qui est droit devant nous. De la pierre mouillée. Rappelons-le, je ne suis pas entièrement remis de la blessure au genou que j'ai contractée dans ma vie d'avant, à l'époque où je traînais avec d'autres humains, dans des maisons et des appartements sympas où on passait de la musique et où on dansait. Cela signifie que je ne peux toujours ni fléchir ni étirer ce genou tout à fait normalement, état de fait que je découvre à cet instant précis. Sur une crête glissante, dans un brouillard lourd. Dans les brumes d'une légère gueule de bois.

Même la Responsable de la Documentation juge la situation un tantinet désagréable, bien que les ascensions ne lui fassent vraiment pas peur, elle a gravi des sommets par le passé. Elle marche en tête et trouve le chemin. Je la suis. Puis vient madame Canada, enveloppée dans son poncho gratuit et sa mauvaise humeur.

L'escalade n'est pas le seul aspect de la Besseggen qu'on a omis de nous raconter. Il apparaît par exemple que la crête est pleine de snus, cette drogue scandinave que, dans un rare accès de désobéissance, la Suède a réussi à conserver malgré son interdiction en Union européenne. Ici, le snus jonche les massifs montagneux. Du snus en sachet. Ou snus en couche-culotte, comme on disait avec un certain mépris dans mon adolescence, à l'époque où il était courant de se livrer à cette légère déviance qu'était de se coller du tabac directement sur les gencives. Une succession de petits sachets de poudre de tabac. Un sentier de snus qui remonte la crête. Dans un sens, c'est rassurant. C'est le signe que des gens ont marché ici avant nous, que nous sommes sur le bon chemin. Conseil : si la visibilité est mauvaise sur la Besseggen, suivez le snus, pas les T.

Cela remet aussi les choses en perspective. Les gens qui font l'Everest passent devant des restes de cadavres. Nous, nous passons devant des restes de snus.

Que s'est-il passé ? Les gens ont-ils recraché leur snus ? Parce qu'ils étaient pris de vertige ? Ou le snus est-il tout simplement tombé de leur bouche ? Quand ils criaient de terreur ?

Voilà les pensées qui peuvent nous traverser l'esprit quand on fait de l'escalade/de la grimpette dans le brouillard, en longeant un sentier de snus. Avec derrière soi une Canadienne et devant un Canadien qui ne va sans doute pas tarder à arriver au refuge.

Et je me dis que c'est trop bête de mourir ici. Honteux. Mes amis se moqueront de moi à mon enterrement. J'imagine mon meilleur ami, en costume sombre, tirant une feuille de sa poche intérieure, la dépliant, toussotant : « Il aimait surprendre… » Silence. Puis : « Et il ne nous aura jamais surpris davantage qu'en glissant sur un sachet de snus, sur une crête à mille six cents mètres d'altitude, avant de chuter dans un lac vert, où les plongeurs n'ont jamais pu le retrouver, parce que la couleur de sa veste se confondait avec celle de l'eau. » L'assistance est hilare.

« Qu'est-ce qui te fait rire ? » demande la Responsable de la Documentation.

Concentration. Concentration.

Ça continue de monter tout droit. Sur quelle distance encore ? On ne saurait le dire, puisque nous ne voyons pas si loin. Parfois — de plus en plus loin — nous entendons « *I found a T* ! ».

« Où est le chemin ? s'enquiert madame Canada.

– Trouve ton propre chemin ! répond le brouillard.

– Je ne veux pas trouver mon propre chemin », murmure madame Canada.

Voilà une parole bien sage.

L'atmosphère n'est pas très amène. Ni positive. Mais nous continuons.

Puis, événement, nous rencontrons des gens ! Un homme et une femme qui arrivent en face de nous. Ils nous attendent, avec notre ami canadien, comme le prof et les élèves les plus agaçants pendant les sorties de classe.

J'ai déjà abordé le sujet : croiser des gens en montagne ? Un phénomène qui n'est pas apprécié à sa juste valeur, fortement mésestimé même. Quand on croise des gens, on peut leur poser des questions, ils peuvent nous donner des explications. Ces deux-là, par exemple, sont en mesure de nous indiquer que la voie n'est escarpée que sur un petit tronçon, ensuite la pente s'adoucit et après, comme dit la femme, c'est « *flat for miles* », des kilomètres de plat. Elle est américaine. Lui, danois, pour faire bonne mesure.

« En tout cas, bonne chance pour la descente ! », lance la Responsable de la Documentation au Danois. Elle a la pêche maintenant qu'elle sait que nous allons bientôt arriver au sommet.

Avec tout le tact possible, nous leur signalons qu'ils viennent à peine de commencer la crête. L'un d'eux au moins perd toute coloration de son visage et une solide dose d'appétit de vivre. Ils regardent vers le bas, ne voient rien, nous regardent. Nous hochons la tête. Ils perdent encore plus d'appétit de vivre. Et de plaisir de randonnée, je crois. J'ai envie de leur prodiguer quelques encouragements, mais ça ne paraîtrait pas crédible.

Avec d'extrêmes précautions, ils s'engagent dans la descente, qui porte sûrement un autre nom, pour ceux qui se préoccuperaient de sémantique et d'être franchement exaspérants.

Et je me demande si ce soir, dans un refuge, ces deux-là aussi s'assiéront en sous-vêtements, un verre de vin rouge à la main, en disant que oh, non, non, cette randonnée n'est pas du difficile du tout. Rien que du bon temps. Et le brouillard, une paille ! C'est à peine glissant sur les pierres, bien sûr, ça ne fait que pimenter la promenade.

Les judas !

Est-ce que nous aussi, nous serons comme ça ? Cela se produit-il avec tous ?

Avec beaucoup de monde, manifestement. Quand on a marché en montagne, on devient un peu plus primitif. On ressent un besoin auparavant inconnu de rouler des mécaniques.

L'un de ceux avec qui j'ai parlé avant notre départ travaille dans l'humour, il a un rapport plus exigeant que la moyenne à ce genre de choses. Puisque nous le livrons maintenant en pâture, c'est lui qui fuyait le physique en poire. Sachant qu'il connaît bien le coin, je lui avais exposé l'itinéraire prévu. Son verdict ? La Besseggen était une promenade pour écoliers en culottes courtes. Nous parlons là d'un jeune homme sensible d'aujourd'hui, avec des centres d'intérêt sains, qui compte aussi des filles parmi ses amis, qui a un sens de l'humour développé. Mais mettez-lui une paire de chaussures de randonnée aux pieds et il se transforme en Petter Northug.

C'était le cas pas plus tard qu'hier soir, avec la bande des pétroleurs. Bien qu'en randonnée entre mecs, avec tout ce que cela implique d'incapacité à baisser d'un ton et de discussions sur la récupération des heures sup, ils donnaient l'impression d'être des hommes modernes plaisants, sociables, en contact avec leur famille et avec leur féminité. Mais dans ce contexte précis, en maillot de corps en laine, après avoir gravi une montagne, ils s'étaient mués en êtres pour qui rien n'était effrayant ni difficile, qui prétendaient que si on n'arrivait pas à ingérer la nourriture de randonnée, c'était simplement qu'on n'avait pas assez faim.

Et de quoi parlaient tous les clients du refuge hier soir ? De la facilité de cette randonnée. De sa rapidité. Sans oublier bien sûr des autres randonnées qu'ils avaient faites, bien plus ardues, mais qui ne leur avaient pas posé de problèmes non plus.

Ce n'est pas la première fois que je le remarque : plus on s'écarte de la civilisation, plus la probabilité augmente que les gens qu'on rencontre parleront d'autres endroits où ils sont allés et qui sont encore plus éloignés de la civilisation. Partons dans la campagne d'un pays africain, par exemple, et arrivons dans un lieu d'hébergement rudimentaire, à l'approvisionnement en électricité instable, et n'offrant au menu rien d'autre que de la chèvre. Nous rencontrons d'autres voyageurs européens. Vous pouvez être certains qu'ils évoqueront la fois où ils sont allés encore plus loin des sentiers battus et ont dormi dans un bâtiment encore plus rudimentaire, sans électricité, où on leur a servi des organes qu'ils ne savaient même pas exister chez la chèvre. Ou la rate d'un gnou mort de sa belle mort.

Et si vous ne mangez pas la rate d'un gnou mort de sa belle mort, c'est tout simplement que vous n'avez pas assez faim.

Si nous arrivons au refuge ce soir, non, quand nous serons de retour au refuge ce soir, nous dirons les choses telles qu'elles sont. Nous serons honnêtes. Je le décide, là, alors que je grimpe, les yeux rivés aux sachets de snus, et me rends compte que le sommet est bien plus distant que ne le suggéraient les deux personnes que nous avons croisées. L'exagération était donc *immédiate*, elle se produisait presque *en simultané*.

Avant notre départ, j'ai consulté quelques forums de randonnée, et c'est ça, l'Internet vraiment *dark*. Des gens qui ne savent pas demandent conseil à des gens qui, assurément, savent. Combien de temps prend la randonnée ? Est-elle difficile ? Dangereuse ? Escarpée ? Puis-je emmener des enfants, un chien, des grands-parents, des gens sans entraînement, des grands-parents sans entraînement et un chien sans entraînement ?

Presque sans exception, les autres répondent : aucun problème.

Une femme qui avait le vertige demandait si ça faisait peur de franchir la Besseggen et s'il était vrai qu'il y avait un à-pic de quatre cents mètres. Voici quelques-unes des réponses qu'elle obtenait :

« J'ai vraiment le vertige, mais j'ai fait la Besseggen trois fois sans difficulté. »

« La Besseggen est une autoroute à touristes, alors il va de soi que ça ne peut pas être bien terrible. Je l'ai moi-même faite quand j'avais dix ans, mon petit frère en avait huit. »

« Absolument aucun problème ! Ma sœur et moi l'avons faite en courant. Ma mère invalide est, elle aussi, montée facilement. Et l'à-pic de quatre cents mètres, c'est n'importe quoi, une exagération. »

Levons toute ambiguïté : j'ai vérifié. Il y a bel et bien quatre cents mètres de précipice. La crête est donc un peu plus haute que l'Empire State Building.

Quelqu'un autre demandait si c'était une bonne idée d'emmener son père âgé, pas entraîné et peu habitué à la montagne. Il n'obtenait aucune des réponses évidentes.

Comme : « Non ».

Ou : « Ça dépend de ce que vous avez contre votre père. »

Ou : « Qu'est-ce qui cloche avec Majorque ? »

Non, non, non. Tout le monde répondait : « Aucun problème ! Ça va être super ! »

L'un des Internautes qui répondaient à ce pauvre bougre réussissait même la prouesse d'affirmer que la Besseggen n'était ni particulièrement difficile ni particulièrement escarpée. La question de savoir si cette randonnée est ardue peut bien sûr se discuter, mais dans la mesure où il était question d'un vieil homme sans entraînement et sans grande expérience de la montagne, on aurait peut-être dû ouvrir à l'éventualité qu'il *puisse* peiner un peu.

Dire que la Besseggen n'est pas particulièrement raide est un mensonge pur et simple. C'est comme dire qu'un cercle n'est pas particulièrement rond.

Chose que les gens de montagne pourraient d'ailleurs avoir l'idée de prétendre.

Soyons clairs, les gens qui posent ce genre de questions ont des raisons légitimes de le faire. Ça aussi, je l'ai vérifié. Quinze à vingt fois par an, des gens ont besoin d'assistance pour descendre de la Besseggen.

J'ai envisagé de tester les limites, sur ces forums, de trouver jusqu'où il faut aller pour que les gens admettent avoir déjà eu peur, ou reconnaissent qu'il n'est pas particulièrement judicieux de faire certaines choses.

Je pensais écrire : « Salut, amis randonneurs ! Ma grand-mère est paralysée à partir de la lèvre inférieure jusqu'aux orteils. Pour ses cent ans, je pensais lui offrir une rando en montagne. Je me disais qu'on pourrait faire la Besseggen avant le déjeuner et le Galdhøpiggen dans l'après-midi. Quelqu'un aurait-il des tuyaux sur l'époque de l'année où il y a le plus de neige et de vent pour pimenter un peu la promenade ? »

Ils n'admettent rien du tout. Ils ne disent pas un mot sur la réalité de la situation. Un jour où vous aurez le temps, faites le tour d'Internet et voyez donc si on écrit quelque part que, sur la Besseggen, on risque de faire de l'escalade en solitaire sur des sachets de snus mouillés.

Avant notre départ, j'ai acheté un livre de conseils généraux sur l'outdoor. J'ai choisi ce livre parmi mille autres parce qu'en le feuilletant dans la librairie, j'ai vu qu'il commençait par ces termes : « Un jour, il n'y a pas si longtemps, je n'ai plus eu envie. De sortir. D'être dehors. »

C'est bien, me suis-je dit. Enfin un livre sur l'outdoor écrit par quelqu'un qui admet que ça peut être une corvée. Ce n'est que trop tard, une fois notre randonnée bien engagée, que j'ai lu la phrase suivante : « J'avais été sauvée par un hélicoptère. Dans un ouragan, pendant une randonnée à skis tout au nord du Spitzberg. »

Mais enfin quoi, merde !?

Une ligne et demie. C'est ce que l'autrice avait réussi à pondre avant de commencer à se vanter. Une ligne et demie.

Et encore, c'est plus que la plupart des livres que j'ai lus où les gens racontent leurs aventures à la montagne. Les rares fois où ils concèdent avoir eu peur, c'est exclusivement pour s'enorgueillir d'actions dont quiconque tenant à la vie devrait se garder.

La fanfaronnade montagnarde remonte à loin. On pourrait même affirmer qu'elle commence dès le début. William Cecil Slingsby, cet Anglais qui s'ennuyait tellement qu'il a gravi une infinité de montagnes norvégiennes au XIXe siècle, a été le premier à arriver au sommet de Store Skagastølstind. Dès le numéro deux, c'est parti pour la vantardise : en 1880, Johannes Heftye écrit qu'il a été surpris que l'ascension soit si facile, et que n'importe qui de normalement constitué et de normalement équipé serait à même de mener à bien cette expédition sans la moindre difficulté. Dans les chamailleries qui s'ensuivent entre Slingsby et Heftye, on pourra lire l'expression « montagne de femmelette ».

Mais c'était il y a longtemps, à une autre époque.

N'est-ce pas ?

Une amie à moi, qui a toute raison de se voir comme une féministe, évoquait la question quand nous discutions d'histoires de chalets dans un pub. Car nous faisons ce genre de choses, nous autres qui écrivons des livres : nous emmenons des amis au pub pour parler des sujets que nous pensons aborder. On appelle ça *se documenter*.

Toujours est-il qu'elle m'a raconté un séjour dans un chalet, avec plusieurs amies ayant, elles aussi, toute raison de se considérer comme féministes. Découvrant qu'elles devaient vider les toilettes sèches d'extérieur, elles avaient dû s'avouer horrifiées. Elles ne l'avaient jamais fait par le passé, aucune ne savait comment procéder, aucune n'en éprouvait l'envie. Il leur avait donc fallu constater, à leur propre surprise, qu'elles voyaient cette tâche comme un travail d'homme.

En poursuivant sur le sujet, il nous a semblé identifier d'autres illustrations de ce recul dans le passé que l'arrivée dans un chalet semble entraîner en termes de distribution des rôles entre hommes et femmes. D'un seul coup, et en règle générale sans explication ni discussion, on sait parfaitement qui doit faire quoi.

Je repense à cette conversation aujourd'hui. C'est pareil. Dans la nature, on remonte les pendules vers une époque où les hommes étaient des hommes et où seules les mauviettes admettaient que quelque chose était dangereux, difficile ou effrayant. Ainsi, même des Scandinaves modernes, bardés de diplômes, pourront afficher subitement un humour viriliste passé de mode dans un environnement sûr. Et ce sont là des gens qui au quotidien ne font rien de plus risqué que tenter l'aventure du sushi fait maison avec du saumon d'appellation d'origine contrôlée Salma.

Cette plongée dans le passé ne s'applique pas uniquement aux rôles de genre, mais aussi à la langue. La langue aussi fait une plongée dans le passé. Vous vous souvenez du livre d'or du refuge dans la forêt ? Dans la nature, des jeunes se mettent à parler comme leurs grands-parents et à écrire des choses comme « la corrida du quotidien » et les « colifichets technologiques ».

Une randonnée dans la nature norvégienne est une randonnée dans une Norvège qui n'existe plus, si tant est qu'elle ait jamais existé. Une Norvège où les hommes font des trucs d'hommes, où tous sont égaux, se disent bonjour quand ils se croisent, mangent de la vraie nourriture. Dans les refuges de montagne, on mange de la nourriture d'homme. Il y a du rôti au petit-déjeuner, au déjeuner et au dîner. Aucune velléité de quinoa et de chipotle. Tout le monde est en forme, robuste et courageux, et n'a aucun mal à se débrouiller dans la nature. Et puis, il n'y a pas de mauvais temps. Et les seuls étrangers qu'on croise sont des touristes d'une politesse soumise qui ne font jamais rien d'autre que porter aux nues notre pays. En plus, ces étrangers n'ont manifestement pas les moyens de s'offrir un équipement aussi cher que le nôtre, alors on peut sans problème se moquer un peu d'eux, sans que qui que ce soit s'en offusque. Car à la montagne, on est un peu plus simple. On est soi-même, naturel et vrai.

Dans presque tous les contextes, « simple, naturel et vrai » signifie « franchement vieillot ». Les Scandinaves modernes bardés de diplômes et de sushis au saumon Salma n'auraient jamais l'idée de dire qu'ils montent passer le week-end à leur chalet pour se comporter de façon franchement vieillotte. Ce qu'ils pourraient trouver à dire, en revanche, c'est que, à leur chalet, ils sont en contact avec quelque chose de vrai et de naturel, et qu'ils apprécient les plaisirs simples de la nature.

Ça non plus, ça ne date pas d'hier. Dans son livre *Voyage en Norvège* de 1838, le prêtre Richard Carter Smith, qui villégiaturait en Norvège, a formulé avec une certaine exactitude cette aspiration à l'intact et à l'originel. « Dans les villes, on retrouve de nombreuses idées, personnes et usages danois et étrangers, et non des meilleurs. Le luxe ne cesse de gagner du terrain, la richesse de s'accumuler, le niveau d'éducation de s'améliorer, et tout change. Il s'ensuit que la société a perdu sa simplicité et sa sincérité originelles, sans leur avoir encore trouvé de bon substitut… J'apprécie un paysan montagnard simple et franc davantage qu'un citadin à demi éduqué et à demi policé.»

J'en connais qui, avec quelques ajustements dans les formulations, souscriraient à cela aujourd'hui. Et je sais aussi pour quel parti ils votent.

Elle a la peau dure, cette idée que, dans la nature, nous sommes tels qu'en nous-mêmes et tels que nous souhaitons. Cette idée que, en ayant le choix — sans avoir à tenir compte des exigences du quotidien, sans être souillés par la vie sociale, le luxe, l'éducation supérieure, la technologie et toutes ces choses artificielles dont nous nous entourons —, c'est ce que nous aurions choisi, tous autant que nous sommes: être assis sur une pierre, seuls, dans la nature.

DNT, la fédération de promotion de la randonnée pédestre, nous transmet le message dans un récent almanach: nous devons reprendre possession de notre temps. Ce qui, bien entendu, signifie passer plus de temps dans la nature. J'en déduis que le temps consacré à d'autres choses est du temps qui nous est dérobé: le travail, les dîners en famille, les parties de bowling avec des copains, les rencontres, les concerts, les week-ends dans des grandes villes, les karaokés, les nuits à refaire le monde autour d'une table de cuisine, les soirées de pub en pub avec la personne qu'on aime. Si nous avions le choix, nous passerions plutôt ce temps assis sur un caillou dans la forêt. Ou au sommet d'une montagne, les bras tendus vers le ciel. Ou en maillot de corps dans un salon-cheminée, en nous vantant de tout ce qui nous est si facile.

Bien des philosophes ont exprimé l'idée qu'on était plus près de quelque chose de vrai et qu'on avait une vision plus lucide dans la nature. Nietzsche a carrément écrit: «Si nous

nous trouvons tellement à l'aise dans la pleine nature, c'est qu'elle n'a pas d'opinion sur nous. » Cela explique peut-être cette propension qu'ont les politiques à s'y réfugier ; la nature est le seul endroit où personne ne se plaint. Et c'est peut-être la clef du succès des pays scandinaves, cette capacité que nous avons à fuir les problèmes.

Nietzsche était du reste le philosophe préféré des nazis, sans que nous ayons besoin pour autant d'en faire trop grand cas.

Après-guerre, les gens se sont installés dans les villes, sont devenus prospères, ont obtenu du temps libre, acquis des automobiles. Et des chalets. Dont la superficie n'a fait qu'augmenter. La surface occupée par des chalets en Norvège a plus que doublé en cinquante ans. Mais moins de la moitié de ces chalets sont viabilisés et disposent à la fois de l'électricité et l'eau courante. Un quart n'ont ni l'un ni l'autre ; et plus d'un quart des habitants de Norvège conviendraient probablement que c'est ça, un *vrai* chalet. Les gens disent souvent qu'ils aiment le travail au chalet. Qui est d'une tout autre nature que leur travail quotidien. Couper du bois. Construire une clôture. Du vrai travail. Du travail physique.

Alors, on pourra toujours débattre de la question de savoir quelle vérité il y a à faire des choses que les gens faisaient autrefois, parce qu'ils le devaient, mais qu'on n'a plus besoin de faire aujourd'hui.

Ou on pourra s'abstenir d'en débattre. Car c'est ce qu'on fait dans la nature. Où on peut être soi-même. Puisque la nature n'a aucune opinion sur nous. Elle ne pose aucune question. Là, le directeur d'institut et le chef de service peuvent évoluer torse nu, l'aisselle odorante, la hache sur l'épaule, et être simples. Ce n'est pas très grave. Dans la nature, ils peuvent aussi encenser quelque peu leur pays. Au chalet, ou dans les montagnes, il est tout à fait acceptable, y compris pour les gens tolérants bardés de diplômes, de contempler le paysage en déclarant « nous vivons dans le meilleur pays du monde, personne ne pourra prétendre le contraire », en ajoutant quelques paroles élogieuses sur notre *allemannsretten*, ce droit d'accès à la nature affirmé par la loi, et en glorifiant peut-être l'absence dans la langue norvégienne de mots désignant l'intrusion dans une propriété privée, car nous sommes libres, nous allons où nous voulons, nous sommes des gens de nature.

Et la nature n'a pas d'opinion sur nous, donc personne ne vient faire d'objection.

En suggérant, par exemple, qu'il est parfaitement possible d'affirmer, à juste titre et en toute légitimité, autre chose que la Norvège est le meilleur pays du monde.

En suggérant, par exemple, que tous ces touristes qui encensent la Norvège sont peut-être simplement des gens polis, qui tiennent à la vie et qui ont compris que s'ils disaient quelque chose comme « C'est joli, ici, mais c'est quand même pas les Alpes », ils craindront pour leur vie.

En suggérant, par exemple, que nous n'avons peut-être pas de mot pour désigner l'intrusion dans une propriété privée, mais qu'il n'en reste pas moins franchement impopulaire d'entrer dans le jardin d'inconnus.

En suggérant par exemple que, même si tous les Norvégiens se l'imaginent, ce droit d'accès à la nature n'est absolument pas une spécificité nationale. Il existe sous cette forme ou sous une forme approchante en Suède, en Finlande, en Islande, au Danemark, en Allemagne, en Autriche, en Suisse et en Angleterre. La Norvège et les pays nordiques n'ont même pas été précurseurs. C'est la

Suisse qui a ouvert la marche en 1907. Le premier pays nordique qui l'ait introduit a été l'Islande, cinquante ans plus tard.

En suggérant, par exemple, qu'on a tendance à oublier un peu vite qu'être vrai et naturel est une tendance aussi, et l'a déjà été par le passé. Chaque fois, ces tendances passent. Replongeons trente et quelques années en arrière et nous arriverons à une époque où c'était encore du dernier chic de planifier l'hôtel le plus haut de Norvège avec ascenseur extérieur en verre. En 1985, un plan du comté de l'Oppland, le plus grand de Norvège en termes de tourisme de montagne, ne faisait pas mention de chalets, car à l'époque, on était persuadé que l'avenir était aux grands hôtels de luxe en altitude. On n'avait pas vu venir le *slow living* et le culte du silence. On n'avait pas vu venir le jour où les hôtels de luxe seraient banals et ennuyeux et où faire sa propre cuisine avec ce qu'on avait cultivé et cueilli de ses propres mains serait la définition même de la modernité.

L'idéalisation de la nature et l'aspiration à la simplicité n'ont rien d'original. Elles n'ont jamais changé, pris de nouvelles formes. À aucune époque. En 1789, le savant allemand Johann Christian Fabricius écrivait que la nature norvégienne vivait « dans une joyeuse solitude, loin des excès et des vices des temps récents ». On ne parlait pas de « corrida du quotidien » et de « colifichets électroniques » en 1789, mais pour le reste, cette phrase pourrait être tirée du livre d'or d'un chalet en 2017.

Dans l'almanach de DNT de 1918 déjà, la teneur des commentaires sur le Jotunheimen était plus ou moins celle des propos que j'ai pu entendre en préparant notre randonnée : de nombreuses personnes « fronceront le nez devant cet aspect par trop civilisé, devant ces transhumances à travers des vallées où l'on peut se faire servir, avant de rejoindre des cordées pour franchir les glaciers, et de gravir des sommets qui vont être gravis par tout un chacun. »

Et pouvez-vous deviner de quel siècle datent les citations suivantes ?

« N'en rêvons-nous pas tous ? Trouver un lac de calme en nous-mêmes. Des bouffées d'existence, longues ou courtes, des bouffées de présence. »

« Ces heures de solitude et de méditation sont les seules de la journée où je sois pleinement moi et à moi sans diversion, sans obstacle et où je puisse véritablement dire être ce que la nature a voulu. »

« Dehors, on a un tout autre contact avec soi-même et avec les éléments alentour. On ouvre ses sens. »

L'une de ces citations est de Jean-Jacques Rousseau et date de la fin du XVIIIe siècle. Les deux autres sont extraites d'un article de 2016 sur le yoga et le *mindfulness* dans la nature.

Une chose est certaine, de nos jours il n'est pas très difficile d'aspirer à l'originel. On idéalise plus facilement la vie de paysan quand on n'a pas besoin de l'être. On s'entiche plus facilement de la Scandinavie frisquette, mais sympathique et sociale-démocrate, quand on n'a pas besoin d'y vivre. On désire plus facilement le retour à la nature quand on n'a pas à être dans la nature sur une base quotidienne.

C'est là qu'intervient le séjour en montagne. Un voyage dans le temps vers une époque plus simple et plus primitive, où on se livre à des activités auxquelles on n'a plus besoin de se livrer, où on maîtrise ce qu'on n'a plus besoin de maîtriser. Et en allongeant une somme équivalant à six ou sept mois du salaire de sa fille au pair, on pourra aussi se procurer l'équipement qui permet de vivre à une époque plus simple et plus primitive sans se mouiller les pieds ni transpirer, et on pourra dormir dans des refuges avec menus de restaurant et accès à Internet.

Mais on dégustera son entrée-plat principal-dessert en chaussettes. Après tout, nous sommes tout de même des gens de nature.

Enfin, passons.

Nous parvenons à monter. Bien entendu. Sans quoi je n'aurais pas écrit ce livre.

Nous ne passons pas un bon moment, mais nous parvenons à monter. Nous atteignons le point culminant. Je sais que c'est le point culminant parce qu'un écriteau l'indique, au-delà de cela, rien ne suggère que c'est le point le plus haut. Ni que c'est un point, d'ailleurs. C'est plat ici. Le point culminant est peut-être l'écriteau lui-même ?

Nous avions promis à nos amis canadiens un café et une barre chocolatée s'ils acceptaient notre compagnie pour gravir la crête. Nous sommes des gens de parole. La tasse tourne. La barre chocolatée aussi. Nous nous félicitons les uns les autres. Lui dit que nous avons une *beautiful country*. Elle promène son regard, ne voit que des cailloux et du brouillard et marmonne : *Lovely view*.

Elle fait partie des gens qui ont un penchant pour l'humour sombre. Indubitablement.

Au bout d'environ une minute, ils doivent reprendre leur marche. Nous nous séparons, ils trottent vers le T suivant. Cette compétition-ci, nous l'avons perdue.

Quelle urgence y a-t-il ? Ont-ils une montagne à atteindre avant le dîner ?

Notre pause déjeuner n'est pas longue non plus. Il fait froid, il pleut, et nous ne voyons rien. Alors nous nous remettons en route.

Et disons-le. Le reste de la randonnée se passe plutôt bien. Très bien, même. Trop bien. Pour le formuler autrement : le reste de la randonnée est d'un ennui insensé. Et quand je dis le reste, j'entends à peu près la moitié. Ça descend doucement, dans une espèce de paysage lunaire. Il n'est pas impossible qu'il y ait une vue quelque part derrière le brouillard, mais j'en doute. On voit surtout de la pierre. Et ça dure, ça dure et ça dure encore.

Ça non plus, personne n'en a rien dit.

Il ne nous reste qu'une chose à faire. Nous commençons le D.

« Dolly Parton.

– Ah oui, on ouvre comme ça ?

– On ouvre comme ça.

– David Bowie.

– Dana International.

– Dana International ?!

– La gagnante du concours Eurovision de la chanson de 1998, Israël.

– Je sens que le chemin va être long… »

Il l'est. Parfois, la théâtralité des randonnées en montagne laisse à désirer. On commence bien, avec une belle montée en puissance, et pendant un certain temps, le suspense est réel : cela va-t-il bien se passer ? Quand on atteint le point culminant, on est à peu près à mi-chemin. Ensuite vient la partie la plus pesante et la plus ennuyeuse, où le seul motif de réjouissance est de savoir que la promenade se terminera bien un jour ou l'autre. C'est comme un film policier où le coupable se ferait prendre au bout de quarante minutes et on passerait ensuite une heure à regarder le héros à son bureau, en train de faire de la paperasse. Si ce n'est que, dans le film, au moins, le héros est au chaud à l'intérieur. Et qu'un film dure cinq fois moins longtemps que la moyenne des randonnées en montagne.

Mon genou n'aime pas la descente. J'y étais préparé, mais franchement : ici ? La pente n'est même pas raide. Notre projet est de gravir le Galhøpiggen dans deux jours. Vais-je monter à pic pendant quatre heures vers un endroit où on ne verra sûrement rien à cause du brouillard avant de redescendre pendant quatre heures avec ce genou-là ? Et le temps va-t-il jamais se lever ? Verrai-je quoi que ce soit au cours de cette randonnée ?

Il faut que nous en parlions.

« Dweezil Zappa », dis-je. C'est sans doute là que j'approche le plus près d'une envie de lever les bras au ciel.

À moins que ce ne soit plutôt cette fois-ci : au bout de deux heures de paysage lunaire en très faible dénivelé, nous apercevons le refuge ! Loin en contrebas. Notre refuge. Nous marchons depuis cinq petites heures. Les pétroleurs ont mis sept heures. *Ut.no* dit qu'on met entre six et huit heures. Nous avons marché pendant moins de cinq heures. Nous voyons le refuge.

« C'est impossible que ça nous prenne deux heures », dis-je, et dire des choses pareilles est *mortellement dangereux*.

Mais nous voyons le refuge. Et tout près, deux points qui avancent vite et ont l'air canadiens.

Aussitôt, l'affaire se transforme en compétition, en combat pour l'emporter sur… *ut.no* ? La bande des pétroleurs ? Je l'ignore. Les Canadiens, en tout cas, ne sont absolument pas rattrapables. Mais compétition il y a. La Responsable de la Documentation affiche un sourire redoutable et accélère singulièrement la cadence.

Et je suis dans le coup. Absolument. Ma motivation est forte, je veux que ça se termine. Nous trottons vers le bas. Le rythme est plus rapide à présent, le paysage, plus joli. Bien sûr, ça aide de voir désormais le paysage, puisque nous sommes au-dessous du brouillard.

Quel est l'intérêt de monter en montagne par un temps pareil, au juste ? C'est pourtant bien plus beau en bas.

Bien sûr, ça aide que nous dépassions des gens. Non que ce soit un exploit de les dépasser. C'est un couple allemand avec chien. Ils pensaient simplement faire un petit tour à partir du refuge et s'en mordent les doigts. L'air mécontent, apeuré, fatigué, le chien reste immobile sur une pierre. Avec la langue sur cette même pierre. Ses maîtres le regardent dans les yeux, lui parlent comme à un enfant et lui montrent d'un air encourageant la pierre suivante, cinq centimètres plus loin. Le chien ne bouge pas d'un poil. Je leur dis bonjour quand nous les dépassons, parce que c'est l'usage en montagne. Ils me répondent d'un signe de tête mauvais. Le chien me regarde comme s'il espérait que je le porte jusqu'à la maison.

Eux, ils vont mettre deux heures pour rejoindre le refuge.

Nous, en revanche, nous filons vers notre destination. Souriant de toutes nos dents, nous dansons de pierre en pierre jusqu'au refuge. La Responsable de la Documentation nous chronomètre à cinq heures et demie. C'est une demi-heure de moins que les estimations les plus optimistes de *besseggen.com* et *ut.no*, une heure et demie de moins que la bande des pétroleurs, deux heures et demie de moins que l'estimation la plus haute de *besseggen.com* et *ut.no*. Et nous avons tous deux entendu parler de gens qui ont mis onze heures. Deux fois plus de temps que nous.

La Responsable de la Documentation est extrêmement satisfaite.

Maîtrise collective en maillot de corps

« Et maintenant, annonce la Responsable de la Documentation, nous allons sans tarder nous boire une petite bière dans le salon-cheminée. »

Je ne vois aucune raison de protester.

Je suis tellement grisé que je vais forcément sentir que la bière a meilleur goût après une longue randonnée.

Le problème est que, avec la bande de pétroleurs, nous avons fini toute la bière du refuge hier soir ; la seule qu'on puisse nous servir aujourd'hui est une bière basses calories, breuvage qui n'a jamais eu bon goût. Mais là, devant la cheminée, mes chaussures de randonnée enlevées, je pourrais pousser jusqu'à dire que c'est tout de même un peu meilleur que d'habitude.

La Responsable de la Documentation s'aperçoit que nous avons oublié de sortir la flasque en atteignant le sommet. Quels amateurs ! Nous y remédions en accompagnant notre bière basses calories d'une petite gorgée d'alcool. Et l'espace d'une seconde, je me dis que ce n'est pas si mauvais, en effet. C'est même tout à fait acceptable.

La question reste toutefois de savoir si le jeu en vaut la chandelle. Cinq heures et demie de marche, de grimpette, d'escalade, sous la pluie, dans le brouillard, pour qu'une bière basses calories ait un goût tout à fait acceptable, quand ailleurs dans le monde il existe des endroits où il suffit de marcher dix minutes dans des rues pleines de charme pour rejoindre un bar qui sert une bière divine…

Les gens de nature parlent souvent des joies simples de la nature. On pourra dire ce qu'on veut, mais simples, pas franchement.

Enfin. Il ne faut pas penser ainsi. D'une manière générale, en montagne, il ne faut pas trop penser tout court. Il ne faut pas compliquer. Simplement être vrai, naturel, originel. Sentir qu'on pense plus lentement, moins, pour finalement se contenter d'être. Ici. Maintenant.

N'est-ce pas drôlement chouette ?

Une employée du refuge nous voit : « Eh ben ! Vous êtes déjà de retour ? »

Là, en tout cas, la Responsable de la Documentation trouve la vie drôlement chouette.

Le personnel fait manifestement une petite pause avant le dîner. Certains employés viennent s'asseoir devant la cheminée avec nous. Ce sont des gens jeunes, en forme, extrêmement habitués à la randonnée. Devinez de quoi nous parlons. Comme on pouvait s'y attendre, la conversation ne tarde pas à révéler que cinq heures et demie, c'est très bien, mais pas non plus *si* impressionnant que ça. De nombreux randonneurs la font en trois heures. Il y a même une course de la Besseggen, que les plus rapides bouclent en à peine plus d'une heure.

Enfin, comme nous le savons tous, une randonnée en montagne n'est pas une compétition.

Ce qui est plus intéressant, en revanche, c'est que quand nous parlons de notre randonnée, la majorité de nos interlocuteurs se révèlent trouver la deuxième partie assez ennuyeuse, eux aussi. Le mot « paysage lunaire » revient à plusieurs reprises. Certains conviennent que l'exercice auquel on doit se livrer pour franchir la crête « frise vraiment l'escalade ». Et que faire cette promenade quand c'est mouillé, glissant et qu'on a une mauvaise visibilité n'est pas particulièrement plaisant.

Et c'est maintenant qu'ils le disent !

C'est à croire que, ayant effectué la randonnée, nous faisons désormais partie du club. Nous pouvons maintenant nous dire les choses telles qu'elles sont, mais entre nous. Pas un mot aux autres, hein !

Et les voilà qui balancent *tout*. Nous sirotons notre bière insipide et respirons l'odeur du feu de bois et des chaussettes mouillées alors que se déroule entre ces jeunes gens habitués de la randonnée la conversation suivante :

« La première demi-heure d'une randonnée, c'est toujours l'enfer.

– La première heure, même, je dirais.

– En plus, il y a l'heure qui précède, où on appréhende de sortir.

– Surtout s'il fait mauvais.

– Ce qui arrive souvent.

– Très souvent. Et là, ce n'est pas sympa.

– Je me souviens comme je détestais les promenades quand j'étais plus jeune.

– Mes parents me forçaient.

– Et, en règle générale, il n'y a qu'une petite partie de la promenade qui vaille le coup.

– Oui, les parties ennuyeuses sont majoritaires.
– Il n'y a presque que ça. »
J'interviens alors en posant une question.
« Pourquoi le faire dans ce cas ? »

Le silence s'abat dans le salon-cheminée. Les gens lâchent ce qu'ils ont entre les mains. Tous me dévisagent avec effroi. Dans la cheminée, le feu s'éteint. Tout le monde s'en va. Le Gjendesheim ferme ses portes et c'est la fin de toute activité de nature.

Bon, d'accord, j'exagère un peu, mais j'ai la nette impression que ce n'est pas tous les jours qu'on pose cette question dans ce salon.

Ils ont des réponses. Bien entendu. Des histoires de plaisir d'arriver. De récompense après coup. De corps dont on se sert. Et, manifestement, de maîtrise.

« Vous n'avez pas eu un sentiment de maîtrise en arrivant au sommet ? » demande quelqu'un.

J'y accorde une vraie réflexion, qui m'amène d'abord à me demander s'il existe vraiment des gens qui emploient « sentiment de maîtrise » comme une expression normale. Je veux dire des gens qui ne soient pas psychologues, assistants sociaux de la Protection de l'Enfance, coachs, ou encore sportifs de haut niveau à la retraite venus motiver les employés des entreprises ? En ce qui me concerne, je crois n'avoir jamais employé le mot « maîtrise », en grande partie parce que je n'ai pas envie d'une vie où je parlerais comme un conférencier. Ici, en revanche, le mot revient souvent. Je dirais même que, cet après-midi-là, c'est l'un des mots les plus employés dans le salon-cheminée. Avec « heures », « minutes » et « recharger ». On parle beaucoup de recharger en montagne. Pour des gens qui se préoccupent de déconnecter, les montagnards ont très peur de ne plus avoir de batterie.

Mais revenons à notre maîtrise. L'ai-je ressentie une fois la crête franchie ? Une fois que je m'étais *fait* la crête ?

Eh bien, je ne peux pas dire ça, non. J'étais content d'avoir fini, bien sûr, mais on l'est toujours quand on finit quelque chose d'inutile et de désagréable. Avoir fait quelque chose pour l'avoir fait m'apporte bien peu. Si tant est que ça apporte quoi que ce soit à qui que ce soit. J'ai besoin de quelque chose en plus. Pas nécessairement que mon action rende les gens plus heureux et le monde plus beau, même si ce serait formidable, indubitablement, mais au moins qu'il y ait une belle vue au bout. Ou une échoppe. Il paraît qu'il y en a une au sommet du Galdhøpiggen. Ça, ça me plaît. Aller au sommet rien que pour aller au sommet, ça ne m'apporte presque rien ; même si je me suis beaucoup servi de mon corps pour vaincre la nature.

Enfin bon, d'accord, je ne vais pas non plus exagérer mon absence d'ambition. Les choses que je trouve que je devrais réussir — parce que ça cadre avec mon image ou tout simplement parce que c'est ce dont je vis — j'ai envie de les réussir.

Mais je n'en ai pas non plus si envie que ça.

Prenons quelqu'un qui, toute sa vie, s'est exercé pour être le meilleur dans un domaine. Il a sacrifié le reste, négligé sa famille, ses amis, ses amours, renoncé aux fêtes, aux après-fêtes, aux week-ends improvisés, aux pique-niques dans le parc. En cours de route, il a sûrement connu des moments pénibles, difficiles, mouillés, gris, frustrants. Un jour, ce quelqu'un franchit la ligne d'arrivée en première position, trois centièmes de seconde avant le deuxième de la course. Il tend absolument tous les muscles qui peuvent exister dans un corps humain et rugit « OUAIAIAIAIAIAIAIAIS ! »

Je n'ai jamais été ce quelqu'un. Je pense que je ne le serai jamais. Et je suis sans doute un peu envieux, car c'est un sentiment qui m'a l'air fabuleux.

D'un autre côté, je n'arrive pas à trouver la moindre raison qui vaille de négliger ses amis, sa famille, ses amours, les fêtes, les après-fêtes, les week-ends improvisés, les pique-niques dans le parc. Je n'arrive pas à trouver de domaine dans lequel j'aie une telle envie d'exceller.

En plus, la plupart des gens qui s'entraînent pendant toute leur vie en vue de devenir les meilleurs en quelque chose, qui sacrifient tout le reste et vivent des moments pénibles, difficiles, mouillés, gris et frustrants, n'arriveront jamais trois centièmes de secondes devant le deuxième de la course. Dans le meilleur des cas, ils obtiendront peut-être une chicos septième place de temps à autre.

Ma réticence à l'égard de la traque à la « maîtrise pour la maîtrise » est tout à fait justifiable. Si elle vous est étrangère, je vous recommande d'aller tout de suite sur YouTube. Cherchez « *cykelsvensken* » (le Suédois à vélo), « *mtb rage* » ou « *skogssvensken* » (le Suédois de la forêt), ou toute autre combinaison de « vélo », « tout-terrain », « forêt », « Suédois » et « colère ». Ce que vous trouverez alors sera un petit film sur la maîtrise. Il en existe de nombreuses versions, avec ou sans sous-titres. Ce film est aussi hilarant que déprimant. On y voit deux copains suédois, deux hommes au milieu de leur vie, à vélo dans la forêt. Rien ne suggère une promenade de santé pour passer un bon moment. Le matériel a l'air coûteux. Les shorts sont moulants. Il s'agit d'accomplir. Les deux hommes ont une côte à gravir. L'un des deux est déjà au sommet et filme son copain. Lequel fait une première tentative. Puis une deuxième, une troisième, et ainsi de suite. Il n'y arrive pas.

Il pète les plombs, jette son vélo dans la forêt, balance son casque sur le sol à plusieurs reprises, jusqu'à avoir la certitude absolue qu'il est détruit. Il crie, jure, encore et encore, furieux de sa propre incompétence.

Il reprend son vélo, tente à nouveau de gravir la côte. Puis recommence. Les choses vont de mal en pis. Sa colère s'accentue, il jure de plus en plus fort. Il finit par être furieux de sa propre vie. Ses tirades s'assombrissent de plus en plus, l'emploi du complément « de bite » s'intensifie.

Voilà ce que c'est de trop se préoccuper de maîtriser des choses qu'on n'a pas réellement besoin de maîtriser.

Songeons-y de temps en temps : pour chaque photo d'un homme bronzé et athlétique qui lève les bras au ciel, il existe un Suédois tout crasseux, ivre de rage, qui démolit son vélo en comparant sa vie à un organe sexuel.

Et ce Suédois m'évoque un autre aspect qui pourrait aussi expliquer mon absence de sentiment de maîtrise et d'envie de me frapper le torse en parlant de *me faire* des montagnes. Le virilisme ne m'inspire que rires et profond désintérêt. Ce Suédois à vélo ? Comique. Entre autres choses. Je ne suis pas non plus branché moteurs. Je me félicite de leur existence, bien sûr, mais ça s'arrête là. Je ne connais rien aux voitures. Les sports extrêmes me laissent indifférent. Les armes aussi. De même que la taille de bouts de bois dans la forêt. On l'aura compris, j'aime le foot, oui, mais c'est aussi parce que j'aime les grands moments de foule. Et le virilisme du supporter de foot, me direz-vous ? Je m'en gausse. En d'autres termes, vous ne me ferez jamais dire : « On peut changer de copine, mais jamais de club, ha ha ha ! »

Voilà les pensées qui me traversent un après-midi, à la montagne, alors que je sirote ma gnôle devant un feu de cheminée. L'heure du dîner approche, la pause du personnel se termine. Avant de prendre son service, l'un des employés désigne la flasque: « On n'a pas le droit d'apporter ses propres consommations ».

L'espace d'une seconde, j'avais oublié que nous étions en camp scout.

Nous avons pris la décision de parler en toute franchise au dîner. Nous n'allons pas faire comme les pétroleurs et la plupart des autres gens. Nous n'allons pas nous vanter, dire « les doigts dans le nez ». Non, nous allons trahir le club et raconter la vérité.

Mais d'abord, il nous faut faire ce qu'on fait quand on se prépare à un dîner en montagne: prendre une douche bien trop courte, puis s'affubler d'un maillot de corps en laine et d'un jogging.

En l'espèce, c'est la première douche de mon séjour, et j'essaie de me mettre dans le bon état d'esprit: cette douche va être tellement plus qu'une simple douche. La dernière remonte à plusieurs jours, je me suis servi de mon corps, je me suis fait la montagne.

Nous sommes ici dans un tout autre genre littéraire, alors je ne m'étendrai pas sur cette expérience, mais permettez-moi de vous dire ceci: il y eut des attentes, il y eut de la nudité, et ce fut très vite terminé.

Car pour démarrer la douche de ce refuge, il faut de la monnaie. De la monnaie que n'utilisent guère plus que des criminels et des gens qui se figurent être en 1982. Naturellement, nous n'avons pas emporté beaucoup de monnaie, mais nous trouvons juste assez de pièces pour pouvoir tous deux nous doucher trop peu de temps.

Au dîner, on sert une bonne quantité de viande. Naturellement.

Nous nous retrouvons à côté des copines peu avides de contact qui se prenaient en photo. Elles ne sont toujours pas très bavardes, mais elles sont bien élevées, qu'importe l'envie, dans un refuge de montagne, on parle à son voisin de table.

Nous parvenons à leur soutirer qu'elles viennent respectivement d'Angleterre et de France et qu'elles ont fait leurs études ensemble. La Besseggen leur a pris six heures. Et je pense déjà que je vais avoir du mal à dire toute la vérité ce soir, car je sens que la Responsable de la Documentation et moi n'y croyons pas une seconde. Ces deux-là ? Six heures ? C'est ça…

Et si *elles* se vantent…

Nous contournons le problème en essayant d'aiguiller la conversation vers un autre sujet.

Il y a des limites au temps qu'on peut passer à parler de la beauté du pays et de la vie chère en Norvège, du choc qu'a été le Brexit, des rapports légèrement tendus entre Français et Britanniques. Quant à la discipline dans laquelle ces deux amies font leur doctorat, je ne parviens pas à l'identifier. Et, je le disais, elles ne sont pas particulièrement avides de contact.

Ce qu'est en revanche la femme assise à côté d'elles, ce qui rend un peu difficile de poursuivre des conversations à voix basse. C'est une Canadienne âgée d'une soixantaine d'années, avec des cheveux d'institutrice. Je parie que c'est la saison des grandes vacances au Canada. Elle se sent le devoir de toujours inclure tous ceux qui sont autour de la table, ce qu'on ne peut ressentir si fortement qu'en ayant derrière soi de nombreuses années dans l'éducation nationale. Elle parle fort, regarde tout le monde et finit systématiquement ses phrases sur un rire d'excuse, pour le cas où elle aurait eu le malheur de prononcer une parole potentiellement offensante. On peut difficilement ne pas l'apprécier un peu, et ne pas avoir un peu peur.

« En fait, je suis végétarienne ! Ha ha ha ! » crie-t-elle en souriant à chacun autour de la table. Sur quoi elle ajoute qu'il n'y a pas de quoi en faire tout un plat. Alors c'est peut-être un peu étrange de le crier à la cantonade, bien sûr, mais ne nous arrêtons pas sur des détails.

« Bon, je n'ai qu'à manger les légumes ! Ha ha ha ! »

Pour montrer qu'elle n'a rien contre les omnivores, elle considère l'imposante pièce de viande de son voisin en tentant de masquer son dégoût sous un réel enthousiasme et s'exclame : « Hmm… Ça a l'air bon. Ha ha ha ! »

Puis elle essaie d'engager toute la tablée dans une discussion sur la prononciation de l'endroit où commence la randonnée de la Besseggen.

« C'est Memouroubou ? Memoroubou ? Memouroubou ? Memouroubeuh ! Ha ha ha ! »

Les deux copines peu avides de contact regrettent d'avoir choisi cette destination de vacances.

Dans le salon-cheminée, il s'est passé des choses depuis hier, car dans deux jours va s'y dérouler un festival du film. Un festival du film de montagne ; il en existe, pour nous montrer, à nous autres mécréants, que la vie en montagne n'est pas moins passionnante que la vie urbaine, c'est simplement qu'elle se déroule dans un endroit moins pratique. Diffuser des films en extérieur à la montagne me paraît se situer pile à la limite de l'idée drôle. Les films d'horreur dans le brouillard et l'obscurité, par exemple, ce serait plutôt marrant. Mais montre-t-on des films d'horreur dans ce festival ? Non. On montre des films de montagne. Les gens sont entourés de montagnes et ils regardent des films de montagne. Il faut vraiment aimer la montagne.

C'est un truc bizarre, cette envie de lire des livres, de regarder des films, d'écouter des chansons, qui parlent de ce que nous sommes en train de faire à ce moment-là. Je le disais, les bibliothèques des refuges sont totalement dominées par les livres sur la montagne et les refuges. Souvent, nous entretenons le même rapport à la musique. Nous aimons écouter des chansons qui traitent de ce que nous faisons au moment où nous les écoutons. Quand nous sommes de super bonne humeur à une soirée, nous écoutons souvent des chansons qui parlent d'être de super bonne humeur à une soirée. Quand nous décorons la maison pour Noël, nous écoutons souvent des chansons qui parlent de Noël et de gens qui accrochent leurs guirlandes. Quand c'est l'été et que nous sommes allongés sur un rocher au soleil, nous écoutons volontiers des chansons qui parlent d'être allongé sur un rocher au soleil en été.

Et dans le cas présent, on diffuse donc des films de montagne à la montagne. Manifestement, c'est dans le salon-cheminée que les gens qui vont travailler au festival ou faire partie du public commencent à se regrouper. Tout le monde ressemble à un employé de boîte de production, parle un peu trop vite, d'une voix un peu trop rauque, avec une tête à s'appeler Linn.

La Responsable de la Documentation évalue la situation.

« Je dois dire que je suis un peu choquée de voir à quel point les gens mentent et se vantent, observe-t-elle.

– Personne ne dit la vérité ici.

– Et surtout pas les deux copines qui ont mis six heures.

– Oui, il leur a déjà fallu six heures pour prendre leurs *selfies* en débarquant du bateau. »

La Responsable de la Documentation regarde dehors, l'obscurité et le brouillard.

« Qu'est-ce que tu en penses ?

– De quoi ?

– Du reste.

– Du reste ?

– Maintenant, tu as testé la forêt par mauvais temps et la montagne par mauvais temps. D'après nos plans, demain, on va marcher pendant huit heures en terrain plutôt escarpé, sans doute par aussi mauvais temps qu'aujourd'hui. Et après-demain, on va marcher pendant huit heures, gravir la plus haute montagne de Norvège, et redescendre, peut-être sans rien voir du tout.

– Où veux-tu en venir, au juste ?

– J'ai une responsabilité : que tu te convertisses à la nature.

– Hmm. Et ?

– Eh bien… C'est important de s'adapter au temps et aux conditions de marche en montagne.

– Oui, c'est ce que j'ai entendu dire.

– Il se pourrait que tu aies un peu surévalué tes propres capacités.

– Je ne crois pas. Mais il se pourrait que j'aie surévalué ce que j'ai *envie* de faire.

– Précisément. Et cette randonnée est censée être un plaisir.

– Oui…

– Et puis tu as ton genou. »

La Responsable de la Documentation a une façon de parler de mon genou qui le fait passer pour un prétexte. C'est une blessure réelle. Mon médecin n'était même pas tout à fait certain que ce soit très judicieux de randonner en montagne. Je porte d'ailleurs une attelle. J'ai une preuve. Aujourd'hui, j'ai fait la Bessegen en cinq heures et demie, par mauvais temps, avec une blessure au genou.

Non qu'il faille s'en vanter. Je ne fais que le mentionner.

Je comprends bien le pourquoi du comment. Moi non plus, je ne suis pas tenté de faire quatre heures de descente en pente raide avec ce genou. Surtout pas après quatre heures d'ascension absurde pour ne rien voir au sommet.

Nous consultons les prévisions météo. Demain, il va faire un temps pourri. La visibilité sera quasi nulle dans la zone du Galhøpiggen. Demain, après-demain, après-après-demain et jusqu'à la Saint-Glinglin deux mille quarante-trois.

Il existe un autre itinéraire pour monter au Galhøpiggen, depuis un autre refuge. C'est une randonnée plus courte, qui commence par la traversée d'un glacier, encordé à un guide de montagne. La Responsable de la Documentation m'en informe, elle est sans doute partisane de cette option.

Pourquoi pas ? me dis-je. Là, au moins, il se passerait quelque chose. Un glacier ! C'est autre chose. Et avec un guide, on rencontrerait au moins une personne. Qui connaît le chemin. Ça me paraît être une meilleure option.

Le problème est bien entendu que ce refuge est situé nettement plus loin. Nous ne pouvons pas nous y rendre.

Alors que faisons-nous ?

Bien sûr, nous pourrions y aller en voiture. Nous connaissons tous deux des gens qui habitent relativement près et qui pourraient sûrement s'arranger pour nous trouver une voiture à louer ou emprunter. C'est l'un des avantages de ne pas éviter activement les gens. On se fait des amis un peu partout, et ils peuvent nous aider en cas de besoin. C'est chouette.

L'affaire est conclue. Nous allons nous procurer une voiture.

Nous trinquons et nous félicitons l'un l'autre. Deux fois huit heures de montées et de descentes se sont transformées en virée en voiture, traversée de glacier et randonnée plus courte.

Je me demande ce qui vient de se passer. La Responsable de la Documentation a-t-elle appliqué le principe de précaution ? Me protège-t-elle contre moi-même ? Ou serait-ce elle qui se lasserait de marcher sous la pluie et dans le brouillard ? Je décide que ça n'a aucune importance. Parce que demain nous allons faire une virée en bagnole. Et ensuite, nous gravirons la plus haute montagne de Norvège avec un guide de montagne.

« Oh, regardez ! Il y a un piano ! Ha ha ha ! »

L'institutrice inclusive a pris possession du salon-cheminée avec un couple allemand qui exerce potentiellement le même métier qu'elle. Elle nous regarde, Linn, Linn, Linn, Linn, la Responsable de la Documentation et moi, pour s'assurer que nous avons bien entendu qu'il y a un piano. Puis elle ajoute : « Memouroubou, ha ha ha ! »

Cinq minutes plus tard, les Allemands et elle chantent « My Bonnie lies in the ocean » à plusieurs voix. Comme pour dissiper le moindre doute quant au fait qu'ils sont instituteurs.

«Désolée. Ha ha ha ! » crie-t-elle ensuite quand tout le monde applaudit.

«Bon. Au lit ! Ha ha ha ! »

Les gens se couchent de bonne heure ici. Et vu la taille des chambres, ils vont forcément se coucher, il n'y a pas de place pour autre chose.

À moins d'aller dans le couloir pour refaire son sac, bien sûr. Afin d'être prêt. Avant de se lever tôt le lendemain matin pour refaire son sac.

Nous vidons nos verres de vin et disons bonne nuit à Linn, Linn, Linn et Linn.

J'ai retrouvé une vision plus optimiste des choses et je me rends compte que demain, pour la première fois depuis notre départ d'Oslo, nous n'aurons aucun horaire à respecter. Pas de train, pas de bateau à avoir, aucun danger de nous retrouver coincés dans une forêt à l'obscurité opaque. Nous pouvons même nous réveiller après l'heure du petit-déjeuner sans conséquences graves, parce que demain, nous aurons une voiture, nous pourrons aller où nous voudrons et nous pourrons acheter des choses.

Je m'endors dès quatre heures du matin. Comme une pierre. Une pierre glissante, mouillée et pleine de snus.

Écoutez les montagnards inexpérimentés

Quelqu'un qui a grandi en Norvège doit avoir été plongé dans le coma pendant une période relativement longue pour ignorer l'existence des règles de savoir montagnard. Neuf règles de randonnée en sécurité, élaborées par la Croix-Rouge et DNT dans les années 1950 et diffusées à la radio, à intervalles réguliers et un peu trop courts, pendant toute mon enfance. Pendant la saison froide, tout le monde fredonnait l'air de la campagne publicitaire : « Daydream » de Franck Pourcel, pionnier français de l'easy listening. Et tout le monde connaissait les règles. En 2016, elles ont fait l'objet d'une révision. La classique « Écoutez les montagnards expérimentés » a été abandonnée. Ça se comprend. Mieux vaut écouter les montagnards inexpérimentés, comme moi. Voici quelques-uns de mes conseils :

1. N'écoutez pas les montagnards expérimentés. Globalement, ils ne font que dire des choses comme « ta ! ta ! ta ! », « ce n'est pas loin », « c'est facile », « ce n'est pas dangereux », « aucun problème », « là-bas, on marche à la queue leu leu » et « si on est dans une forme normale ».

2. Les montagnards expérimentés font aussi des déclarations de gars qui pètent le feu, du genre « Il n'y a qu'à sortir ! ». Ça non plus, ce n'est pas vrai. Ce n'est peut-être pas entièrement faux si on habite en montagne ou juste à côté et qu'on possède déjà tout l'équipement nécessaire pour randonner par

tous les temps, mais là aussi, il faut d'abord vérifier les conditions météorologiques, choisir l'habillement adéquat, et préparer son sac. Quand on n'habite pas en montagne et qu'on n'a pas tout ce qu'il faut, on doit d'abord dépenser quarante mille couronnes en équipement, planifier les itinéraires, consulter les prévisions météo, faire son sac dix-huit fois, vérifier les horaires de train et de car (on veut être respectueux de l'environnement quand on va dans la nature, on prend les transports en commun), se souvenir que les horaires varient selon les saisons, et que si on arrive un quart d'heure après la saison haute, il n'y a plus ou moins aucun car qui circule et aucun refuge qui soit ouvert.

3. Si on arrive un quart d'heure après la haute saison, en particulier si ce n'est pas le week-end, et a fortiori si le temps n'est pas gégène, on court en outre un fort risque de se retrouver totalement seul dans la montagne. Il n'y a alors personne à qui demander son chemin. Ni quoi que ce soit d'autre, d'ailleurs. Songez-y.

4. Légère gueule de bois et classique de la comédie musicale ne sont pas à dédaigner.

5. Si on va traverser la Besseggen, il faut savoir que seule la moitié environ de la randonnée présente un intérêt. Le reste n'est qu'une interminable errance en pente douce sur des cailloux un peu trop gros.

6. Le concept de triche n'existe pas. Parfois, il est inutile et insensé de faire des choses inutiles et insensées.

7. Ne pas dire qu'on va *se faire* une montagne. Ça fait bête.

Exemples d’écriteaux qu’on trouve en montagne

Surtningssua 2 368 mètres d’altitude
Par Rauhamrane et Memurudalen
5 heures

Exemples d'écriteaux qu'on devrait trouver en montagne

Vous pouvez faire demi-tour ici. Le reste de l'itinéraire n'est pas palpitant

Plat et ennuyeux

Brouillard

Loin

Quoi que tout le monde en dise, ici, il faut faire de l'escalade

Évaluation de la nourriture et de la boisson à usage de randonnée

1. Bière basses calories

Que faut-il faire pour trouver cette boisson acceptable?

Marcher pendant au moins cinq heures, en incluant de la grimpette qui frise l'escalade, par temps de pluie et de brouillard, avec un genou blessé.

Que faut-il faire pour trouver cette boisson bonne?

Marcher et faire de l'escalade pendant dix heures dans des côtes parfois escarpées, sous une pluie mêlée de neige fondue. Contracter une blessure à la cheville en cours de route et devoir claudiquer pendant les six dernières heures.

Que faut-il faire pour en avoir envie?

Regarder la mort dans le blanc des yeux pendant vingt-quatre heures consécutives.

2. *Lapskaus* lyophilisé sous vide

Que faut-il faire pour trouver ce plat acceptable?

Marcher trois jours par températures négatives sans manger.

Que faut-il faire pour trouver ce plat bon?

Marcher trois jours par températures négatives sans manger et être régulièrement soumis à la torture pendant six mois.

Que faut-il faire pour en avoir envie?

Marcher trois jours par températures négatives, être régulièrement soumis à la torture pendant six mois et être enfermé dans une pièce sombre pendant quatorze ans, sans raison et sans se faire servir autre chose que de la bouillie froide et des réflexions acerbes.

Le retour du Joyeux promeneur

Quatrième étape : Gjendesheim – Juvasshytta. En voiture. Avec genou blessé.

Je ne me rappelle pas ce que nous avons mangé au petit-déjeuner ce jour-là. Probablement de la viande. Je ne me rappelle pas ce que nous avons dit aux pauvres bougres qui ont quitté le refuge avant nous pour faire la Besseggen dans le brouillard. Probablement quelque chose de grinçant qu'ils n'ont pas compris. Je ne me rappelle pas ce que nous avons fait avant de quitter le refuge à l'heure du brunch, dans une voiture empruntée. Notre sac, sans doute.

Ce que je me rappelle, c'est que c'est le jour où je comprends réellement la notion de mauvaise visibilité.

J'ai déjà été en contact avec la mauvaise visibilité, bien sûr. Pas plus tard qu'hier.

Mais quand même…

J'ai regardé les prévisions météo hier. Il était indiqué que la visibilité serait mauvaise.

Mais quand même…

J'ai déjà entendu l'expression « Ne pas voir plus loin que le bout de son nez. »

Mais je n'en ai jamais fait l'expérience. Je n'ai jamais constaté qu'effectivement, on ne voyait pas plus loin que le bout de son nez.

Après quelques heures de route, commence la montée vers le refuge Juvasshytta. Avant de nous engager dans les lacets, nous en apercevons quelques bribes, qui nous permettent de noter l'absence de glissière de sécurité. La route est étroite. Du moins le croyons-nous. Puis c'est la fin de toute visibilité.

Alors nous roulons lentement.

Très lentement.

Nous sommes donc le jour où, pour la première fois, nous n'avons aucun horaire à respecter. Je crois que le guide commence la randonnée du Galhøpiggen à neuf heures demain matin, mais je finis par me demander si nous allons arriver à temps.

Bien sûr, nous rions. Que faire d'autre ? Nous randonnons pour me convertir à la montagne, à la nature, à la vie dans les refuges. Et à la vue. Et nous voilà, le quatrième jour, en voiture, partis d'un refuge avec mauvaise visibilité pour aller vers un refuge avec visibilité encore plus mauvaise.

Puis, d'un seul coup, le voilà. Le refuge. Nous manquons de rouler dedans.

On ne saurait être affirmatif, naturellement, mais cela semble être un très grand chalet. Marron foncé, bien sûr. À un moment ou un autre, il a été décidé en lieu central que les refuges pouvaient désormais être dotés de bains bouillonnants, de carports et d'héliports, mais qu'ils devaient rester marron foncé.

Il n'y a aucune voiture. Personne. Le peu que nous voyons autour de nous ressemble au paysage lunaire de la dernière partie de la Besseggen. Pierre, brouillard. Personne. D'après ce que nous avons lu, il y a une station de ski d'été juste à côté de ce refuge. Nous ne la voyons pas.

« Tu as choisi la mauvaise semaine pour te convertir à la nature, observe la Responsable de la Documentation.

– Je n'avais pas le choix, on est libre quand on est libre, c'est là qu'il faut partir en randonnée. Et puis, bon, il ne fait pas toujours un temps radieux dans ce pays.

– C'est pour ça que les gens de nature, les vrais, sont toujours prêts.

– Oui, ils sortent même faire leurs courses en coupe-vent et pantalon de montagne.

– Exact. Au cas où ça se lèverait.

– Ils jettent tout ce qu'ils ont entre les mains et se précipitent vers le sommet le plus proche.

– Ça ne va pas se lever.

– Ça ne va jamais se lever. »

Nous commençons à nous demander si le refuge est ouvert. Il n'y a aucun signe de vie. Vraiment. Les gérants ont dû regarder par la fenêtre un matin, noter que c'était le cinquième jour d'affilée qu'ils avaient vue sur un mur gris, et se dire que la coupe était pleine. Ensuite, au cours d'une cérémonie simple, ils ont brûlé leurs pantalons de randonnée devant le refuge, verrouillé les portes et sont allés s'installer sur la côte. Et aujourd'hui, ils contemplent la mer en se demandant pourquoi ils ne l'ont pas fait plus tôt.

« Tu crois que quelqu'un s'apercevra qu'on a filé ? demande peut-être l'un d'eux, au son du clapot.

– Ça me paraît inconcevable. Cette route est déjà mortellement dangereuse quand le soleil brille.

– Et puis il n'y a pas de glissière de sécurité.

– Personne de sain d'esprit n'aurait l'idée d'emprunter cette route maintenant. Ce serait de la folie.

– Ce serait comme d'escalader la Besseggen sous la pluie, avec une visibilité nulle et un genou blessé.

– Tu veux dire faire de la grimpette sur la Besseggen ?

– Non. De l'escalade. »

Une porte s'ouvre. Un homme en uniforme sort. Il s'adosse à la façade, allume une cigarette et regarde le brouillard en se demandant comment sa vie a pu prendre une tournure pareille.

« Ça doit signifier que le déjeuner est terminé.

– Il faut qu'on déjeune. On n'a pas mangé de grosse pièce de viande depuis plusieurs heures. »

Nous ouvrons la porte, je lance un « Il y a quelqu'un ? » en m'attendant à entendre l'écho, mais quelqu'un apparaît bel et bien à la réception. Une femme en vêtements de randonnée. Elle nous salue d'un signe de tête. Nous disons que nous avons réservé une chambre. Elle esquisse un sourire infime, suggérant que nous aurions pu nous épargner cette peine sans aucun risque. Nous demandons s'il est encore temps de déjeuner. Elle consulte sa montre, disparaît par une porte. Quelques instants plus tard, elle revient, nous adresse un nouveau signe de tête, indiquant que nous devrions nous estimer heureux d'avoir de la nourriture sur la table alors qu'il est près de quinze heures. Elle a sûrement dérangé le cuisinier qui était dehors, perdu dans ses rêves de vie sous d'autres cieux.

Ce n'est pas le même type de refuge que le précédent. Nous étions passés du chalet dans la forêt, seuls, avec le couteau sous l'oreiller, sans rien d'autre à avaler qu'un *lapskaus* immangeable et de l'eau non potable (ou chalet sympa, comme on dit aussi) au camp scout standing bas budget élevé de Besseggen.

Ici, nous montons encore d'un cran. Ça commence à ressembler à un hôtel. On nous attribue une chambre avec douche. Douche qui peut être utilisée n'importe quand et par n'importe quel occupant de la chambre. Les lits sont munis de couettes. Ah, la couette, on n'appréciera jamais assez cette invention ! Mais afin de rappeler que nous sommes dans la nature, un crâne d'animal est accroché au-dessus du lit et il y a une photo d'ours blanc au mur. Et histoire de ne pas oublier qu'on est dans un camp scout, des affichettes précisent que la salle commune est une zone sans Internet. En attendant notre repas, nous regardons si nous en trouvons d'autres. « Ici, on enlève son bonnet quand on est à l'intérieur. » « On laisse ses vilains magazines à la maison. » « Rangez derrière vous. Votre mère ne travaille pas dans cette maison ».

La salle à manger aussi est différente du refuge précédent. On ne se fait pas placer à une grande table avec vue droit sur le visage de quelqu'un en maillot de corps qui nous dit que *Norway is beautiful* et qu'il ou elle a mis six heures et demie pour traverser la Besseggen. Non, ici, tout tourne autour de la vue. De grandes baies vitrées montent du sol au plafond et tout le monde est face aux fenêtres. Ce qui est un poil comique quand ce qu'on voit de l'autre côté de la vitre, c'est deux mètres et demi de rocher, puis de la grisaille, de la grisaille et encore de la grisaille.

Quand nous nous attablons, une bande de joyeux retraités terminent leur repas. Nous bavardons un peu avec certains d'entre eux, ils font une excursion en car d'une semaine pour voir tous les plus beaux points de vue du sud de la Norvège. Jusqu'ici, ils n'ont rien vu. Ils éclatent de rire. Je continuerais bien le voyage avec eux.

Deux femmes terminent, elles aussi, leurs cafés, puis s'en vont, en passant derrière nous. Il ne reste plus que la Responsable de la Documentation et moi.

Nos plats arrivent sur la table. De la viande, avec accompagnement de viande, et enfin du pâté de viande avec de la sauce à la viande en dessert.

Nous voilà donc seuls dans une grande salle, à manger de la viande en regardant droit devant nous, et droit devant nous, nous ne voyons rien.

Nous rions encore. Bien sûr que nous rions. Mais nous nous reprenons. J'éprouve une certaine crainte que quelqu'un en pantalon de randonnée avec un badge sur la poitrine vienne nous remettre à notre place. Je regarde autour de moi, en cherchant des affichettes « Ici, on ne se moque pas de la vue » ou « Il n'y a pas de mauvais temps ».

Notre hôtesse entre. Nous nous ressaisissons sérieusement, essayons de nous comporter comme des adultes et lui demandons ce qu'on voit d'habitude par ces fenêtres.

D'habitude, on voit presque tout. Entre autres les deux plus hautes montagnes de Norvège. Ça a quelque chose de fascinant de ne pas voir les deux plus hautes montagnes de Norvège alors qu'elles sont presque juste en face de nous. Nous ne parlons pas d'une pièce de monnaie perdue par terre, mais de montagnes.

« Vous désirez du café ?

– Oui, s'il vous plaît, avec plaisir.

– Vous aimeriez quelque chose avec le café ?

– Serait-ce possible d'avoir un peu de viande ? »

Je n'ai pas dit ça. Quand il le faut, je me comporte bien. Globalement.

En sortant de la salle à manger, nous tombons sur les deux femmes qui ont déjeuné juste avant nous. C'est maintenant seulement que je remarque que l'une d'elles a un pansement au visage. Tout suggère qu'elles ont marché aujourd'hui : leurs vêtements légèrement mouillés, leurs joues rougies.

On ne part pas en montagne sans se préparer, alors nous savons que, d'ici au Galdhøpiggen, tout le monde marche en groupe et que les groupes ne rentrent pas au bercail si tôt dans la journée.

Les femmes nous expliquent qu'elles étaient parties pour le Galdhøpiggen, en effet, mais qu'elles se sont perdues.

Attendez un peu. *Perdues ?* Où ça ?!

En allant au glacier.

Attendez un peu. En allant au glacier ?! Donc avant le début de la randonnée ? Soit plus ou moins juste devant le chalet ?

Oui, par ici.

Attendez un peu une troisième fois. N'y a-t-il pas un guide professionnel dans ces randonnées ?

Si.

Ces femmes sont avec deux copines. De bon matin, elles sont toutes quatre parties randonner avec quelques autres personnes, et le guide. Ils marchaient depuis quelque temps quand nos deux nouvelles amies ont voulu souffler un peu. Au moment de repartir, elles n'ont plus vu le reste du groupe. Ensuite, elles ont décidé que mieux valait faire demi-tour. Puis elles ont dû se tromper de chemin. Ce qui se comprend sans peine. Comme je le disais, la visibilité est nulle et il est impossible de faire la différence entre des pierres sur le sol quand on ne voit rien d'autre que des pierres sur le sol.

« Où sont vos amies maintenant ?

– Au Galdhøpiggen, sans doute. »

Elles prétendent ne pas leur en tenir rigueur. En revanche, elles sont un peu déçues par le guide.

L'humeur n'en reste pas moins excellente. Et le déjeuner était savoureux.

Nous aurions dû emmener ces deux femmes et les retraités du car. C'est ça que nous aurions dû faire.

Nous demandons à l'hôtesse son avis sur la météo du lendemain. Il semblerait qu'il puisse faire encore un peu plus mauvais. Pas tellement de pluie, mais davantage de brouillard.

Davantage de brouillard ? Mais en existe-t-il davantage ?

Et elle ajoute ceci : « Alors, ce n'est pas sûr que vous voyiez grand-chose. »

Je vous demande pardon ?

Et puis : « Mais c'est une belle randonnée de toute façon. »

Là… Comme je le disais, je suis bien élevé… Mais là… Je suis à deux doigts de dire quelque chose. C'est quoi, leur problème, à ces montagnards ? Ils sont incapables d'admettre quoi que ce soit. Cette femme est à deux mètres de moi, elle me regarde droit dans les yeux, et elle me dit des choses qu'elle sait être fausses. C'est Donald Trump en pantalon de randonnée.

Évidemment que ce n'est pas une *belle* randonnée de toute façon. Une randonnée de toute façon, d'accord, je peux pousser jusque-là. Mais là, il fait mauvais et c'est une plus jolie randonnée quand le soleil brille et qu'on a vue sur la moitié de l'Europe depuis le sommet que par un brouillard tellement dense qu'on peut tout à fait se perdre en sortant du refuge même si on est accompagné d'un guide. Pouvons-nous nous accorder là-dessus ?

Et puis « ce n'est *pas sûr* que vous voyiez *grand-chose* » ? ! ?

J'ai regardé dehors. C'est sûr et certain qu'on ne verra rien du tout.

Je pensais lui demander s'il y avait quelque chose à retirer de la randonnée quand c'est mouillé et qu'il y a zéro visibilité. Est-ce dangereux ? Est-ce désagréable ? Devrions-nous plutôt attendre un jour et faire une belle promenade dans la vallée ?

Mais ça ne servirait strictement à rien.

La Responsable de la Documentation s'est fait exactement la même réflexion que moi.

« Tout le monde ne fait que dire des choses sans réfléchir », chuchote-t-elle après coup dans le salon-cheminée sans Internet. Je ne relève même pas qu'elle chuchote. Quand on est dans un endroit avec des affichettes sermonneuses aux murs, on chuchote. « Les gens ne réfléchissent pas à ce qu'ils disent ni au sens de leurs paroles. Ils ne font que répéter les mêmes choses encore et encore. "C'est chouette de faire une promenade de toute façon".

– "Ça fait du bien de sortir un peu !"

– "Il suffit de bien s'habiller !"

– "Non, ce n'est pas dangereux."

– "Quel plaisir d'arriver !"

– "La nourriture est tellement plus savoureuse."

– "Ça fait du bien de se servir de son corps."

– Celle-là, en l'occurrence, on ne l'a pas encore entendue aujourd'hui.

– Attends donc. Tu peux être sûr que quelqu'un nous la sortira avant la fin de la journée.

– À tous les coups. »

Sur ce point aussi, les convertis de la nature ressemblent aux fervents croyants. Aux plus fondamentalistes. Qui ne questionnent rien. Qui restent imperméables aux changements autour d'eux. Qui ne font que répéter ce qui a été dit par le passé. Car c'est vrai et juste, pour l'éternité.

Et ils pensent sans doute avoir raison, puisque personne ne leur dit jamais autre chose, car personne ne critique le fait qu'on se promène dans la nature. Cette activité est saine, bonne pour soi, naturelle, vraie, norvégienne. C'est ce qu'on nous raconte à l'école. Et dans les campagnes officielles. Et sur les médias sociaux. Les autorités sont pour. Nos parents sont pour. Notre entourage est pour. Quand on marche dans la nature, on fait quelque chose que tout un chacun sait qu'il devrait faire aussi. Être intéressé par la nature, c'est avoir un centre d'intérêt qu'on n'a jamais besoin d'expliquer ou de défendre. Ce n'est pas comme de dire qu'on aime le concours Eurovision de la Chanson, qu'on ne boit pas d'alcool, qu'on joue à des jeux de rôle ou qu'on a pas mal écouté Chris de Burgh dans sa jeunesse. Dire qu'on se promène dans la nature n'est jamais embarrassant.

J'ai la conviction qu'il ferait du bien à tous, au moins une fois dans leur vie, de s'engager pleinement dans une activité qu'ils seront gênés d'évoquer plus tard dans leur vie.

Les montagnards ne rencontrent pas assez de résistance, tout simplement. Bien au contraire, ils répètent inlassablement les mêmes phrases et reçoivent une constante validation.

C'est bien de se servir de son corps.

C'est une belle randonnée de toute façon.

Il n'y a pas de mauvais temps.

C'est bien de faire l'expérience de la maîtrise.
Il suffit de sortir.

Chère lectrice, cher lecteur, avez-vous vu *The Truman show*? Ce film où le personnage de Jim Carrey ignore que sa vie est une série de téléréalité et que toutes les personnes qu'il croise dans sa ville un peu trop parfaite sont des comédiens jouant des gens un peu trop positifs, qui ne font que répéter inlassablement les mêmes choses.

Chère lectrice, cher lecteur, avez-vous vu le film *Le Jour de la marmotte* (ou « La menace d'un nouveau jour », comme il est appelé en Norvège) ? Bill Murray y joue un homme qui, chaque jour, se réveille dans la même journée, au son de « I got you babe » à la radio, et des gens qui ne font que répéter inlassablement les mêmes choses.

Imaginez une combinaison du *Truman Show* et du *Jour de la marmotte* par temps pourri et vous comprendrez notre situation.

Si nous voulons avoir une opinion qualifiée sur ce qu'on retire en gravissant — pardon, en *se faisant* — le Galdhøpiggen par brouillard épais, nous allons de toute évidence devoir faire notre propre enquête. Nous avons donc besoin d'aller sur Internet. Cette pratique est interdite dans les zones communes, mais autorisée à la réception, où se trouve une table visible de tous, à la merci du regard désapprobateur de nos hôtes. Sitôt la porte franchie, tous ceux qui entrent après s'être servis de leur corps dans la nature libre de Dieu nous voient, piètres esclaves d'Internet, incapables de nous déconnecter, même ici, dans les montagnes, où d'autres viennent trouver la paix, la réflexion ; mais pas nous, nous, il nous faut des likes, il nous les faut, nous sommes des junkies, à qui la nature ne suffit pas, qui avons besoin d'avoir le monde entier dans la main, maintenant, tout de suite. Et non seulement cette table aurait tout aussi bien pu être surmontée d'une grande flèche *Imbécile* illuminée et pointée sur soi, mais en plus, quand on googlise honteusement, c'est entouré de coupures de presse et de photos de ceux qui construisirent jadis ce refuge, et la route qui y mène, et l'échoppe au sommet du Galdhøpiggen ; eux ont monté des tonnes de matériel, plusieurs trajets par jour, par tous les temps, en toute saison, sans obtenir le moindre like.

Et nous voilà donc. À googliser. Pour déterminer s'il va faire assez beau pour nous demain.

Nos résultats corroborent ce que notre hôtesse nous disait à l'instant. Le consensus est que le temps ne sera pas davantage radieux demain. Et que c'est une belle randonnée. Mais on ne trouve pas d'information sobre et dépouillée sur les randonnées en montagne, puisque tout ce qu'on trouve sur les montagnes sur Internet est écrit par des montagnards et que les montagnards mentent.

Pour le dîner, nous sommes huit. Les quatre amies (les deux dernières étant manifestement redescendues du sommet), un couple qui vient d'arriver et qui s'interroge aussi sur l'opportunité de faire la randonnée demain, et nous. Nous mangeons de la viande, parlons à voix basse et admirons la vue sur rien au soir tombant.

Ensuite, tout le monde se rend dans le salon-cheminée, car il n'y a nulle part ailleurs où aller, à moins de vouloir s'installer à la table de la réception, au vu et au su moqueur de tous, pour surfer sur Facebook.

Dans le salon-cheminée, les copines parlent de théâtre. Naturellement. Toutes les statistiques possibles indiquent que nous avons affaire à des consommatrices culturelles bardées de diplômes. Je me jette dans la conversation, puisque c'est le genre de choses que je fais. Du théâtre, hein, pas me jeter dans les conversations. Bientôt, nous parlons aussi d'autres sujets. Les plaisanteries fusent. Les rires aussi. Il y a une ambiance du tonnerre et ces femmes semblent à tous égards être des personnes avec qui nous aurions volontiers passé six ou sept heures dans un bar d'hôtel.

Mais je sais bien que, à un moment ou un autre, nous serons obligés d'en parler… la randonnée.

Et là, tout peut arriver.

« Vous êtes montées au sommet aujourd'hui ? dis-je.

– Oui.

– Vous avez vu quelque chose ? »

Elles rient en nous montrant des photos du sommet : des clichés humoristiques d'elles, perdues dans la contemplation du paysage. Si ce n'est qu'il n'y a pas de paysage à contempler. Elles sont enveloppées dans la grisaille. Je leur demande si c'était désagréable de marcher sans rien voir ?

« Ça allait.

– C'était peut-être un peu désagréable quand nous avons fait de l'escalade.

– Oui, enfin, escalade, escalade, c'est vite dit. Était-ce vraiment de l'escalade ?

– Ça n'en était pas loin.

– C'était un peu glissant.

– On dérapait un peu.

– Ce n'était pas évident de trouver prise.

– Oui.

– Et on ne voyait pas où on posait le pied.

– On ne voyait rien tout court.

– Au sommet non plus. Strictement rien. »

Bref interlude.

« Mais c'était une très belle randonnée.

– Oui. C'est un sentiment très chouette d'arriver au sommet.

– Et ce n'est pas un problème de monter au sommet par ce temps-là si on s'habille comme il faut et qu'on est préparé. Et qu'on est dans une forme normale.

– Oui, c'est vrai, et puis quelle récompense ensuite !

– Une très belle randonnée.

– Oui. Et ça fait du bien de se dépenser un peu. »

À ce moment, l'hôtesse entre dans le salon-cheminée. Elle ne doit pas avoir de googliseur à fusiller du regard à la réception. Je l'interroge sur l'histoire des lieux. C'est le genre de type que je suis. Je lui demande combien de fois elle est montée au Galdhøpiggen.

« Environ cinq cents. »

Cinq cents ?!?

Je comprends alors pourquoi il est inutile de lui demander si on voit quelque chose au sommet par ce temps. Ça fait belle lurette que ces considérations-là ont perdu toute importance à ses yeux. Pour elle, ce n'est qu'une promenade. Quand on monte au sommet du Galdhøpiggen deux ou trois fois par semaine pendant quelques années, on oublie combien c'est beau. On oublie la vue. On oublie comment c'était la première fois. Si on y monte plus ou moins tous les jours, on peut même oublier qu'on était avec deux femmes qui nous ont payé pour qu'on les guide jusqu'au sommet de la plus haute montagne de Norvège.

« J'y vais par tous les temps, poursuit-elle. C'est chouette de faire une promenade de toute façon.

– N'est-ce pas ? renchérissent les copines sur le canapé. Ça fait du bien de se dépenser un peu.

– Et puis, quel plaisir d'arriver. »

Les copines se lèvent du canapé et se dirigent vers l'hôtesse.

« Il n'y a pas de mauvais temps », déclare l'une des copines. Tout le monde rit un peu.

L'hôtesse se penche légèrement en avant et se met à chanter.

« *On m'appelle le joyeux promeneur* »

Les copines entonnent à l'unisson :

« *Car je vais tout insouciant*
Sur le long chemin de campagne !
Où j'aime marcher »

Le cuisinier et les deux nouveaux clients passent la tête par la porte et tout le monde chante, très gaiement :

« *Falleri fallera fallera fallera-la-la-la-la-la !*
Falleri fallera ! Où j'aime marcher ! »

Tout le monde danse à présent. Avec sur le dos un sac qui ballotte légèrement.

« *Le soleil chaud est mon ami*
Le temps pluvieux est mon frère ! »

Tous me regardent droit dans les yeux en chantant plus fort que jamais :

« *La nature, ô, comme je l'aime*
Le monde entier est mon frère ! »

Et voilà Jim Carrey qui entre, vêtu comme Truman dans « The Truman Show » et il participe au refrain :

« *Falleri fallera ! Fallera-la-la-la-la-la.* »

Nous engageons la conversation avec l'autre couple des lieux. Après tout, nous sommes dans la même situation, nous nous demandons tous les quatre si nous allons marcher demain.

La Responsable de la Documentation leur explique qu'elle a déjà gravi le Galdhøpiggen, mais qu'elle était alors partie de Spiterstulen, empruntant un itinéraire plus long et plus difficile. Elle ajoute que nous avons traversé la Besseggen par un temps similaire hier. Et que nous avons marché plutôt vite.

Quand nous nous éloignons, la Responsable de la Documentation a une expression choquée sur le visage.

« Tu as entendu ce que j'ai dit ? chuchote-t-elle. Je commence à me vanter.

– Comment ça, "commence" ?

– Très drôle… Enfin, tu m'as entendu ? J'ai dit que j'avais pris un itinéraire plus long et plus dur jusqu'au sommet.

– Oui, j'ai entendu.

– Et qu'on avait été rapides sur la Besseggen.

– Oui, j'ai entendu ça aussi.

– Ça n'avait aucun rapport avec notre conversation.

– Non.

– Zéro. Aucune pertinence.

– Non. Aucune.

– Tu comprends ce que ça veut dire ?

– Non…

– On est en train de devenir comme ça ! »

Seigneur ! C'est probablement insidieux, on ne s'en aperçoit pas tout de suite. Au début, on se vante un peu, innocemment. On ment à peine. Le lendemain, ayant sans doute oublié comment c'était de traverser la Besseggen, on dit aux gens que ça ne pose aucun problème d'emmener son petit de trois ans, son chat, son arrière-grand-mère invalide, par temps d'ouragan, il suffit de bien s'habiller. C'est une belle randonnée de toute façon ! Les doigts dans le nez ! À l'aise, Blaise !

« On ne peut pas rester ici, décrète la Responsable de la Documentation.

– Mais on est censés…

– On ne peut pas rester ici, je te dis.

– Tu ne devais pas être d'une positivité exaspérante, toi ?

– Ça, tu peux tout de suite oublier. Tous les autres sont d'une positivité exaspérante, ici. Je ne peux pas devenir comme ça. Toi non plus.

– Mais on était censés…

– Il ne faut *jamais* qu'on devienne comme ça ! Il faut fuir. Maintenant. »

Cette histoire ne se déroule pas du tout comme prévu. Et ce n'est pas pour me déplaire…

« Non, admets-je. C'est vrai.

– On ne peut pas.

– On ne peut pas monter au sommet de la plus haute montagne de Norvège et ne rien voir ! Rien que pour l'avoir fait.

– Précisément. Parce qu'on serait comme eux. On serait juste à un cran de parler du plaisir d'arriver.

– Et de se dépenser un peu.

– Si on va quelque part demain, ce sera pour voir quelque chose d'extraordinaire !

– Oui ! On est partis dimanche dernier et la seule vue qu'on ait eue, c'était depuis le bar du Plaza.

– Une très belle vue, d'ailleurs.

– Extrêmement belle, mais le but de cette randonnée est de faire de moi un converti de la nature.

– Et ce n'est pas ici que ça va t'arriver.

– Exactement.

– On a une voiture. On peut aller où on veut. On peut aller là où il fait beau.

– Et où il y a de la vue ! Et des gens ! Plein de gens, même. Des gens qui ne se contentent pas de répéter inlassablement les mêmes dix phrases.

– Yes ! ! »

Nous devons trouver où il y a du soleil, de la vue et des gens. Autrement dit, il nous faut Internet. Nous sortons nos téléphones, nous nous connectons, bien que nous soyons dans le salon-cheminée, zone interdite au surf.

Nous menons une vie dangereuse.

Ce n'est pas comme si nous importunions qui que ce soit. Il n'y a que nous. Les autres sont couchés. Il est tout de même plus de 21 heures.

La Responsable de la Documentation ne tarde pas à trouver une photo qu'une copine a mise en ligne aujourd'hui. Le Preikestolen, le Rocher de la Chaire, ce plateau dément, dans le Rogaland, qui a l'air d'une chaire, justement, si on est enclin à penser en termes religieux. Quasiment suspendu dans les airs, à six cents mètres au-dessus du fjord, avec une vue aux quatre vents. Il été photographié sous tous les angles des milliards de fois, à bon droit. Il a figuré sur plusieurs listes des endroits les plus fabuleux du monde. C'est l'une des plus grandes attractions touristiques de Norvège. Deux cent cinquante mille personnes s'y rendent chaque année. Souvent des touristes étrangers qui n'ont jamais vu une chaussure de randonnée de leur vie.

Le temps a l'air exceptionnel. D'après *ut.no*, la randonnée dure deux heures aller, deux heures retour. Pour nous, ce sera sûrement la moitié, comme le souligne la Responsable de la Documentation. Que demande le peuple ?

« C'est très loin d'ici.

– Mais c'est une belle promenade.

– Et on a une voiture. Avec un toit. Et de la musique. »

Tout paraît plus lumineux à présent. Nous nous couchons, dormons huit heures avec des *draps* et des *housses de couette*, nous nous levons. Nous regardons dehors, ne voyons rien. Nous rions. Nous faisons notre sac. Nous prenons notre petit-déjeuner. Nous expliquons au couple d'hier que nous avons décidé de filer, le couple d'hier nous regarde avec une sincère envie. Du moins, ça en a l'air. Le couple va attendre que ça se lève.

Ça ne va jamais se lever.

Nous montons en voiture, mettons la musique à fond et roulons vers la lumière.

Ciao, les losers !

Écoutez les montagnards inexpérimentés, deuxième partie

1. Ne gravissez pas un sommet s'il fait un temps pourri et que la visibilité est nulle. Ça va de soi. Trouvez quelque chose de sympa à faire à la place.

2. Si le but est de se servir de son corps, il n'y a aucune raison de s'en servir dans un endroit franchement désagréable. Un corps, ça s'utilise aussi en plaine, dans un parc, dans les rues d'une ville, à l'intérieur.

3. Ce n'est pas vrai qu'il n'y a pas de mauvais temps. Il y a du mauvais temps. Mais on peut s'en échapper.

4. Si vous allez traverser un glacier et gravir la plus haute montagne d'un pays, assurez-vous d'abord que le guide ne soit pas du genre à laisser les gens en plan à trois mètres du refuge.

5. On n'appréciera jamais assez le linge de lit.

Vers la lumière !

Dernière étape. Juvasshytta-Preikestolhytta, en voiture. Le Preikestolen, à pied. Durée estimée : on s'en fout

Oui. Nous allons vers la lumière. Vers la vue. Vers les gens.

Mais d'abord, nous devons rouler drôlement longtemps en descente, à deux kilomètres et demi à l'heure, avec trois centimètres de visibilité, sur une route relativement étroite, aux virages brusques en épingle à cheveux, sans glissière de sécurité, à flanc de montagne, non sans un certain risque de croiser un autocar. L'écran du tableau de bord indique : *Temporairement hors service pour cause de vue bouchée.*

Mais c'est temporaire. Nous finissons par arriver en plaine. Le brouillard lâche prise. Nous prenons la direction de l'ouest. Puis commence ce qui, sans conteste, est la plus belle partie de notre voyage jusqu'à présent, battant même la montée en ascenseur au bar du Plaza.

Étant un imbécile immature pas toujours capable de s'abstenir d'agacer les gens de nature, j'ai plusieurs fois dit que je trouvais les montagnes plus belles admirées d'en bas.

Je le pense. Environné de ces montagnes puissantes, impressionnantes, je sens ma joie croître à chaque mètre que nous faisons au fond de cette vallée. Sans parler du moment où la couverture nuageuse s'ouvre, nous permettant de voir au loin un hameau où nous allons sûrement pouvoir déjeuner. Dans un établissement disposant de tables, de chaises, de couverts. Avec des gens habillés normalement.

C'est important de se préparer, et dans la voiture, nous consultons divers sites Internet pour nous documenter sur le Preikestolen. Je commence déjà à me sentir favorablement disposé à cette randonnée. Car ici, point de vantardise. Ce serait plutôt le contraire. À multiples reprises, il est rappelé qu'il faut se garder de sous-estimer un itinéraire qui peut se révéler plus difficile qu'on ne pense, et veiller à s'habiller de façon adaptée et à prendre tout son temps. Ce discours vient sûrement de ce que le Preikestolen est fréquenté par de nombreux touristes pas trop habitués à la montagne, qui se figurent que le plateau se trouve en plein centre de Stavanger et qu'il est desservi par un ascenseur. Sur *ut.no*, les randonnées sont classées par difficulté. Dans la version norvégienne, la randonnée du Preikestolen est donnée comme « moyenne », mais dans la version anglaise, les choses se corsent, et elle devient « difficile ».

Si, en Norvège, la montagne nous inspire sans doute un peu trop de confiance en nous-mêmes, cette confiance, nous n'en avons pas tellement dans les autres, en revanche.

Je téléphone au refuge du Preikestolen. C'est complet. Cela me rend étrangement heureux. J'en déduis qu'il y a beaucoup de monde. C'est le week-end. Il fait beau. Il va y avoir un véritable exode vers le Preikestolen.

Nous trouvons une chambre dans une auberge tout près. Après notre camp scout de luxe dans les brumes, ça ne va pas être évident de retrouver les lits superposés et les toilettes communes, mais on va y arriver. On gérerait n'importe quoi, maintenant. Il nous reste un jour de randonnée. Un jour de soleil, de vue, de gens. Après m'être couché dans une chose en bois, ce soir-là, je sens pour la première fois de la semaine que je me réjouis à la perspective d'une excursion.

Je ne suis même pas particulièrement agacé quand l'auberge entière est réveillée à cinq heures du matin par un groupe qui se lève tôt, probablement pour arriver au Preikestolen pendant qu'il fait encore froid et sombre et que c'est vide et pas sympa.

Je constate enfin qu'une des affirmations des randonneurs est vraie : ici, les gens marchent en file indienne.

Et j'adore. Sur les dix premiers mètres, j'ai entendu sept langues. Les gens portent des vêtements normaux, c'est nous qui déparons. En ce qui me concerne, je dépare toujours, avec ma veste, mais dans les autres endroits où nous sommes allés, personne n'y prêtait attention, puisqu'il n'y avait personne. Au bout d'environ vingt mètres, nous rencontrons un Chinois qui abandonne. Il est assis sur une pierre, hors d'haleine. Nous croisons un jeune couple qui redescend, bras dessus bras dessous. Lui porte sur son épaule un petit haut-parleur. D'où sort de la musique bangladaise assez forte.

Et pourquoi pas ?

Il y a ici des gens de tous âges. Je tends l'oreille, comme j'aime le faire, et je saisis quelques bribes de conversation. Et — vous l'aurez bien sûr compris depuis longtemps — ici, les gens ne parlent pas de distance et de durée, d'où ils sont allés et d'où ils vont aller. Ici, on parle d'actualités et de politique, de son couple, de ses enfants, de la restructuration au boulot, de musique et de livres, des progrès de ses études, d'une copine qui a eu un comportement un peu maladroit hier soir dans un bar. Une fille dit à sa mère : « Je trouve que le sport normal, c'est plus marrant. » Une autre fille dit à une autre mère : « Maman, tu t'éloignes de nous, là, pas besoin de te faire mousser, hein ! »

Exactement.

Quand nous arrivons sur le plateau même (en ayant mis la moitié du temps estimé, sans vouloir en faire tout un plat), la vue est démente. Il faut vraiment voir ça. Je n'en dirai pas plus. Et il y a beaucoup de monde. Des gens qui font ce qu'on fait quand on est dans un endroit avec une vue dingue. Ils se prennent en photo avec les bras levés au ciel. Ils sont assis dangereusement près du bord, mangent leur casse-croûte, discutent, rient. Des gens d'un certain âge nous expliquent que c'est la réunion de leur ancienne classe d'école et nous demandent si nous pouvons les filmer quand ils s'allongent sur le plateau rocheux en remuant les bras et les jambes pour dessiner des anges dans la neige. C'est ce que fait cette bande d'anciens camarades de classe. Ils se retrouvent de temps à autre, se rendent dans des lieux remarquables, s'allongent sur le sol et remuent les bras et les jambes pour dessiner des anges dans la neige, qu'il y ait de la neige ou non. C'est con, c'est la honte. Et il faudrait être sacrément revêche pour ne pas sourire à la vue de ce spectacle.

À la lisière du plateau même, un homme muni d'un appareil photo interpelle son copain tout au bord.

« Tom Cruise ! Mission impossible ! »

Probablement, parce que la presse a récemment annoncé que des scènes du nouveau *Mission impossible* allaient être tournées ici. Il lève son appareil photo. Son copain fait de son mieux pour ressembler à Tom Cruise. Il y arrive moyennement. La photo est prise. D'autres personnes qui le remarquent aussi rient et applaudissent.

Franchement : qu'avons-nous vécu cette semaine qui puisse battre cette scène ?

Racine, racine, racine ?

Un chemin de snus dans le brouillard ?

Des conversations en chaussettes sur la maîtrise ?

Memouroubou ?

Tout ce que nous avons vécu jusqu'à présent au cours de cette randonnée ressemble à de très mauvais recueils de poésie.

Combien d'histoires vraiment bonnes avez-vous entendues qui parlent d'être tout seul ?

Permettez-moi plutôt de vous raconter une anecdote sur le fait d'être avec des gens. Quelqu'un que je connais était en voyage avec des amis. C'était le dernier soir. Ils allaient rentrer en avion le lendemain dans la matinée. Ils regagnent l'hôtel, pas si tard que ça, et décident de prendre un dernier verre dans la chambre de mon ami pour célébrer leur voyage. Ils passent un bon moment, bavardent, rient. Une belle soirée. Et puis, ils se séparent, chacun dans sa chambre, et conviennent de se retrouver à l'aéroport. Mon ami règle son réveil, se couche. Le matin, le réveil sonne, il se lève, prend une petite douche, s'habille, fait sa valise, met sa veste et ses chaussures et quitte sa chambre.

Il a la nette sensation que quelque chose cloche. Il ne sait pas quoi, mais quelque chose.

Il prend son petit-déjeuner, toujours avec cette même sensation. Il part pour l'aéroport. Toujours avec cette sensation. Et il finit par identifier ce qu'il sent ainsi en lui, ou plutôt dans ses chaussures.

Ses chaussures étaient tièdes, et l'étaient déjà quand il les avait enfilées.

Il pensait s'être couché à une heure décente et avoir dormi quelques heures, mais n'avait probablement fait qu'effleurer l'oreiller. Il n'avait pas vu le temps passer pendant qu'il riait et bavardait avec ses bons amis. C'est pourquoi ses chaussures étaient encore tièdes le matin : il venait de les enlever.

C'est, selon moi, une chose à appeler de ses vœux. Ce devrait être un but dans la vie de glisser ses pieds dans des chaussures encore tièdes le matin à intervalles pas trop espacés. On sait alors que la soirée a été plus sympa que quiconque l'avait prévu. Les meilleures soirées sont improvisées. On allait juste passer une seconde dans la chambre d'un compagnon de voyage. On tombe sur quelqu'un qu'on n'avait pas vu depuis longtemps. Ou un soir ordinaire avec les gens avec qui on habite se transforme en nuit sans fin. On ne se rend compte du temps passé que parce que le jour se lève, qu'on entend le chant des oiseaux, les voitures de l'heure de pointe, des cloches d'église. Ou alors on se réveille et on enfile des chaussures tièdes.

Quand on enfile des chaussures tièdes après avoir passé une soirée seul, c'est qu'on est insomniaque.

Et le croirez-vous ? Qui rencontrons-nous au milieu du Preikestolen ? Eh bien, nos amis canadiens de la Besseggen. Celui qui avait filé dans le brouillard pour chercher les T et celle qui marchait derrière, mouillée.

Ça fleure bon la joie des retrouvailles. Depuis l'autre jour, ils sont allés à Flåm. Je ne sais pas si vous connaissez bien la Norvège, mais Flåm, ce n'est pas la porte à côté. Ils sillonnent la Norvège à toute berzingue pour marcher sur de la pierre.

LUI : « *It's beautiful here*[5]. » Évidemment.
ELLE : « *Too many people*[6]. » Évidemment.

Euh, quoi ? ! Vous avez regardé autour de vous ? Vous avez vu la vue ? Vous avez vu le plateau, le précipice de plusieurs centaines de mètres vers le fjord ? C'est théâtral, ça chatouille le ventre, c'est beau, c'est renversant, la marche est relativement facile, on n'a pas besoin d'équipement hors de prix, et c'est relativement près de deux assez grandes villes. Pourquoi diable n'y aurait-il *pas* beaucoup de monde ?

Et puis, ce n'est pas non plus *si* populeux que ça. On ne risque pas d'être poussé par-dessus bord. On a beau être le week-end, à la mi-journée, par un soleil radieux, on dispose tout de même d'espace pour se balader, admirer la vue sous plusieurs angles, pique-niquer, dessiner des anges avec les bras et les jambes.

Et il doit bien y avoir une envie de partage, de voir d'autres gens vivre ce spectacle ? Sans quoi, les gens n'écriraient pas #allezzoutoutlemondedehors, si ?

C'est maintenant seulement que je remarque la file au milieu du plateau. On avance un par un, aussi loin qu'on l'ose et le souhaite, et les amis peuvent prendre une photo où on a l'air d'être parfaitement seul au Preikestolen. Les randonneurs n'aiment pas faire la queue, mais ils consentent visiblement à une exception si c'est une queue pour pouvoir être seul.

5. C'est magnifique ici.
6. Il y a trop de monde.

Monsieur Canada nous surprend grandement en ayant l'air d'apprécier ce spectacle, bien plus que sa femme. C'est un photographe enthousiaste et — je crois — talentueux, qui, contrairement à son épouse, est totalement favorable à ce que nous fassions la queue pour prendre des photos. Ça me plaît. Il se laisse entraîner. Il rit et applaudit les gens qui prennent des poses bizarres. Il nous fait poser aussi quand vient notre tour, nous crie des instructions, assure la mise en scène. Il est sur le pont.

Puis c'est l'heure pour eux de repartir. Ils doivent bien sûr descendre en courant au refuge. Ce soir, ils vont passer la nuit à Stavanger, nous ont-ils expliqué. J'espère sincèrement qu'ils iront dans un resto sympa, rencontreront quelques personnes de bonne compagnie, peut-être ce groupe qui faisait des anges, et qu'à trois heures du matin, ils seront debout sur une table, en train de chanter en chœur « Tore Tang » de Morten Abel, tube norvégien de tous les temps, et que demain matin, ils enfileront des chaussures encore tièdes.

Monsieur Canada nous envoie les photos qu'il a prises. La Responsable de la Documentation lève les bras au ciel. Pas moi.

Mais ce n'était pas loin.

Et toi, t'en penses quoi ?

Nous voilà revenus en bas. Devant le refuge du Preikestolen, un bâtiment assez moderne, avec vue sur un parking, pas mal de monde et un peu de nature. Nous allons bientôt prendre un avion et rentrer chez nous, nous habiller normalement. Nous buvons une bière au soleil. À la table voisine, la bande des anges boit aussi de la bière, les yeux plissés, en riant.

« Bon, fait la Responsable de la Documentation. Bilan ! Quelles sont tes impressions sur les randonneurs ?

– Ce sont des gens qui se déplacent selon un plan approximatif, qui ne se lavent pas très souvent, ne se changent pas très souvent, ne se font jamais beaux. Ils portent de bien trop gros sacs à dos. Et dans l'ensemble, ils parlent avec d'autres gens à gros sacs d'endroits où ils sont allés et du temps que ça leur a pris et d'endroits où ils vont aller et du temps que ça va leur prendre.

– Alors ce que tu dis, c'est que marcher de refuge en refuge, c'est comme un voyage Interrail pour couche-tôt ? »

Ce ne sont pas les termes que nous employons, évidemment. Personne ne parle comme ça. C'est quelque chose que j'ai formulé après coup pour me faire mousser. Je n'ai pas passé une semaine en compagnie de montagnards sans rien apprendre.

Ce que nous avons réellement dit :

ELLE : Tu es converti à la randonnée ?

MOI : Pas entièrement.

ELLE : C'est ce que je pensais.

MOI : Et toi ? Comment as-tu trouvé ta mission de positivité exaspérante ?

ELLE : Passable.

MOI : Mais il y a eu une progression.

ELLE : Oui. Parce qu'aujourd'hui était la meilleure journée ?

MOI : À l'aise.

Silence.

MOI : Tu te rends compte, ça ne fait qu'une semaine qu'on était au Plaza.

ELLE : Oui. C'était chouette.

MOI : Hmm. Très chouette. À renouveler.

ELLE : Absolument.

Bilan

Plan de la randonnée :

Jour 1 : Oslo centre – forêt de la Nordmarka (Exécutée avec une erreur de navigation. Pluie et brouillard.)

Jour 2 : Nordmarka – Jotunheimen (Exécutée selon les plans. Pluie et brouillard.)

Jour 3 : Crête de la Besseggen (Exécutée selon les plans. Pluie et brouillard.)

Jour 4 : Gjendesheim – Spiterstulen (Remplacée par Gjendesheim – Juvasshytta en voiture. Pluie et brouillard.)

Jour 5 : Galdhøpiggen (Remplacée par Juvasshytta – Preikestolen en voiture. Sympa. Un peu de pluie. Un peu de soleil.)

Jour 6 : Randonnée à la journée tranquille et bilan (Remplacée par une excursion à pied au Preikestolen et une bière au soleil.)

Objectifs de la randonnée :

• Trouver la paix intérieure. (Pas atteint, mais presque le sixième jour, quand nous buvions notre bière au soleil.)

• Comprendre à quel point je suis petit. (Pas atteint.)

• Vivre quelque chose de difficile à expliquer. (À part pourquoi les gens se livrent à cette activité, je n'ai rien trouvé de difficile à expliquer.)

• Avoir envie de lever les bras au ciel. (Je glissais sur cette pente à Preikestolen, mais ce n'était pas totalement dépourvu d'une certaine ironie.)

• Découvrir si la nourriture et les boissons sont meilleures et si la vue est plus belle quand on a marché longtemps. (Oui, mais il faut marcher très longtemps.)

• Parler avec des gens que je rencontre dans des refuges aux noms bizarres, les comprendre, peut-être même les aimer. (J'ai fait de mon mieux, et j'ai rencontré des gens sympas, mais j'ai surtout rencontré très peu de gens.)

Conclusion : **première tentative ratée**

Cinq mois plus tard

Je vais en moi, je vais en ville

L'angoisse de la mort souffre d'une mauvaise réputation injustifiée. On lui trouvera très facilement des aspects comiques dans le mélange macho-froussard, par exemple, et on imaginera sans peine la photo de sommet de montagne d'un quinquagénaire souriant tant bien que mal, alors qu'on voit tout de suite ses mauvais genoux et, derrière ses dents blanches et son teint hâlé, un être tout petit qui dit: « Je n'ai ni cheveux ni humour et j'ai très peur de mourir. Aimez-moi. »

Mais l'angoisse de la mort ne traduit-elle pas une envie de vivre encore un peu ? C'est un sentiment qui ne peut pas être uniquement négatif. Il suggère tout de même qu'on présage un avenir suffisamment beau pour souhaiter en voir autant que possible.

Si nous voulons essayer de nous exprimer positivement sur notre époque dans des sociétés comme celle dans laquelle je vis (et certainement vous aussi, chers lecteurs) — et je trouve que nous le devrions, les vieux jours se font suffisamment encenser comme ça —, songeons à ceci: dans la vie, les actions des gens comme nous reposent en grande partie sur leur foi en un bel avenir, justement.

Cette foi explique sans doute notre propension à la constante rénovation de nos logements, par exemple. Nous ne faisons tout de même pas des travaux dans l'idée que nous allons mourir jeunes dans des appartements classieux. Non, nous pensons au contraire atteindre un jour la perfection de notre logement, et être sans doute à la retraite à ce moment-là, avec des océans de temps pour apprécier la plénitude de toute chose.

La foi en l'avenir explique sans doute aussi l'épargne pour la retraite et l'acquisition de résidences secondaires à la montagne, à la mer, dans des pays chauds. Ces opérations immobilières ne répondent pas à un désir de laisser derrière soi le plus grand volume possible de constructions quand on passera l'arme à gauche autour de soixante ans. Non, c'est plutôt qu'on pense pouvoir en profiter un jour, et comme le temps sera alors la seule chose dont on disposera en quantités suffisantes, on épargne pour être à l'aise financièrement et être en mesure de vivre la belle vie le moment venu.

Afin de nous maintenir en forme suffisamment longtemps pour savourer pleinement ces beaux jours, nous faisons du sport. Nous pédalons sur des vélos qui restent immobiles, nous joggons sur des sols qui bougent, nous pratiquons la grimpette et l'escalade en forêt et en montagne, nous privilégions une alimentation saine et locale. Le tout dans l'espoir de péter le feu et d'être beaux comme des astres quand nous aurons assez vécu pour avoir enfin une résidence principale totalement rénovée, des résidences secondaires, du temps, des finances suffisantes, et tout le loisir du monde de parader en étant beaux comme des astres. Sur une promenade en bord de mer, peut-être, en chemisette légère claire et short aux couleurs étonnamment dynamiques pour quelqu'un de notre âge.

Et nous pensons que ce temps adviendra. Dans des sociétés comme celle dans laquelle nous vivons, vous et moi, la plupart d'entre nous regrettons de temps à autre certaines bizarreries de la politique, déplorons certaines tendances, songeons même que les choses prennent une mauvaise tournure, mais nous ne pensons tout de même pas que la société, le système, vont s'effondrer dans un avenir proche. Nous pensons que tout va à peu près bien se passer.

Certes, il y a de l'agressivité. Beaucoup. Certaines personnes pensent que la société court à sa perte et le clament avec virulence, mais la plupart des gens n'en sont pas là. Pas réellement. Et qu'ils soient d'extrême droite, d'extrême gauche ou fondamentalistes de telle ou telle grande religion, on est surpris par la convergence des analyses de tous ces virulents qui poussent de hauts cris : la société occidentale d'aujourd'hui part à vau-l'eau parce que tout change et que personne ne défend les bonnes vieilles valeurs. Mais la plupart d'entre nous, qui n'appartenons à aucun extrême, nous disons que ça va sûrement aller. On trouvera des solutions. On trouve toujours. Il y aura un avenir. Un bel avenir. Et j'en ferai partie. Allez, sortons nous promener ! Ciao !

« Bon », conclut la Responsable de la Documentation, qui m'écoute disserter depuis un certain temps. Deux ou trois heures, en l'occurrence. Nous sommes dans notre pub habituel. Dehors, un froid glacial sévit. À l'intérieur, un feu de cheminée crépite, il y a plein de monde et on se fait servir de la bonne bière sans avoir à marcher cinq heures d'abord. Notre serveur habituel, qui parle avec un accent français particulièrement appuyé pour quelqu'un qui vit en Norvège depuis trente ans, passe devant notre table en disant « Une autre ? ». Enfin, ce n'est pas une question. Nous sommes venus ici pour planifier notre prochaine tentative pour me convertir à la nature.

Nous nous sommes décidés tout de suite après le Preikestolen : nous ne pouvions pas abandonner alors qu'une étincelle d'espoir venait de s'allumer. Il nous fallait essayer encore une fois. Encore une randonnée. En tirant les enseignements de la première.

Et puis, le temps est passé. Vous savez ce que c'est. C'est comme beaucoup de choses. On a des gens à voir, des pubs à fréquenter, des blagues à raconter. Des souvenirs à évoquer. De la musique à écouter. Des livres à lire. Des séries à regarder. Des discussions à avoir sur ces séries, et sur d'autres qu'on n'a pas vues. De la déconnade à accomplir. Des danses à danser. Des danses pour déconner aussi. Des cafés à boire. D'un seul coup, un jour, il fait un temps à boire une bière en terrasse alors que l'automne est bien avancé. Puis viennent Noël, le Nouvel An. Des gens nous rendent visite. D'une manière générale, il se passe beaucoup de choses. Alors, ça ne s'est pas fait. Mais maintenant nous sommes décidés, à nouveau. Nous allons faire un plan. C'est pour cela que nous sommes ici. Et c'est pourquoi je viens de passer deux ou trois heures à disserter sur l'angoisse de la mort, la foi dans l'avenir et le torse des gens.

« Bon, conclut donc la Responsable de la Documentation. Alors la seule chose positive que tu aies à dire sur les gens qui randonnent en montagne, c'est qu'ils ont peur de mourir. »

Il est bien sûr légèrement agaçant que quatre secondes suffisent à résumer aussi précisément mon analyse éblouissante, mais bon…

« Oui, c'est sans doute ce que je veux dire. »

La Responsable de la Documentation acquiesce d'un signe de tête.

« Et toi ? demande-t-elle. Tu as peur de mourir ?

– Je ne sais pas si j'ai tellement peur de mourir. À vrai dire, je n'y pense pas plus que ça, mais bien entendu, je n'en ai pas vraiment envie.

– Eh ben voilà, répond la Responsable de la Documentation, qui n'a pas oublié sa mission de positivité exaspérante. Ça te fait au moins un point commun avec le peuple de la nature. »

Serait-elle en train de suggérer que j'aimerais voir un peu plus de gens de nature dire : « Je n'ai ni cheveux ni humour et j'ai très peur de mourir » ?

Quoi qu'il en soit, ce n'est pas ce qu'ils disent. Eux transforment leurs randonnées en un choix philosophique, un acte semi-religieux, de grande valeur, presque un service rendu à la société : ils veulent arrêter le temps, déconnecter, trouver des poches d'oxygène, de silence, de temps — de temps pour vivre quelque chose de difficile à expliquer, de plus grand qu'eux-mêmes, qui apporte la paix et l'énergie permettant de continuer d'exister et d'apporter sa pierre à une société chamboulée.

Et si je veux me convertir à la nature, il faut d'abord que je reconnaisse que toute cette pseudo-religiosité, ce n'est pas mon truc. Je n'ai sans doute pas cela en moi. Je n'en ai sans doute pas besoin, quand j'y pense.

Quelque chose de plus grand que moi ? Quelque chose de difficile à expliquer ?

Arrêter le temps, baisser le rythme, s'abstraire du monde ? Le calme ?

Non. Non. Non. Non. Et non.

Le calme ?

J'ai assez de calme dans ma vie. Je travaille beaucoup seul.

Si je veux du silence, il me suffit d'éteindre la musique ou de fermer la fenêtre. Et en règle générale, ce n'est pas ce que je souhaite. J'aime le bruit.

Arrêter le temps, baisser le rythme ?

Non. Je ne veux pas arrêter le temps. Je trouve que le temps passe juste assez vite. C'est facile de croire que les choses vont trop vite. C'est habituel de penser en ces termes, de prendre pour un fait quasi établi que les choses évoluent dans un sens donné, que le temps passe de plus en plus vite, que l'époque est de plus en plus complexe.

Mais ce n'est pas vrai.

Il y a trente ou quarante ans, on pouvait rallier l'Amérique depuis l'Europe en un peu plus de trois heures. Ce n'est plus le cas aujourd'hui. On a cessé d'utiliser le Concorde, parce que son raffut de tous les diables brisait les fenêtres et terrorisait humains et animaux, parce que les billets — et les appareils eux-mêmes — coûtaient terriblement cher, et parce que l'un de ces avions s'est écrasé. Les gens souhaitent arriver vite, certes, mais pas si c'est au détriment d'autres gens, si c'est hors de prix et si c'est dangereux. Aujourd'hui, on met au moins sept heures pour voler d'Europe en Amérique. Ou cinquante-six. Selon la compagnie aérienne choisie.

À cela s'ajoute que, par égard pour l'environnement, de nombreuses personnes sont désormais favorable à une réduction du trafic aérien. Cela ne signifie pas nécessairement que nous prenons moins l'avion dans les faits, mais nous trouvons en tout cas que nous le devrions. Ce qui pourrait être le début de quelque chose. Je connais des gens qui se sont dit qu'ils devraient arrêter de fumer pendant des années avant de le faire. D'ailleurs, la ressemblance avec le tabac ne s'arrête pas là. L'avion aussi était cool et à la mode à une époque. Aujourd'hui, on se montre plus critique.

Il se pourrait donc que, dans quelques années, nous nous rendions en Amérique à bord de voiliers. Ou alors que nous abandonnions tout simplement cette destination.

C'est une possibilité !

Autrefois, nous pensions aussi que la téléphonie allait se développer dans une certaine direction et dans cette direction seulement. Nous avions un téléphone fixe, branché sur une prise au mur, trônant à la place d'honneur dans le foyer, sur sa propre table, comme sur un autel. Puis sont arrivés les premiers téléphones portables, qu'on transportait avec leur câble et une grosse batterie. Portables, il fallait le dire vite. Ces téléphones sont devenus de plus en plus petits, de plus en plus légers, de plus en plus portables, et nous pensions que nous allions continuer sur cette voie, mais c'était compter sans l'arrivée du smartphone. Les téléphones se sont remis à grandir. À s'alourdir. Et à consommer plus d'énergie, réduisant le temps de batterie et nous obligeant à nous promener de nouveau avec un chargeur, comme aux débuts de la téléphonie mobile. En définitive, certains téléphones portables doivent être chargés si souvent que c'est un grand pas en arrière, dans la direction du téléphone fixe. Si ça se trouve, dans quelques années, nous aurons d'énormes smartphones branchés sur une prise murale, reposant à titre permanent en place d'honneur, sur leur propre table, comme sur un autel.

C'est une possibilité !

Vous vous souvenez de l'arrivée du four à micro-ondes ? Quand nous pensions que tout allait changer ? Qu'avec l'invention de cette cuisine ultrarapide, avec des plats qui tenaient dans une petite boîte, tout le monde allait se débarrasser de sa cuisinière électrique une fois pour toutes.

Il n'en est rien advenu. En grande partie parce que les plats cuisinés au micro-ondes ont un goût de carton. Ou de *lapskaus* de randonnée. Ces dernières années, c'est plutôt de passer autant de temps que possible aux fourneaux qui est bien vu. Pour impressionner ses amis aujourd'hui, il faut avoir planté les graines soi-même, les avoir arrosées soi-même, avoir mis de l'engrais soi-même, et naturel qui plus est (ne cherchez pas à savoir), avoir récolté les fruits et les légumes soi-même et les avoir préparés soi-même, avant de les servir sur une assiette qu'on a conçue et tournée soi-même, et qui peut être consommée comme dessert.

Il fut un temps où l'avenir appartenait au fast-food. De nos jours, tout service un peu preste dans un restaurant éveille la suspicion.

Aujourd'hui, les gens se remettent à acheter des vinyles bien que cela ne réponde à aucune nécessité matérielle.

Et, puisque nous y sommes, nous nous mettons désormais à aller dans la nature, *de notre plein gré* alors même que nous étions enfin devenus assez modernes et sophistiqués pour ne plus être à la merci de ses caprices.

Ces choses-là arrivent ! Sans arrêt !

Les gens sont étranges, les choses prennent rarement la tournure attendue. Or tout cela, on le manque quand on arrête le temps et qu'on s'abstrait du monde.

Et honnêtement, des trucs plus grands que moi, il me semble que j'en vis sans cesse. Quotidiennement. Des phénomènes difficiles à expliquer. Des miracles, même.

Prenons un exemple.

Imaginez que vous vous promeniez près de chez vous. Vous remarquez un trou dans une façade. Si, comme moi, vous êtes un citoyen attentif, vous vous direz « Il faut que quelqu'un fasse quelque chose » et vous passerez votre chemin.

Or — ta da ! — très souvent, quelqu'un fait quelque chose. Ce n'est pas systématique, il faut parfois un peu de temps, mais en règle générale, tôt ou tard, ce trou dans la façade est colmaté. Par quelqu'un. Je ne sais pas qui. Et je ne sais pas comment cette personne a été informée, car nul ne prévient jamais, tout le monde se contente de penser « Il faut que quelqu'un fasse quelque chose » avant de passer son chemin.

Et cependant, la réparation est effectuée.

C'est difficile à comprendre. C'est plus grand que soi. C'est un miracle !

D'accord, peut-être pas un miracle. Mais songez-y : toute communauté qui tient à peu près debout — un village, une ville, un pays — est chaque jour une véritable débauche de maîtrise. Et la plupart des choses que nous maîtrisons aujourd'hui, personne ne les maîtrisait il y a cent ans, même si on maniait sûrement mieux la hache à l'époque. Nous avons édicté des règles, certaines écrites et appliquées dans des systèmes sophistiqués, d'autres que nous connaissons souvent d'instinct, car nous savons que mieux vaut pour tous que nous agissions de telle ou telle façon. Si d'un seul coup, tout le monde se fichait de toutes les lois, de toutes les règles, de tous les égards, et ne pensait plus qu'à soi, l'effondrement de la société serait quasi immédiat. Même les communautés les plus avancées reposent largement sur le postulat que les gens vont bien se comporter. Et dans l'ensemble, les gens se comportent bien. Pas tous. Pas toujours. Mais ils sont suffisamment nombreux à le faire pour que ça passe. On trouve des solutions, ça marche. Et *ça*, c'est plus grand que soi.

Une montagne, c'est là et c'est tout.

« Tu te rends compte que, quand tu parles de ces trucs-là, on croirait plus ou moins entendre quelqu'un qui vient de trouver la foi ? demande la Responsable de la Documentation.

– Oui, désolé. Je vais calmer le jeu.

– Miracles quotidiens de la société ? Ça fait un peu beaucoup tout de même.

– Oui. Sans doute. Mais je le pense sincèrement.

– Cela ne fait pas l'ombre d'un doute.

– Les feux rouges ! Tu as pensé au génie des feux rouges ?

– Des feux rouges ?

– Pas en soi, peut-être. Mais la présence à tous les passages piétons de haut-parleurs qui font bip bip pour que les gens qui ne voient pas puissent savoir quand ils peuvent traverser la rue, hein ? Tu as pensé à la beauté de cette idée ?

– Non. »

Nous buvons. Nous pensons. La Responsable de la Documentation revient à l'ordre du jour.

« OK. Cette fois, on ne va pas rechercher ce qui est plus grand que nous dans la nature.

– Non.

– Et peut-être pas non plus tenter d'ascension viriliste de sommets montagneux ? »

Non, ça non plus. Je sais que la tendance actuelle est aux ascensions de sommets à skis de randonnée. C'est ce qui se fait.

Mais comme vous le savez, mon instinct de compétition est faible et je retiens difficilement mes quolibets face aux manifestations de maîtrise viriliste. J'ai essayé de gravir une montagne, ça m'a bien peu apporté. Avoir effectué cette randonnée sous la pluie, sur des pierres glissantes, sans la moindre visibilité, n'aurait dû faire que renforcer mon sentiment de maîtrise, mais non. Rien.

À un moment, nous avons envisagé de regagner ma région natale et de *nous faire* un sommet là-bas. En parlant avec des gens avec qui j'ai grandi, et qui sont maintenant des gens de nature, j'ai perçu des frémissements de nostalgie quand, par exemple, ils me rappelaient que notre prof principal, extrêmement amateur d'outdoor, fartait les skis de tous les élèves avant chaque sortie. Eh oui, voilà le genre de scolarité que j'ai eue. Le personnel du Gjendesheim et plusieurs vieux amis nous ont expliqué avoir randonné contraints et forcés dans leur enfance et avoir détesté cela pendant un certain temps, mais s'être mis à adorer à l'âge adulte. Le phénomène allait peut-être se répéter avec moi si je regagnais les terres de mon enfance et m'asseyais quelque temps sur les marches du raccard pour contempler les grands espaces, avant de me faire le Slogen, par exemple, l'un des célèbres sommets du coin.

Mais je me suis documenté un peu sur le Slogen et les discussions sur Internet m'évoquaient dangereusement celles sur la Besseggen, sauf qu'ici un certain nombre de commentateurs admettaient avoir trouvé l'ascension « un peu aérienne ». D'après ce que je comprends de l'idiome des randonneurs, « un peu aérienne » signifie « super flippante ». Il n'y a pas longtemps, on a même vu les balbutiements d'un débat public quand un montagnard fort expérimenté a déclaré insensé que

DNT écrive sur son site que cette randonnée convenait aux enfants. Il la plaçait quant à lui dans la catégorie « risquée » et inadaptée aux plus jeunes. Nous autres qui avons appris le parler des montagnards comprenons que cela signifie probablement qu'on a environ 60 % de chances de mourir pendant l'ascension.

Alors non.

Et puis, franchement, pourquoi me mettrais-je à aimer quelque chose qu'on m'a forcé à faire dans mon enfance ? Qu'est-ce que c'est que cette invention ? Ça n'a pas été le cas pour un tas de choses auxquelles on m'a forcé quand j'étais petit. J'aurai bientôt cinquante ans et je n'aime toujours pas jouer de la flûte à bec, calculer la circonférence d'un cercle, ni jouer à saute-mouton.

« Donc ni viriliste ni semi-croyant. » La Responsable de la Documentation travaille de façon plus méthodique à présent.

« Alors que nous reste-t-il, au juste ?

– L'angoisse de la mort. »

Nous ne disons rien pendant un certain temps.

« Tu n'es pas *obligé* d'aimer la nature. On pourrait aussi laisser tomber et puis voilà. »

Le pourrions-nous ? L'autre jour, je me suis imaginé un avenir où la randonnée serait l'unique activité des gens. Au boulot, dans leur temps libre, les gens se baladeraient dans la nature. Et rien d'autre.

Oui, mais enfin, écoutez, quoi ! Ce n'est pas aussi tiré par les cheveux que vous le pensez.

Tout le monde sait que les robots arrivent. J'ai lu récemment que, dans vingt ans, ils occuperaient un tiers des emplois actuels. Pour l'instant, ils font moins bien que les humains pour ce qui est de la pensée originale et créative, alors, dans un premier temps, ils exécuteront des tâches répétitives. Mais pas seulement. J'ai lu des articles sur ce sujet aussi. Certains robots travaillent comme enseignants et comme cuisiniers. Ce ne sont sans doute pas les robots les plus créatifs, mais c'est sûrement plus sympa de travailler avec eux qu'avec le célèbre chef britannique Gordon Ramsay, par exemple. Il existe aussi des robots journalistes. Des robots assez simples, sans doute. On les alimente de quelques phrases — « La responsabilité en incombe largement au secrétaire général du parti. » « C'est fort critiquable. » « Poussé dans ces derniers retranchements. » — et le tour est joué. Ces phrases sont répétées, année après année. En l'occurrence, plusieurs robots exercent actuellement comme commentateurs politiques dans les grands groupes de presse.

La question qui s'impose est bien sûr de savoir ce que nous ferons dans un avenir où nos activités seront de plus en plus reprises par des robots, des applis, des logiciels.

Commençons par une évidence : une bonne partie d'entre nous allons vivre de la création, du développement, de la mise à jour et de la maintenance de toutes ces machines.

Mais les autres ?

Eh bien, il nous faut ici tirer les enseignements de l'histoire. L'expérience indique que nous vivrons de ce qu'aujourd'hui nous ne considérons pas comme du travail. Et que nous aurons des activités qui, actuellement, nous font ricaner.

Il y a trente ou quarante ans, les gens soulignaient avec dédain que nous ne pouvions pas tous vivre de nous couper les cheveux les uns aux autres, mais en définitive, l'histoire a montré qu'il en fallait beaucoup pour arriver à saturation. J'ai pas mal voyagé en Norvège, et il existe des localités où les coiffeurs sont plus nombreux que les habitants. Actuellement, un tas de gens vivent de couper les cheveux d'autres gens, de leur limer les ongles, de leur faire des soins de la peau, de leur allonger les cils, de tailler la barbe des baristas. Dont le métier n'en était d'ailleurs pas un autrefois. « Je suis tout de même capable de me faire mon café moi-même », disaient les gens il y a quarante ans.

Parallèlement à l'automatisation de nombreux secteurs certains métiers se développent. Le domaine des services aux animaux connaît un solide essor, par exemple. Il y a quarante ans, les gens auraient dit : « Je suis encore capable de caresser mon chat moi-même. »

Un autre groupe professionnel qui connaît une forte croissance est celui des travailleurs du fitness et de la musculation. Autrement dit, les gens qui se tiennent à côté de quelqu'un qui fait des pompes en disant « fais des pompes ». Encore une profession qui aurait fait hurler de rire il y a quarante ans.

Dans tous ces métiers, il s'agit de loisirs, de soin de soi, de café, de sport, de rester en forme, de caresser des chats.

À l'inverse, ce qui était naguère du travail devient de plus en plus du loisir. Prenez les chalets, par exemple, qui pour beaucoup étaient autrefois des lieux de travail : des chalets d'alpage de paysans, des hangars à bateaux de pêcheurs. Aujourd'hui, ces paysans et ces pêcheurs vivent souvent de servir les gens des chalets : en dégageant la neige en hiver, en faisant du feu dans leur cheminée pour qu'il fasse bien chaud à leur arrivée, ou encore en gérant des refuges de montagne, en guidant des randonneurs.

Vous voyez le tableau ? Ce qui, autrefois, était du travail est maintenant du loisir. De plus en plus de gens vivent des loisirs, du temps libre des autres. Les loisirs, le temps libre deviennent du travail, le travail devient des loisirs, du temps libre. Un avenir où tout le monde passerait son temps à se promener dans la nature ne paraît donc pas totalement invraisemblable ; la moitié des gens randonneraient parce qu'ils auraient fait fortune en vendant une appli et n'auraient plus besoin de travailler, l'autre moitié parce qu'ils seraient randonneurs professionnels, guides, porteurs de repas pour la pause au sommet de la montagne ou masseurs pour l'après-rando. D'ici quelques années, je pense que *personal randonneur* sera devenu un métier ordinaire.

Et dans la ville, il ne restera personne. Les robots travailleront inlassablement, les pubs seront déserts, les serveurs français se tiendront seuls dans l'ouverture de la porte, à regarder les rues dépeuplées en se demandant ce qui s'est passé. Et ce qui se sera passé, ce sera que les gens auront voulu mener une vie plus simple. Parce qu'ils apprennent que c'est responsable, nécessaire et politiquement juste, et parce qu'ils pensent qu'ils en ont besoin et qu'ils le valent bien. Parce qu'une flopée de livres nous l'expliquent en long, en large et en travers (si on devait acheter tous les livres publiés sur la décroissance, le consommer moins, il faudrait agrandir sa maison pour pouvoir les ranger). Et parce que les gens que nous suivons sur Instagram nous montrent qu'il est possible de vivre plus simplement, de faire d'autres choix. Quand on grandit, vit, mène une carrière professionnelle dans un pays où le revenu moyen est l'un des plus élevés du monde, on peut en effet avoir les moyens d'embarquer à bord d'un avion pour une île de l'hémisphère sud, où le niveau des prix est l'un des plus bas du monde, y rester longtemps, sans travailler, sans se raser, et le présenter comme une protestation contre la surconsommation et le carriérisme du monde riche.

Les choses n'évoluent jamais comme on croit. Il se pourrait que bientôt, nous filions tous dans la forêt, à la montagne, à la plage.

C'est une possibilité.

La Responsable de la Documentation ne prend pas mon analyse terriblement au sérieux, je vois, mais elle l'interprète sans doute comme l'expression que j'aimerais faire une tentative supplémentaire pour aimer la nature. Il nous faudrait toutefois un peu plus d'éléments sur lesquels bâtir que l'angoisse de la mort.

« N'oublions pas, dit-elle, que tu aimes tout de même beaucoup marcher. »

C'est vrai. Pas plus tard qu'aujourd'hui, j'ai fait une promenade dans ma ville. Pendant environ une heure. Voici une ou deux choses que j'ai vues et vécues :

Un écriteau devant un square où était écrit « Bon été ! » avec un dessin de soleil. On est en janvier, c'est l'hiver, il y a de la neige.

Une vieille connaissance sur qui je suis tombé et avec qui je n'avais pas parlé depuis longtemps pour raisons de divorce. C'était fort sympathique. Il s'était laissé pousser la barbe, mais passons.

Un homme avec deux sacs pleins de provisions, qui décidait de prendre le risque de descendre par une rue pentue, probablement un raccourci vers chez lui. Comme je le disais, on est en janvier, c'est l'hiver, il y a de la neige. Du verglas. Il n'avait pas fait deux pas qu'il s'est étalé de tout son long et a fait le reste de la descente sur le dos, entouré de briques de lait, de fruits, de pain et d'aliments pour chats. Il était hilare.

Un jardin d'enfants en goguette. Bien en rang, les enfants se dandinaient au bord de la rivière, en combinaisons d'hiver. Juste derrière suivait un groupe de canards, à la démarche strictement identique.

Une bande de gens très joyeux, en chaussures un peu trop légères, à la mise un peu trop élégante, qui ont ouvert la porte d'une boulangerie à midi moins le quart en criant « Vous servez de la bière ? ».

Une petite famille de touristes avec une carte, à qui j'ai demandé s'ils avaient besoin d'aide. J'éprouve un certain besoin d'aider les gens qui choisissent de passer des vacances en Norvège en janvier. En particulier quand il s'agit d'une mère, d'un père et d'une ado juste un peu trop vieille pour partir en vacances avec papa maman. Ils m'ont demandé le chemin d'un restaurant vegan dont ils avaient entendu parler. Je leur ai recommandé à la place un endroit beaucoup plus sympa pour le déjeuner. L'ado a un peu souri.

Un jeune couple qui se disputait sur un banc dans un parc, même s'il fait trop froid pour s'asseoir sur des bancs dans des parcs.

Alors que j'étais presque arrivé à la maison, j'ai rencontré un homme d'un certain âge que je connais un peu parce que nous avons travaillé au même endroit il y a longtemps. Tout à fait spontanément, il m'a raconté une histoire remarquablement cochonne d'un voyage qu'il avait fait en Islande.

« Donc ce que tu veux dire, c'est que tu aimes mieux ces promenades que les randonnées en montagne ? demande la Responsable de la Documentation.

– Oui, peut-être.

– Alors c'est par là qu'il faut commencer. Ces promenades en ville que tu fais tous les jours, toute l'année, par tous les temps.

– Il n'y a pas de mauvais temps.

— Si. Aujourd'hui, en l'occurrence, le temps est exécrable. Il fait froid et humide, c'est parfaitement désagréable. Et dangereusement glissant. Et pourtant, tu es allé marcher. Un jour où d'autres rechigneraient à aller au supermarché ou au travail, ou même juste à leur voiture. Nous devons donc nous interroger sur ce qui distingue ces promenades de nos randonnées dans le Jotunheimen, ou jusqu'au refuge dans la forêt.

– L'asphalte ?

– Allons peut-être au-delà des évidences absolues…

– C'est plus court ?

– Non, ce n'est pas ça. Ça ne t'a jamais posé de problème de marcher longtemps.

– Ni vite.

– On a marché super vite quand on faisait la Besseggen.

– Une demi-heure au-dessous de l'estimation la plus basse d'*ut.no.* »

Nous ricanons.

« La différence, on sait tous les deux ce que c'est. La différence, c'est que, dans le Jotunheimen, on n'a rencontré presque personne. Les rares gens qu'on a rencontrés étaient horripilants, et en plus, ils mentaient, ils répétaient sans arrêt les mêmes phrases.

– Toi aussi, ils te tapaient sur les nerfs, non ?

– Oui, je t'ai un peu fait faux bond en termes de positivité exaspérante.

– Enfin, tu t'es bien rattrapée.

– Merci.

– Mais ce n'est pas seulement une histoire de rencontrer du monde, dis-je. La possibilité de l'imprévu est aussi un facteur essentiel. Puis-je te raconter une petite anecdote ?

– Si c'est celle des chaussures tièdes, je la connais.

– Non, pas celle-là.

– Si c'est celle de l'Islande et de la coupe d'Europe de foot, je l'ai déjà entendue aussi. J'y étais, d'ailleurs.

– Pas celle-là non plus.

– C'est celle du gant orange ? »

Oui. Bon, d'accord. C'est celle du gant orange. Mais vous, chère lectrice, cher lecteur, vous ne la connaissez probablement pas. Alors, allons-y :

L'anecdote du gant orange !

C'est une histoire de foot, mais je promets que c'est la dernière. Et celle-ci non plus ne traite en réalité pas de foot.

Ça s'est passé un samedi après-midi. Le lendemain, devait avoir lieu dans ma ville de résidence un grand match, la finale du championnat de série de Norvège, en l'occurrence. L'une des équipes était Ålesund. Vous vous souvenez bien sûr qu'elle s'était fait sortir par Stranda en cette année historique que fut 1983. Par la suite, elle s'est fortement reprise. Au point, donc, d'arriver deux fois en finale du championnat de série au cours de ce troisième millénaire.

Bref, la ville était pleine de gens d'Ålesund et des alentours, pleine de gens de ma région. Et tous étaient de fort bonne humeur.

Ce samedi après-midi, je marchais dans la rue — je crois que j'allais simplement à l'épicerie, à moins que ce n'ait été ma promenade quotidienne — quand j'ai senti que quelqu'un posait la main sur mon épaule. Je ne l'ai pas simplement senti, je l'ai vu, car la personne qui posait la main sur mon épaule portait un gigantesque gant orange en polystyrène.

Je me suis retourné. C'était un homme que je n'avais jamais rencontré. La cinquantaine. Presque deux mètres de haut. Un peu corpulent. Un peu ivre.

Il avait donc une main revêtue d'un gigantesque gant en polystyrène orange, et la tête coiffée d'un chapeau orange de cinquante centimètres de haut. Il portait par ailleurs une combinaison orange un peu trop petite et légèrement élimée.

Cet homme m'a scruté avec attention, de la tête aux pieds, puis il m'a regardé droit dans les yeux et m'a dit :

« Mais comment tu es fagoté, espèce de bite ? »

Je suis navré d'employer ce mot, mais c'est ce qu'il a dit.

Je portais un jean tout ce qu'il y a de plus banal et un pull gris tout ce qu'il y a de plus banal. *Lui* portait un gigantesque gant en polystyrène orange, un chapeau orange de cinquante centimètres de haut et une combinaison orange un peu trop petite et légèrement élimée.

Et il critiquait ma tenue. En me qualifiant d'organe sexuel.

Les amis... C'est dans ce genre de situation, quand un quinquagénaire de deux mètres de haut, un peu ivre, en combinaison et avec un gant en polystyrène, critique notre tenue et nous traite d'organe sexuel, qu'on montre vraiment quel genre de personne on est.

Car que répondre à cela ?

Une option serait bien sûr : « Je ne suis pas une bite, je suis un être humain. »

C'est une possibilité.

La colère en est une autre.

Ou alors on a l'option de se joindre aux célébrations. C'est celle que j'ai choisie. Ce qui s'est révélé fort plaisant. Bien entendu, c'était exactement ce que cet homme désirait. Il avait voulu me convier à la fête, d'une façon quelque peu singulière, certes, mais je crois que la plupart d'entre nous pourrons aussi convenir que si un parfait inconnu, quinquagénaire, de deux mètres de haut, avec un léger embonpoint, était venu nous trouver un samedi après-midi, avait posé les mains sur nos épaules, nous avait regardés droit dans les yeux et demandé si on voulait participer à une fête, et que cet homme avait été habillé normalement, on n'y serait pas allé.

Et c'est précisément ce qu'il y a de si chouette dans ces grands rassemblements où l'humeur est au top. Il se produit des choses qui ne se produisent pas autrement. Les gens agissent comme ils ne l'auraient pas fait autrement. On dira ce qu'on voudra, mais c'est tout sauf ennuyeux.

« Ces choses-là n'arrivent jamais en randonnée en montagne, dis-je, histoire de bien faire passer le message.

– Non, approuve la Responsable de la Documentation. Si c'était le cas, je serais terrifiée. »

Elle réfléchit. « Nous sommes partis au mauvais moment. Et par mauvais temps. Pour rencontrer une population plus variée et peut-être vivre des situations inattendues, il faut partir en même temps que tout le monde. Et aller aux mêmes endroits que tout le monde. »

Je sens un sourire se dessiner sur mes lèvres.

« Ce que tu es en train de dire, c'est que nous devons faire l'exact opposé de ce que tous les randonneurs nous conseillent ?

– Tout juste. C'est ça qui avait marché au Preikestolen. »

Ça me plaît. Je sens que je me réjouis déjà à la perspective d'aller trouver la femme de DNT, d'afficher mon célèbre sourire et de dire : « Bonjour ! Je me demandais si vous auriez quelques conseils de destinations pour rencontrer un maximum de monde à la montagne ? De la file indienne ! Je voudrais marcher en file indienne ! »

Elle s'évanouira. Ou fermera le magasin.

C'est ce que nous devons faire, c'est clair.

« Il faut qu'on aille en montagne pour trouver du monde, poursuit la Responsable de la Documentation.

– Et de la rigolade. Du monde et de la rigolade.

– Du monde et de la rigolade. Un peu comme le Nouvel An. »

Je ne vous en ai pas parlé, chers lecteurs, mais depuis la dernière fois, j'ai eu une expérience de la nature. On pourrait même parler d'expérience extrême. Brève, mais extrême. Mon anniversaire est le 31 décembre. Je le mentionne pour que vous vous en souveniez peut-être la prochaine fois. Cette année, nous l'avons célébré en nous baignant. Dans la mer, j'entends. En Norvège. La température extérieure était négative. En guise d'échauffement avant la soirée du Nouvel An, nous étions quelques amis dans un sauna géant de notre ville. On peut aussi y manger et boire un verre, il y a plein de monde et une bonne ambiance. Ceux qui le souhaitent peuvent sortir se tremper dans un baquet, et s'ils sont encore plus courageux, sauter dans le fjord quelques mètres plus loin. C'est ce que nous avons fait. En Scandinavie. En décembre. Par des températures négatives. Donc ce n'est pas non plus que j'aie peur des défis ou d'un peu de froid sur le corps. Je sais être un gros balèze. Des touristes nous ont pris en photo.

« Hmm… Un peu comme le Nouvel An… Donc si on peut faire en sorte qu'une randonnée ressemble un peu au Nouvel An, on sera sur la bonne voie. »

Notre serveur français passe devant nous.

« Vous avez planifié d'autres randonnées en montagne ? » demande-t-il en éclatant de rire. Ce n'est pas la première fois qu'il nous pose la question en éclatant de rire, car il a entendu parler de notre précédente échappée dans les montagnes.

« Oui, en l'occurrence, dis-je. Vous n'allez sans doute pas beaucoup nous voir ici dans les prochaines semaines, parce que nous allons planifier notre randonnée à skis.

– D'accord. On se voit demain, alors. »

SECONDE TENTATIVE : AU HARDANGERVIDDA POUR TROUVER DU MONDE

Plan de la randonnée

Jour 1 : Oslo – Finse

Jour 2 : Finse – Krækkja

Jour 3 : Krækkja – Heinseter

Jour 5 : Heinseter – Geilo

Jour 6 : Bilan

Objectif de la randonnée

• Rencontrer du monde.

• Faire les imbéciles et nous amuser.

• Faire en sorte que les randonnées en montagne ressemblent un peu plus au Nouvel An.

• Et encore une fois : parler avec des gens que je rencontre dans des refuges au nom bizarre, les comprendre, voire les apprécier.

Bondé et mortellement dangereux

Première étape : Oslo – Finse. En train.

L'ancien moi aurait été chagriné. L'ancien moi aurait formulé une oraison funèbre dans sa tête :

Chère ville,
Tu nous as été arrachée, brutalement, de façon absurde, le dernier jour ouvré avant Pâques, alors que tu étais au sommet de ta beauté, que tu allais t'ouvrir à tout, que la vie même allait commencer, avec tout ce qu'elle a à offrir : amitié, amour, infinité de nouvelles possibilités. Tu nous as été arrachée, parce que nous avions décidé de prendre un train pour une destination lointaine où il y a vraiment beaucoup de neige.

Notre serveur nous regarde, la tête penchée sur le côté, alors que nous passons devant le pub avec notre équipement de montagne. L'ancien moi aurait été bien gêné.

Mais me voilà donc, qui marche en souriant.

Je marche en me disant que nous avons un plan en béton pour ces vacances. Si je ne deviens pas fan de nature avec cette randonnée, je ne le deviendrai jamais.

Avant même de commencer, je suis passablement sûr d'atteindre quatre des objectifs que nous nous sommes fixés :

1. Rencontrer des gens.

2. Faire les imbéciles et nous amuser.

3. Faire en sorte que les randonnées en montagne ressemblent un peu plus au Nouvel An.

4. Parler avec des gens que je rencontre dans des refuges aux noms bizarres, les comprendre, voire les aimer.

Ce dernier point est le plus incertain, mais les trois autres, nous allons y arriver. Fastoche. Faire les imbéciles et nous amuser, nous y arrivons toujours. C'est notre point fort. Rencontrer des gens, nous allons y arriver à coup sûr. Pléthore de gens, même. Parce que je me suis renseigné. J'ai googlisé. J'ai lu des statistiques. J'ai interrogé mon entourage. Et écoutez bien :

Le Hardangervidda est la région montagneuse de Norvège la plus fréquentée pour les randonnées à skis d'un refuge à l'autre.

Nous allons au Hardangervidda.

Et ce n'est pas tout.

La semaine de Pâques est la saison haute pour les randonnées à skis de refuge en refuge.

Nous allons au Hardangervidda pendant la semaine de Pâques.

Et ce n'est toujours pas tout.

Nous allons commencer notre randonnée au refuge de Finse, qui était l'an dernier le plus fréquenté de la région montagneuse la plus fréquentée de Norvège, et nous partons en saison haute.

Et même là, ce n'est pas tout !

La semaine de Pâques de cette année va être démente. Tout le suggère. Pas une appli de météo au monde ne montre autre chose qu'un énorme soleil rayonnant sur le Hardangervidda pendant les jours qui viennent. Pâques tombe tôt cette année (phrase que je n'ai jamais prononcée par le passé, mais qui est monnaie courante chez les montagnards), il y a des quantités exceptionnelles de neige cette année (cf. parenthèse précédente), donc la qualité du ski est formidable. C'est le genre de Pâques dont les gens parlent et reparlent, le genre de Pâques qui ressemblent aux Pâques des films publicitaires pour des produits très sains.

Il va donc y avoir *beaucoup* de monde sur les plateaux du Hardangervidda cette année.

Quand je lui ai parlé de notre projet de randonnée, un copain, que la nature m'a ravi depuis longtemps et qui est beaucoup allé dans le Hardangervidda, a même grimacé.

« Tu es *vraiment sûr* que vous ne voulez pas partir deux jours avant la semaine de Pâques, par exemple ? Pour éviter le plus gros de la foule ? »

Oui, j'en suis vraiment sûr. S'il est une chose que nous n'allons pas chercher à éviter pendant cette randonnée, c'est le gros de la foule. Nous avons déjà évité le gros de la foule avec une très bonne marge lors de notre précédente randonnée. Et c'est une erreur que nous n'avons aucune intention de commettre de nouveau.

Nous savons à quoi nous nous exposons. Ce copain n'est pas le seul à avoir insisté sur le monde qui se presse dans les coins les plus fréquentés, sans parler des refuges, pendant la semaine de Pâques, surtout par beau temps et bonne neige. De véritables hordes skient de refuge en refuge, dit-on. Les refuges sont bourrés à craquer. Les murs s'arquent. Les clients dorment dans les couloirs, sur des fauteuils dans le salon-cheminée. Cela m'a été confirmé par les propriétaires de refuges eux-mêmes. J'ai en effet essayé de réserver au préalable dans un ou deux refuges, on m'a répondu d'oublier tout de suite cette idée. Il fallait venir en espérant que tout se passe au mieux. Personne ne se retrouvait sans nulle part où dormir, on ne jette tout de même pas les gens dehors en pleine montagne, par des températures très négatives, mais personne non plus ne pouvait compter sur le luxe d'une chambre ou d'un lit. Il s'agissait ici de venir avec son sac de couchage, en étant préparé à coucher dans un dortoir ou sur un matelas par terre. Voire pire. Les habitués de la randonnée de refuge en refuge commencent très tôt le matin et foncent sur le plateau pour arriver les premiers au refuge suivant et s'assurer de mettre la main sur les quelques chambres existantes. Ensuite, des heures plus tard, les touristes amateurs se pointent à l'entrée, recrus de fatigue, frigorifiés, mal équipés, avec la marque des lunettes de soleil, et ils doivent passer la nuit dans le four ou dans les toilettes sèches d'extérieur.

J'éprouve une certaine hâte. Ça me surprend, mais c'est bel et bien le cas.

À votre avis, qu'avons-nous bien pu faire pour que notre randonnée ressemble un peu plus à une soirée du Nouvel An ? Eh bien, nous avons invité les gens avec qui nous fêtons habituellement le Nouvel An à nous accompagner.

Génial, non ?

Bien sûr, la plupart d'entre eux ne pouvaient pas. Ils avaient d'autres plans. Certains partaient par exemple en vacances à l'étranger. Drôle d'idée.

Mais deux de nos amis ont eu envie de venir avec nous. Il s'agit de gens que nous voyons habituellement dans des pubs, des cours d'immeuble, des festivals, à des terrasses de café ou sur des balcons d'appartements pour des soirées sans fin. Ils sont à peine plus habitués à la montagne que moi. Ce qui signifie qu'ils possèdent des skis, mais s'en servent rarement. Lui aime faire bonne chère, et a priori je dirais qu'il n'est pas du genre à aimer s'exposer aux grands dangers. Elle est joyeuse, positive, sociable, mais avec une certaine propension à ce qu'il lui arrive des bricoles. Autrement dit, nous sommes une petite bande. Une petite bande légèrement moins habituée à la montagne et légèrement plus fêtarde que la moyenne, pour ajouter encore aux foules habituelles des hauts plateaux pascaux. J'ai hâte d'y être pour plusieurs raisons.

L'une d'elles est que je me fais un peu de souci pour la Responsable de la Documentation.

Il n'y a pas longtemps, j'ai en effet découvert un nouvel aspect de sa personnalité, un aspect inquiétant, alors que nous faisions une sortie d'essai. Nous nous étions dit que c'était une bonne chose à faire, puisque finalement, nous n'avions jamais fait de ski de fond ensemble. Et il fallait bien que j'assouplisse mes chaussures de ski. Comme vous le savez, avoir de bonnes chaussures, c'est bien des choses. L'oméga, entre autres. Et puis, ça pouvait être pas mal de savoir si, oui ou non, j'étais toujours *capable* de skier. Je n'ai pas fait de ski de fond depuis plus de trente ans, si ce n'est une fois, sur environ cent mètres, d'un parking à un chalet. La dernière fois, Ronald Reagan était président des États-Unis, l'Union soviétique était un pays et Rick Astley avait beaucoup de succès. Aujourd'hui, ni Ronald Reagan ni l'Union soviétique n'existent. Rick Astley existe toujours, lui, même si tout le monde n'en a pas forcément conscience, et il se porte le mieux du monde, d'ailleurs. Il a même été en tête des ventes d'albums dans son pays, la Grande-Bretagne, pas plus tard qu'en 2016. La question était bien sûr de savoir si ma technique de ski était plutôt Union soviétique ou Rick Astley. C'est ce que j'allais découvrir à l'occasion de cette sortie test, dans cette forêt qui se situe à un simple coup de tramway du centre d'Oslo — chose dont les gens d'Oslo se vantent souvent auprès d'étrangers, qui peinent à comprendre ce qu'il y a de si louable à pouvoir sortir rapidement de la ville, et auprès d'habitants du reste du pays qui, eux non plus, n'en saisissent pas l'intérêt, vu qu'il leur faut encore moins de temps pour se rendre dans la nature depuis chez eux.

Tout ce avec quoi et sur quoi je skie est neuf. Mes bâtons, notamment, et incontestablement. À l'époque, un bâton de ski était un bâton. Maintenant, pour commencer, ils pèsent environ zéro virgule deux grammes. Ensuite, on se les attache aux mains d'une tout autre manière, avec un système complexe de velcros, une latéralisation et des trous différenciés pour le pouce et les autres doigts. Le plus satanique de tout cela, c'est qu'une fois qu'on a trouvé le bon bâton et les bons trous pour une main, il faut s'occuper de l'autre en se servant exclusivement de sa main accolée à un bâton de ski.

Positif que je suis, je choisis d'envisager cette demi-heure consacrée à mes bâtons comme un échauffement. Et me voilà prêt. Pour ma première sortie de fond depuis trente ans, avec de nouveaux skis étroits et de nouveaux bâtons légers dont je ne vais jamais réussir à me défaire.

La question est là : Union soviétique ou Rick Astley ?

Rick Astley, s'avère-t-il sur les premières dizaines de mètres. Mes petits problèmes d'équilibre, de rythme, de coordination ne sont pas sans rappeler sa façon de danser, si jamais vous vous en souvenez.

Mais ensuite, je sens que ça revient. La technique est là. Cette technique qui, il y a plus de trente ans, m'avait rapporté plusieurs honorables deuxièmes places et une toute petite coupe. Je trouve le rythme. Je laisse mes skis faire le boulot, comme je ne sais plus quel entraîneur me l'avait conseillé il y a longtemps. J'ai sans doute l'air d'une relique à côté de tous ceux qui gravissent les montées en pas de patineur, mais nous n'allons pas au Hardangervidda pour le sport et la frime, nous y allons pour randonner. Et en randonnée, on fait du vrai ski de fond. Du pas alternatif. Ce n'est pas sans raison qu'on appelle ça le style classique. J'ai de bonnes sensations. Pendant environ un quart d'heure. Ensuite, la monotonie s'installe, et je cherche du regard la Responsable de la Documentation pour lui demander son avis sur la distance que nous devrions parcourir.

Et c'est là que j'assiste au phénomène inquiétant. Elle est un peu plus loin devant, légèrement à l'écart de la piste. Elle contemple les cimes en souriant. Elle sourit souvent, ce n'est pas ça, mais pas de cette façon. D'un sourire doux, paisible. Elle avance quelques mètres en poussant sur ses bâtons. Puis elle s'arrête de nouveau, prend une photo des arbres et sourit encore une fois.

« C'est joli, non ? » lance-t-elle avant de repartir en poussant sur ses bâtons. Avec une technique moyenne, je dirais, mais heureuse. Très clairement heureuse.

Qu'est-ce que c'est que ce sourire ?

A-t-il quelque chose de… serein ?

De… converti ?

Oui, j'ai peur que la nature me l'enlève. Ce sont des choses qui arrivent. Je ne l'ai jamais vue dans cet état. C'est la première fois que je skie avec elle, si ça se trouve, elle est comme ça dans la nature en hiver. Si elle a un regard bienheureux et un sourire pieux au bout d'un quart d'heure d'arbres enneigés juste à la sortie du centre d'Oslo, qu'est-ce que ce sera après plusieurs jours de neige idéale, par un temps de rêve, dans ni plus ni moins que le Hardangervidda ?

Ma technique bien meilleure que la sienne ne m'apporte aucune joie, je ne ressens que de l'inquiétude.

C'est pourquoi je me félicite que nous soyons plusieurs pour cette randonnée, plusieurs à pouvoir lui garder les pieds sur terre si jamais elle se met à parler d'Instagram, les prunelles brillantes. La dernière chose qu'on veuille, au milieu des plateaux, à des dizaines de kilomètres du refuge le plus proche, c'est voir sa compagne de voyage nous regarder droit dans les yeux en déclarant le plus sérieusement du monde : la vie est plus belle dehors.

Par bonheur, elle dispose maintenant de trois visages familiers pour lui rappeler qui elle est et où est sa place : à une terrasse de bar, à un festival, sur l'asphalte.

Je sais que je suis censé me laisser entraîner. Je ne l'ai pas oublié. Mais si la Responsable de la Documentation devenait croyante et agaçante, et si, pour couronner le tout, son instinct de compétition déraillait dans la lutte pour arriver la première aux refuges et obtenir les meilleurs lits, je n'aurais aucune chance de pouvoir la suivre. D'ailleurs, je n'en aurais pas envie. Si je dois aimer la vie dans la nature, il faut qu'on se rencontre quelque part au milieu, la nature et moi. Qu'on trouve un compromis, un endroit où on se ressemble un peu, où on s'amuse ensemble.

Et c'est sur ce point que j'espère une contribution de nos amis.

Je ne le leur ai pas dit, mais oui, j'espère qu'ils seront à peine plus mauvais que moi. Pour me permettre d'être ce juste milieu, entre eux et la Responsable de la Documentation. C'est là que je souhaite être, avec l'idée d'être un rassembleur. Le ciment du groupe. Celui qui demande à la plus rapide d'attendre et qui encourage les plus lents. Celui qui blague. C'est comme ça que je pourrai apprendre à aimer la nature.

Je n'ai aucune raison de croire que nos amis sont plus mauvais que moi. Ils ont skié plus que moi ces dernières décennies. Mais qui ne l'a pas fait ? Et je n'ai pas perdu ma technique. Je suis dans une forme acceptable. J'ai gagné une coupe. En plus, je suis connu pour ma bonne humeur et mon sourire gagnant. Et je suis mieux préparé qu'eux, c'est tout de même moi qui ai planifié toute cette randonnée.

Et surtout : j'ai du matériel dernier cri. Eux non. J'ai par exemple des skis à peaux, qu'on n'a pas besoin de farter ; le fart, là encore, un motif de catastrophe potentielle pour les autres. J'ai aussi tout le reste. Car bien entendu, quand on a racheté tout ce qu'on possédait déjà, mais avec le complément « de montagne », pour randonner en été, il faut recommencer, cette fois avec le complément « de ski », pour randonner en hiver. Des gants de ski, des chaussures de ski, des pantalons de ski, un bonnet de ski, des lunettes de ski. Et puis, des skis aussi. Et ce n'est pas comme si un ski était un ski. Le matériel varie selon qu'on va faire du pas de patineur ou du pas alternatif, qu'on est dans une optique d'entraînement sportif ou de randonnée, qu'on va skier dans de la poudreuse, en côte, par des températures inférieures à moins dix degrés, au soleil, par mauvais temps.

Ce n'est pas évident de choisir.

À plus forte raison si l'on cherche en plus un équipement facile à assumer. Il semble en effet acquis que les vêtements de sport d'une manière générale, mais ceux de ski plus encore, sont vilains, de couleurs criardes. Il y a du jaune, du vert vif et du rose, souvent les trois ensemble. Parcourir les rayons d'un magasin de sport, c'est un peu comme assister à une soirée des années 1990, sauf qu'on ne s'amuse pas. Ça rappelle le matériel informatique, mais en inversé. Il a fallu assez longtemps pour que quelqu'un songe à la possibilité de fabriquer du matériel qui ne soit pas massif et beige. Mais personne n'est encore entré dans l'open space d'un producteur d'équipement sportif en disant : « Eh, les gars, si on fabriquait quelque chose de joli ? ». Les magasins de sport sont l'un des rares endroits où je me demande sincèrement quel est le problème avec le beige.

Et je ne pourrais pas m'en entretenir avec l'homme du magasin, car que connaît-il au style ? Lui qui se promène avec un bonnet de ski et des lunettes de soleil aérodynamiques à l'intérieur.

Je suis déjà l'heureux propriétaire du coupe-vent le plus vert d'Europe, que je vais prendre pour cette randonnée aussi. Si en plus, j'ai des skis jaunes, des chaussures roses, un bonnet violet qui épouse le crâne comme un bonnet de bain, des gants quadricolores et des lunettes de soleil orange qui ont l'air d'avoir été crachées sur mon visage, on va se moquer de moi. Ou venir me chercher.

Je parviens finalement à trouver une paire de skis noirs et rouges. Pas mal ! Et une paire de chaussures relativement neutres. Et unicolores. Elles sont grises.

Je me suis procuré du bon matériel. Ce qu'il y a de mieux, en l'occurrence, pour le genre de randonnée que nous allons faire.

Je le sais, parce qu'un type qui porte des lunettes de soleil à l'intérieur me l'a dit. Et sur ce point, je suis loin devant nos deux amis, qui se sont contentés d'embarquer l'équipement qu'ils possédaient et qu'ils n'ont sûrement pas utilisé depuis longtemps. Ils ne sont pas préparés à cette randonnée. Pas réellement.

J'espère qu'ils occasionneront désordre et autres problèmes mineurs, afin que nous n'ayons jamais la possibilité de décoller complètement et de gagner des compétitions. Nous serons obligés de régler nos petits problèmes, de nous moquer de nous-mêmes, d'avancer cahin-caha, à vitesse moyenne, en débitant de mauvaises blagues.

Forcément, quand nous les retrouvons à la gare, je suis content de constater que lui porte un jean noir moulant, un pull de ville, une veste de ville et des Ray-Ban conçues pour éviter les marques quand on boit sa bière en terrasse. Quant à elle, elle a aussi des lunettes de soleil citadines qui n'épousent pas le visage, mais pour le reste, elle a l'air d'une vraie montagnarde. De 1983. Vêtue d'un anorak rouge classique, qui n'en est pas à sa première sortie de ski, elle nous explique depuis combien de temps elle a son matériel. Ses skis et bâtons se passent d'une personne à l'autre dans la famille, elle les tient de sa mère. Intérieurement, je la baptise déjà COLOnelle du Matériel Bien Embêtant. Par souci de simplification, appelons-la la COLOMBE.

« Parés pour la randonnée ? » dis-je sur un ton légèrement trop enthousiaste.

Elle acquiesce avec le même enthousiasme.

Lui nous apporte la précision suivante : « J'ai rêvé d'avalanches toute la nuit. »

Notre randonnée a trouvé son chargé des soucis et inquiétudes.

Et il n'a peut-être pas tort d'être inquiet. Voici une sélection de titres des journaux en ligne au cours des deux jours avant notre départ :

« Craintes d'une semaine de Pâques pleine d'accidents. »

« Risque record d'avalanches en montagne pendant la semaine pascale. »

« Une poudreuse champagne qui rend la semaine de Pâques dangereuse. »

« Un soleil de Pâques particulièrement brutal cette année. »

Bien sûr, il est possible qu'il s'agisse là de titres parfaitement habituels autour de Pâques, mais que je ne m'en sois jamais aperçu, puisqu'en temps normal, je ne passe pas Pâques dans la nature. Ce soleil de Pâques brutal, c'est sûrement un sujet qui revient tous les ans. Le soleil de Pâques est un vrai sournois. Le type qui se promène avec ses lunettes de soleil à l'intérieur du magasin de sport me l'a confirmé. Il peut se glisser par-dessous les lunettes de soleil, ou par-dessus, ou sur le côté. C'est la raison pour laquelle il faut des lunettes qui sont plaquées sur le visage. Même si on marche dos au soleil, le visage entièrement couvert, par une neige drue, le soleil trouve son chemin. À Pâques en montagne, il est mortellement dangereux, et il veut notre peau. S'il n'arrive pas à nous brûler le visage, il nous privera au moins de la vue.

En plus, si le soleil de Pâques est dangereux d'habitude, cette année il est « particulièrement dangereux ».

C'est clair, ce n'est pas là une lecture recommandée quand on a une propension à l'inquiétude.

Et les journaux en ligne parlaient donc de risque d'avalanche « record ». Ça, c'est impossible qu'ils l'écrivent tous les ans. Comme se plaisent à le répéter les montagnards, il y a eu beaucoup de neige cette année. À quoi s'ajoute que Pâques tombe tôt.

Quant à la poudreuse champagne, je ne sais pas ce que c'est, mais si les météorologues ont le moindre sens de la symbolique, c'est sans doute quelque chose qui a l'air tentant, mais qui, en trop grandes quantités, fait tituber, tomber, se faire mal.

Pour couronner le tout, les derniers jours avant notre départ, l'actualité était presque totalement dominée par de constantes mises à jour sur un virus circulant dans le Hardangervidda. Cela en dit sans doute long sur le peu de choses qui se passent en Norvège à Pâques, mais donc : des gens ont été contaminés dans les refuges, ils avaient le ventre en vrac, on a dû monter les chercher. Il y a eu des évacuations. On a parlé de la fermeture possible de certains refuges à cause du risque épidémique.

Or, c'est exactement là que nous allons. Par temps ensoleillé. Pour skier de refuge en refuge.

Le motif d'inquiétude est peut-être réel. D'un autre côté, j'ai l'impression que les gens ont un certain goût pour ce genre de situations. Lors de discussions, j'ai été frappé de constater que les gens qui encensent le plus la montagne de Pâques rappellent souvent, dans la même phrase, qu'elle est mortellement dangereuse. C'est la nature. On ne plaisante pas avec la nature. Il faut respecter la nature. Ils aiment tenir ce genre de propos. Ils se sentent alors tannés par le soleil et battus par les vents, intelligents, virils, même s'ils ont un emploi de bureau et le chauffage par le sol. Il faut être préparé à tout, disent-ils. On ne sait jamais ce qui peut arriver dans la nature. On peut se croire en sécurité et, d'un seul coup, on est surpris par un cyclone, assailli par un élan. Notre randonnée commence à Finse. Des scènes de *Star Wars* y ont été filmées. Nous pourrions rencontrer des êtres venus d'autres galaxies. Avec des lunettes de soleil aérodynamiques. Tout peut arriver dans la nature.

Il pourrait sembler que les gens comme nous, qui vivent dans des sociétés très modernes et technologiques, avec des règles pour tout, un ordre à peu près généralisé, éprouvent un besoin accru de se convaincre et de convaincre les autres qu'il existe encore quelque chose que nous ne contrôlons pas tout à fait, mais que nous parvenons néanmoins à gérer seuls, sans aide de la société.

La nature.

Le temps.

Ce doit être pour cela qu'ils se piquent parfois de fierté si la ville dans laquelle ils habitent bat un record de froid ou n'a jamais connu tant de semaines d'affilée de pluie dans son histoire. « Oh, ce n'est rien ! disent-ils. On sait ce que c'est. On est préparés. On connaît la nature. » On traverse ça avec un humour viril auquel personne ne comprend rien.

Dans une interview radiophonique légendaire, un homme a été appelé en direct parce qu'il habitait dans un endroit qui, d'après les nouvelles, avait établi un nouveau record de froid ce jour-là.

« Pouvez-vous nous dire quelle est la température chez vous à cet instant précis ?

– Moui, a répondu l'homme, à un rythme campagnard. Il doit faire trois ou quatre degrés. »

Silence dans le studio.

« Il ne fait que moins trois ou quatre ?

– Pas moins trois ou quatre, trois ou quatre tout court.
– Mais… nous avions entendu parler de moins quarante ? »
L'homme au bout du fil a respiré avant de répondre.
« Ah oui. Ça doit être dehors, ça. »

Du reste, les nouvelles de virus, de maux de ventre, de soleil meurtrier et de risques d'avalanche ne semblent pas avoir encouragé les vacanciers à revoir leurs projets de vacances : le train est bondé. Tout le train, j'entends, pas seulement les places assises.

Ce doit être une expérience bien étrange pour un touriste étranger non préparé d'arriver en Norvège un jour de la semaine pascale, de monter à bord du train qui relie les deux plus grandes villes du pays — Oslo et Bergen — et de s'apercevoir que tous les passagers sont en tenue de sport. Pour formuler les choses ainsi : ce n'est pas moi qui sors du lot ici, avec mon équipement flambant neuf. Le Chargé des Soucis et Inquiétudes, en revanche, écope de quelques regards bizarres, avec son jean noir et ses Ray Ban, alors qu'il essaie de fixer ses skis sur un râtelier.

Nous concluons rapidement que si nous voulons conserver un quelconque espoir d'obtenir une table dans le wagon-restaurant, nous devons nous y rendre immédiatement et ne plus en bouger jusqu'à la fin du trajet. Bien évidemment, c'est à l'autre bout du train, qui est particulièrement long, puisque c'est Pâques, et qu'à Pâques, tout est particulièrement long. Nous nous frayons péniblement un passage à travers les wagons, enjambons des sacs à dos dans l'allée centrale, évitons de justesse de nous faire embrocher par les bâtons et spatules de skis qui dépassent de toutes parts, et émergeons sains et saufs de la partie médiane du train et de cette zone de guerre appelée wagon familial.

Le train n'est parti que depuis un quart d'heure, mais le wagon familial se précipite déjà vers la crise collective. Des parents au regard figé rendent les armes. Je fais comme toujours, j'ouvre mes oreilles et je recueille des bribes çà et là.

« … on va passer quatre heures et demie dans ce train, alors… »

« Non, je t'ai dit. »

« … reviens ici tout de… »

« Non ! »

« … oui, mais ce n'est pas ton… »

« Oui, c'est encore loin. »

« NON ! »

Arrivés au wagon-restaurant, nous nous figurons avoir mis derrière nous la partie la plus laborieuse du trajet. Le wagon-restaurant, c'est comme un retour à la maison. Quelques rares hommes multipoches consultent les prévisions météo sur leurs téléphones. Deux copines en vêtements normaux ont pris les places près des fenêtres, à la meilleure table, et bavardent en buvant du vin rouge. Tout chez elles porte à croire qu'elles ont l'intention de bavarder en buvant du vin rouge jusqu'à ce que le train arrive à son terminus et qu'on leur demande de descendre. Les copines et le Chargé des Soucis et Inquiétudes se font un signe de tête. De connivence, sans doute ; ils doivent se sentir une certaine affinité, puisqu'ils sont les seuls passagers en vêtements normaux. Nous prenons la dernière table de quatre et nous asseyons juste avant que tous les autres passagers se disent qu'ils vont faire un tour au wagon-restaurant et arrivent trop tard, c'est complet. Nous avons notre table pour quatre, et toute intention d'y rester jusqu'à Finse. Nous commandons tous de la cuisine de train et des bières, sauf le Chargé des Soucis et Inquiétudes, qui commande de la cuisine de train et du vin.

Ça commence bien. Ça commence comme c'est censé commencer. Nous faisons les imbéciles ; c'est ce que nous faisons toujours quand nous sommes ensemble, mais cette fois, nos plaisanteries se rapportent à la montagne. Les deux mondes sont en passe de se rencontrer.

« Si j'étais une criminelle, déclare la Responsable de la Documentation, je n'irais pas chez les gens qui sont partis pour Pâques. J'irais en montagne. C'est plus facile de prendre des choses là-haut. Des choses chères. Les refuges ne sont pas verrouillés. Il y a sûrement des skis et des bâtons hors de prix empilés devant, et des vêtements tout aussi hors de prix qui sèchent partout. Il suffit de voler une motoneige, de filer sur les plateaux et de prendre des biens de grande valeur. »

Nous convenons que si tout le reste échoue dans nos vies, nous fonderons un gang de criminels à motoneige. Argent facile et grand air. Que demander de plus ?

« Nous allons devenir des criminels de montagne », conclut pensivement la COLOMBE en buvant une gorgée de bière.

« Des criminels de montagne… », renchéris-je.

Car ce genre d'humour est permis quand on est en vacances, détendu, en compagnie de bons amis.

Je sens que je commence à souhaiter que cette promenade en train dure toute la soirée et toute la nuit, et que nous réveillions demain avec des chaussures tièdes.

Mais il n'en va pas ainsi. On est toujours rattrapé par la gravité. Dans une heure et demie, nous arriverons à Finse, c'est là que nous descendons, et après cela, il ne restera que la montagne et nous. La conversation prend un nouveau tour.

« Si on se fait prendre par une avalanche, observe le Chargé des Soucis et Inquiétudes en examinant la carte des vins, il faut cracher et regarder où le crachat coule, sans quoi on risque d'essayer de sortir en creusant dans le mauvais sens. Souvenez-vous-en. »

C'est là un homme drôle, qui a de l'autodérision et une bonne connaissance de soi, bien sûr il exagère éhontément ses peurs pour accentuer l'effet comique, mais il y a sans doute aussi une part de vérité. Là, par exemple, il a l'impression que ses yeux piquent à cause du violent soleil de montagne.

« Tu sais que nous ne sommes pas encore en montagne ?

– Mais même…

– Nous sommes dans un wagon de train.

– Oui, oui.

– Et tu as des lunettes de soleil sur le nez.

– Je crois que j'ai aussi pris un coup de soleil. »

La Responsable de la Documentation se moque en riant. Gentiment. Elle lève son verre.

« J'ai hâte. Je crois qu'on va bien s'amuser », déclare-t-elle. Je vois de dangereuses étincelles de néoconvertie dans son regard.

La COLOMBE sourit, trinque.

« Moi aussi, renchéris-je. Honnêtement, qu'est-ce qui pourrait mal se passer ? »

Le Chargé des Soucis et Inquiétudes réfléchit.

« Le soleil pourrait nous rendre aveugles, on ne verrait pas l'avalanche qui arrive, et puis, une fois ensevelis dans la neige, on se rendrait compte qu'on est à l'envers et qu'on a attrapé le virus qui met le ventre en vrac. »

De l'art d'oublier un Japonais

**Deuxième étape : gare de Finse – refuge de Finse.
200 mètres. À skis.**

Les touristes sont souvent déconcertés quand une destination ne se limite pas à un seul attribut. Il suffit qu'il pleuve dans un endroit connu pour ses plages et son soleil pour que le touriste en short de bain et tongs ait la sensation d'avoir été floué. Ceux qui partent au Kenya font souvent des safaris. Ils n'emportent pas toujours de quoi séjourner d'abord quelque temps dans une ville de plusieurs millions d'habitants. Et on les voit dans un restaurant de luxe de Nairobi avec air conditionné, en vêtements kaki et casque colonial, préparés à ce que des animaux sauvages puissent attaquer à tout moment.

En Norvège, les touristes viennent souvent pour la nature, ils sont préparés au vent et aux intempéries. En revanche, ils ne sont pas préparés à ce que la Norvège ne soit pas uniquement nature. C'est pourquoi on pourra en voir en chaussures de montagne, grosses chaussettes et coupe-vent en plein centre de l'une des plus grandes villes de Norvège, au beau milieu de l'été, quand il fait vingt-sept degrés à l'ombre et qu'il n'y a pas un souffle de vent.

Le touriste le plus déplacé et perdu que j'aie vu était, lui, habillé pour le *sightseeing* tranquille et les bons petits restos en environnement urbain, mais s'est soudain retrouvé seul dans la neige, à mille deux cents mètres d'altitude.

Finse est le point culminant de la ligne de chemin de fer entre Oslo et Bergen. La gare se situe à 1222,2 mètres d'altitude. Je soupçonne les constructeurs de l'avoir positionnée de façon à avoir un écriteau qui en jette. Ici, juste entre les deux plus grandes villes de Norvège, on est vraiment en montagne et il peut y avoir de la neige en plein été. Quelqu'un s'est sûrement dit que c'était le genre de spectacle qu'aimaient les touristes. C'est pourquoi le train s'arrête quelques minutes en gare, laissant la possibilité aux passagers de sortir prendre une photo de la montagne sauvage et de l'écriteau « 1222,2 ». Voire de fumer une cigarette dans l'un des rares endroits d'Europe où il fait toujours trop froid pour fumer dehors.

J'ai beaucoup pris ce train, parce que pendant des années, mon cercle d'amis était divisé précisément en deux. La moitié vivait à Bergen, l'autre à Oslo. Et nous nous rendions régulièrement visite pour être bruyamment catégoriques dans les villes les uns des autres.

À l'occasion de l'une de ces virées, j'ai un jour partagé un wagon avec un groupe d'amis japonais en voyage. Il y avait de l'ambiance dans ce groupe. En bons touristes, ils sont bien sûr sortis prendre une photo à Finse.

Le train s'est ensuite remis en branle, j'ai regardé par la vitre et j'ai vu un homme de dos. Il s'est retourné lentement, seul en gare de Finse, en vêtements d'été, l'appareil photo à la main, à 1222,2 mètres d'altitude, pour voir le train repartir en direction de Bergen.

Les autres membres du groupe ont regagné leurs places juste à temps pour l'apercevoir sur le quai. Ils ont discuté entre eux de la question de savoir s'ils avaient bien vu. Du moins, je crois que c'est ce dont ils discutaient, parce qu'au bout d'un moment, ils se sont tous regardés, ont noté que l'un d'eux manquait à l'appel, et ont éclaté de rire. Ils riaient, riaient et riaient encore. Un authentique fou rire. Puis, au bout de quelque temps, ils se sont ressaisis, ont trouvé un contrôleur et lui ont exposé la situation. Après un certain nombre de coups de fil, de comptes rendus et d'évaluations, le consensus était que le plus simple était encore que le copain attende le prochain train, prévu trois heures et demie plus tard. Il y a un hôtel à Finse, on peut donc y rester quelques heures sans mourir de faim ou se figer de froid. Ça devient sans doute un peu monotone, à moins d'aller faire un tour, mais notre homme n'était pas habillé pour.

Évidemment, j'ai parlé avec les autres Japonais. Ils m'ont expliqué leurs plans pour le reste du voyage. Ils avaient réservé une table dans un restaurant de poisson à Bergen l'après-midi même, puis allaient poursuivre leur route, en car ou en bateau, je ne me souviens plus. Ils avaient tout un circuit prévu dans le Vestlandet, et leur programme était plutôt serré. Dans l'hilarité générale, ils imaginaient la suite de leur voyage, leur camarade les poursuivant à bride abattue, arrivant toujours trop tard pour avoir le train, le bus, le bateau, la table au restaurant. Qu'est-ce qu'ils riaient…

Et à tous ceux qui trouvent que c'était méchant de se moquer ainsi de leur copain oublié : ils ne le pensaient pas. Je les ai tous recroisés le soir à Bergen, joyeusement réunis. Ils avaient reporté l'étape suivante pour le retrouver. Ils en riaient encore.

Ça me rend sincèrement content que nous commencions notre grande randonnée à skis à l'endroit où s'était autrefois retrouvé cet homme, un endroit qui aurait dû s'appeler Place du Japonais Oublié, mais se nomme gare de Finse. Je suis rempli d'expectative après avoir ouvert cette expérience de la nature sur quelques heures de rigolade et de légère inquiétude dans un wagon-restaurant animé, avant de descendre d'un train bondé dans un endroit désert où on oublie des Japonais.

C'est ici que commence notre aventure dans la nature.

Et elle commence dans la panique. Parce que, une fois qu'on a enfilé sa veste et descendu son énorme sac de l'étagère à chapeaux sans occasionner trop de dommages personnels, et qu'il ne reste plus qu'à passer prendre ses skis et ses bâtons dans l'espace de rangement des bagages en sortant du train, on se rend compte que « plus qu'à » n'est pas l'expression adéquate. Car bien entendu, l'espace en question est bourré à craquer de skis et de bâtons. Et de nombreuses paires sont identiques. Et rien n'est là où nous l'avons laissé il y a quatre heures. Parce que les gens ont bougé des choses pour faire de la place, et sûrement pour que leurs propres skis soient faciles à trouver quand ils descendront. Les cons.

Mes skis restent néanmoins relativement faciles à identifier, puisque je suis l'un des rares passagers qui n'aient pas opté pour le jaune et le rose. En plus, ils sont suffisamment neufs pour briller. Mais, alors que le train s'arrête à la gare, je me rends bien compte que j'ignore totalement à quoi mes bâtons ressemblent. Sont-ils jaunes ? Verts ? À pois ? Ornés de gnomes ? Je ne sais pas. Je les ai à peine vus.

Les autres membres de notre bande peinent à retrouver à la fois leurs bâtons et leurs skis, et encore plus à les dégager une fois qu'ils les identifient, car les paires de skis sont retenues par des dragonnes et aussi, en grande partie, accrochées les unes aux autres.

Je transpire. Je n'ignore pas que le train va rester en gare quelques minutes avant de repartir, mais je ne sais pas combien exactement ; la seule information dont je dispose est que c'est le temps nécessaire à un Japonais pour se perdre dans ses pensées.

« Là, il faut qu'on descende », souligne quelqu'un. J'arrache une paire de bâtons qui ont l'air neufs et dégringole du train derrière les autres, juste à temps pour éviter une situation du Japonais inversée.

Le train repart, nous nous retrouvons sur le quai, dans une mare d'équipement de ski. Aucun de nous n'est très sûr de ce qu'il a débarqué du train.

Je sais que je me répète, mais on ne le dira jamais assez : pour quelque chose qui est censé apporter la paix intérieure, il y a étonnamment beaucoup de logistique, de labeur et d'affolement dans l'outdoor.

Nous reprenons nos esprits, recomptons biens et personnes, et concluons que tout cela est de bon augure, nous avons mérité une bière.

Nul besoin d'aller très loin. À cet égard, Finse incarne bel et bien le meilleur de la montagne. Quand on est sur le quai de la gare, on est aussi quasiment à la réception de l'hôtel. Hôtel qui, évidemment, s'appelle « Finse 1222 » et n'est pas un établissement tout à fait comme les autres. On ne peut pas s'y rendre en voiture, par exemple. On ne peut y venir qu'en train, à skis, à pied ou à vélo. Ensuite, personne à la réception ne porte de vêtements ordinaires. À part le Chargé des Soucis et Inquiétudes, qui a toujours l'air d'avoir été hélitreuillé du centre d'Oslo avant d'être lâché dans la montagne, tous les clients portent des vêtements de ski. Et ont le visage recuit et les cheveux en bataille. Manifestement, nous pénétrons dans l'hôtel au moment où tous rentrent de leur excursion du jour.

À notre grand enthousiasme, nous constatons qu'il y a un bar en terrasse. Les talents du Chargé des Soucis et Inquiétudes et de la Responsable de la Documentation ne se limitent pas à l'inquiétude et à la documentation, ils sont aussi particulièrement doués pour trouver de la place dans un lieu plein. Nous les envoyons donc aussitôt dehors, sur la terrasse bondée, et, bien sûr, ils parviennent à nous dénicher le plus beau coin. Avec vue sur un lac — du moins je suppose que ce lac est toujours là, sous toute cette glace — un glacier — qui se trouverait paraît-il sous toute cette neige — et sur des gens qui avancent lentement à skis, le visage tourné vers le soleil. Nous buvons une bière en terrasse avec vue sur la Montagne de Pâques.

Oui, oui, oui, c'est beau.

Nous partageons notre table avec un couple jovial de Bergen. Quiconque a rencontré des gens de Bergen saura qu'il n'est pas totalement inhabituel qu'ils soient joviaux. En plus, ces deux-là débordent d'anecdotes sur Finse et le Hardangervidda, puisqu'ils passent Pâques dans ces contrées depuis des lustres. Leurs parents les y ont emmenés, eux-mêmes y emmènent leurs enfants. Lui raconte des histoires de sa jeunesse, quand il faisait la fête, regagnait Finse en train de nuit et rentrait au chalet familial en chaussures vernies dans la neige. La belle époque!

Nous levons notre verre en nous accordant à dire que la vue est belle, que cette semaine de Pâques s'annonce formidable, qu'elle tombe tôt cette année et qu'il y a beaucoup de neige. Les Bergenois confirment que de telles conditions ne se présentent pas tous les quatre matins.

« C'est des Pâques de rêve. »

Ils nous expliquent que demain, ils ont l'intention de faire une randonnée autour de Gjøken (le Coucou / le Con / le Brigand). Nous acquiesçons, comme si ce qu'ils viennent de dire avait le moindre sens. Gjøken se révèle être le surnom du Hardangerjøkulen, le glacier qui est censé se déployer devant nous, sous toute cette neige.

Nous nous amusons un peu de ce qu'ils aient affublé le glacier d'un surnom, mais dans la nature norvégienne, je dois dire que je comprends le besoin de raccourcir. Il n'y a pas que les refuges qui aient des noms bizarres ici. Les montagnes, les vallées, les sommets, les buttes, les plateaux, les lacs portent souvent des noms comme Rokkarfalketingsnuten ou Brækkjævelstevlaksen. Ou alors un nom composé autour de trolls ou d'une quelconque créature imaginaire. Souvent en combinaison avec la dénomination d'un membre du corps, ou d'un logement. Trollheimen (le Foyer des Trolls), Jotunheimen (le Foyer des géants), Djevelporten (la Porte du Diable), Trolltunga (la Langue du Troll), Trollpikken (la Virilité du Troll). Qui existe, et qui est une attraction touristique. La Virilité du Troll a été saccagée en 2017, suscitant l'outrage général, et une vaste médiatisation qui, pendant quelques jours heureux, nous aura permis de voir des présentateurs de journal télévisé, le regard sur l'objectif, l'air grave et sérieux, parler de l'organe sexuel d'un être surnaturel.

Passons.

Ayant à notre table des gens fort aimables qui connaissent très bien les lieux, nous leur parlons de l'itinéraire que nous avons prévu. Après cette bière, nous allons nous rendre au refuge de Finse. Les Bergenois éclatent de rire en désignant le refuge. Ce sont les bâtiments qui se trouvent juste là-bas, à deux cents mètres de distance. Demain, nous irons à Krækkja. Une randonnée classique et bien connue vers un refuge au nom bête. Ils l'ont faite à maintes reprises. Un peu plus de vingt-cinq kilomètres. L'homme du couple se souvient que son père emmenait les enfants pour faire l'aller-retour Finse-Krækkja dans la journée. Je ressens une légère crainte que cette conversation ne tourne à la vantardise et que la femme enchaîne en racontant qu'autrefois, ses parents la forçaient à traverser le Hardangervidda sur les mains avant le petit-déjeuner, mais l'homme rit en secouant la tête au souvenir de ce père qui ne comprenait pas la valeur de prendre du bon temps en randonnant tranquillement.

Voilà des gens faits du même bois que nous. J'aime les Bergenois. Nous trinquons. Nous avons beaucoup trinqué aujourd'hui pour des gens qui sont en vacances au grand air.

Combien de temps pensent-ils que nous mettrons pour rejoindre Krækkja ? L'homme scrute le ciel, examine la neige, nous observe, et annonce six heures. J'avoue que je m'attendais à moins, mais je pense qu'il arrondit parce qu'il nous prend pour des citadins sans expérience. Non sans raison, d'ailleurs. Nous nous sommes livrés. Je me suis étendu sur le fait que je n'avais pas chaussé de skis depuis trente ans et que mon équipement était si flambant neuf que j'allais sûrement avoir des ampoules sur des parties de mon corps dont j'ignorais l'existence. La COLOMBE a souligné avec force le grand âge de son équipement. Le Chargé des Soucis et Inquiétudes a exagéré avec humour sa qualité de rat des villes en déclarant que, dans le train déjà, il avait pris un coup de soleil et que la neige lui avait donné une once de conjonctivite dès avant de quitter le wagon-restaurant. La Responsable de la Documentation souligne qu'elle a déjà froid aux doigts, et les Bergenois peuvent ainsi nous abreuver de leur savoir et observer que nos gants sont bien trop fins.

Ça, nous savons faire. C'est beau. Ce que nous faisons là, c'est construire des ponts. Nous laissons les montagnards se moquer un peu de nous, ils se dégèlent, nous laissent nous moquer un peu d'eux. Ça ne mange pas de pain. Nous sommes tous des humains. Intérieurement, nous sommes pareils. C'est ainsi que les gens se rapprochent. Cette randonnée se passe exactement comme il faut. Un peu plus de fête. Un peu moins de focalisation sur les choses plus grandes que soi. Personne ne va s'envoler, personne ne va devenir un nouveau converti, mais nous allons tous aimer davantage la montagne et la nature, et aussi la ville, nous allons nous aimer davantage les uns les autres, sans qu'aucun de nous ne perde son sens de l'humour pour autant. Bref, nous allons trouver la Troisième Voie ! Le meilleur de tous les mondes ! Ville et campagne, main dans la main, comme disait le slogan travailliste en 1933 ! Nous allons vivre ensemble, tous les frères et toutes les sœurs, comme le chantait Lillebjørn Nilsen. Et *Hand in hand we stand, all across the land. A more perfect union !*

Bon sang, la bière agit vite quand il y a moins d'oxygène.

Elle est aussi froide. Surtout avec nos gants fins. Alors nous décidons qu'il est temps de reprendre la route et d'aller au refuge où nous allons passer notre première nuit, et où tout porte à croire que les locaux auront d'autant plus eu le temps de se remplir que nous venons de perdre une heure en buvant une bière en terrasse. L'après-midi tire sur sa fin. Les randonneurs chevronnés ont dû finir l'étape du jour depuis longtemps, et de nombreux passagers rallier le refuge directement à la descente du train. À coup sûr, toutes les chambres et tous les dortoirs seront occupés. Ça fait belle lurette que les gens ont commencé à dérouler leurs sacs de couchage partout, du vestibule à la boîte à pain.

La Responsable de la Documentation fait un crochet par la réception de l'hôtel pour acheter des moufles plus épaisses. Elle écoute les conseils de montagnards expérimentés.

En attendant, je commence à discuter avec un couple originaire du Rogaland. Ma première impression de cette partie du massif montagneux norvégien est qu'on y rencontre beaucoup de gens joviaux du Vestlandet. Je suis moi-même quelqu'un de jovial du Vestlandet, donc la question se pose de savoir si ceci n'est pas mon massif montagneux. Je conviens avec ces gens du Rogaland que ce sont des Pâques fabuleuses. Des Pâques de rêve, même. Espérons simplement que nous éviterons ce virus de gastro, ha ha ha !

Ces deux-là se révèlent connaître très bien la région. Avant de leur laisser le temps d'en apprendre davantage sur nous et notre histoire, je leur demande combien de temps ils pensent que nous mettrons pour rejoindre Krækkja. Ils nous regardent, répondent quatre heures. Cette réponse me satisfait un peu trop.

Puis j'ai le sentiment d'entendre une armée entière marcher vers nous. Il s'agit en fait d'un groupe d'hommes qui se ressemblent tous et ont des semelles bruyantes. Des kiteurs, apparemment. C'est la Responsable de la Documentation qui l'a compris. Elle comprend ce genre de choses.

On ne saurait trop dire ce qu'une bande de kiteurs a pu fabriquer aujourd'hui, parce qu'il n'y a pas un souffle de vent, mais ils sont sortis, ça ne fait pas l'ombre d'un doute. Ils ont environ soixante-deux ans, un bronzage de panda inversé, une barbe de trois jours étudiée et une grande peur de mourir. Ils exsudent l'aisance financière, ont l'air de mannequins de l'enseigne Dressmann en vacances, et vont sans aucun doute contracter des palpitations au cours de la saison à force de surentraînement.

L'ambiance de la pièce change. Ce ne sont pas des gens faits du même bois que nous. Notre place n'est pas ici. Nous, nous allons retrouver le peuple des randonneurs. Le peuple des randonneurs de refuge en refuge. Les gens qui pratiquent le pas alternatif.

« Maman, maman, les kiteurs arrivent ! » dis-je une fois que la Responsable de la Documentation m'a expliqué ce qu'ils faisaient. Tout le groupe rigole.

Jusqu'ici, je dois dire que cette randonnée me plaît nettement plus que la précédente.

La première chute de notre randonnée est spectaculaire et se produit juste devant l'hôtel, sur du plat, avant que nous ayons commencé à skier. Presque avant que nous ayons chaussé nos skis. Pour des questions de protection de la personne, je n'indiquerai pas de noms.

Puis nous faisons les premiers pas de notre première étape vers le haut plateau : les deux cents mètres de la place du Japonais oublié au refuge de Finse, qui doit maintenant être bondé au point qu'il sort des gens par la cheminée.

Au bout d'environ douze mètres, la COLOMBE se rend compte que l'un de ses bâtons est abîmé. Pas tout le bâton, mais la dragonne est cassée au niveau de la fermeture et est donc inutilisable. En plus, le bâton est légèrement tordu, ce qui pourrait être un résultat de la chute.

Les années 1980 nous ont donné bien des choses qui se sont révélées avoir une valeur durable. Nous avons évoqué Rick Astley. Le Mac portable date lui aussi des années 1980. Ainsi que le premier album solo de Stan Ridgway de Wall of Voodoo, qui se maintient étonnamment bien depuis 1986. Mais manifestement, les bâtons de ski de cette époque durent seulement un peu plus de trente ans.

Nous avons de l'alcool dans le sang. Le Chargé des Soucis et Inquiétudes a des coups de soleil et une cécité des neiges partielle. La COLOnelle du Matériel Bien Embêtant a déjà un bâton de ski abîmé et commence à être à la hauteur de son nom.

Nous avons fait trente mètres. Nous sommes en route pour notre premier lieu d'hébergement. Il reste environ 75 kilomètres de l'itinéraire prévu.

Là où la vieille nourriture se cache pour mourir

« Malheureusement, c'est tout à fait complet. Il ne reste pas un lit de libre.

– Oui, on s'y attendait plus ou moins…

– C'est Pâques, vous savez. Il y a beaucoup de monde en montagne.

– Oui. Je comprends, il y a du passage ici à Pâques.

– Surtout quand il fait un temps comme cette année.

– Oui, c'est fabuleux en montagne quand c'est comme ça.

– C'est des Pâques de rêve.

– Oui, n'est-ce pas ?

– Pâques tombe tôt cette année, vous savez.

– Je sais. Et puis, il y a eu beaucoup de neige.

– C'est très beau quand on va sur l'intérieur.

– Il ne reste plus qu'à espérer que nous éviterons cette gastro qui circule en ce moment. Ha ha ha.

– Ha ha ha !

– Enfin, nous allons bien vous trouver une place. On ne jette personne dehors. Combien êtes-vous ?

– Quatre.

– Ouh là ! Voyons voir… Non, le couloir aussi est plein…

– D'accord.

– Et tous les meubles du salon-cheminée aussi, ainsi que le plancher.

– Ouh là là !
– Et c'est plein dans la réserve.
– La réserve ?
– Et dans la cheminée.
– Eh ben.
– Que diriez-vous de dormir debout ? »

Mais non... Voici la conversation qui a réellement eu lieu à la réception à notre arrivée au refuge de Finse :

« Bonjour. Nous sommes quatre.

– D'accord, je peux vous donner la dix-huit. C'est une chambre pour quatre.

– D'accord. »

La seule chose que je peux dire, c'est que c'était décevant. C'est ça, la montagne bondée ? C'est ça, le refuge le plus populaire du pays ? Une chambre pour quatre s'obtient sans la moindre lutte, alors qu'on débarque à moitié ivre, avec des bâtons abîmés, à cinq heures et demie, six heures du soir, soit quasiment l'heure du coucher dans ces refuges, si mes souvenirs de la randonnée précédente sont bons ?

Ne peut-on se fier à rien de ce qui se dit sur la montagne et les refuges ? Et l'affluence pascale en montagne, c'est faux, ça aussi ? Même ici, dans l'un des refuges de montagne de Norvège les plus fréquentés du monde, dans l'un des massifs montagneux de Norvège les plus prisés du monde, par le temps de Pâques le plus fabuleux du monde ? J'ai certes appris qu'il y avait beaucoup de mensonges et d'exagérations dans la nature, mais ma principale source d'information sur la montagne pascale est un ami. Un ami que la nature m'a ravi, certes, mais tout de même : je pensais pouvoir compter sur lui. Je pensais en tout cas qu'il était assez intelligent pour comprendre qu'il serait démasqué. Cet ami m'a, lui aussi, dit qu'il fallait quatre heures pour rejoindre Krækkja. Est-ce là aussi une information qui n'est pas fiable ? Les Bergenois joviaux de la terrasse ont dit six heures. Je pose la question à un type qui examine une carte à la réception.

« Sept heures. Peut-être un peu plus. Ça dépend. »

Voilà.

La réception est tenue par une jeune femme qui semble avoir pour but dans la vie de s'exprimer en phrases d'un seul mot. Elle parle les yeux baissés et notre conversation n'est pas sans rappeler un interrogatoire.

« Membre ?

– Oui. » (Je pars du principe qu'elle me demande si je suis membre de DNT et pas de la fédération d'ornithologie, par exemple.)

« Quatre ?

– Oui. » (Je pense que je réponds à la question de savoir combien nous sommes, mais je n'ai aucune certitude.)

« Dîner ?

– Oui, s'il vous plaît.

– Dix-huit heures trente.

– … » (Ce n'est pas une question, donc je ne réponds rien.)

« Petit-déjeuner ?

– Oui, s'il vous plaît.

– Casse-croûte ?

– Hein ? » (C'est la mauvaise réponse, j'en suis conscient.)

« Casse-croûte ?

– Euh… maintenant ?

– Non, demain. » (Ici, elle fait une exception et emploie deux mots en levant les yeux au ciel par souci de clarté. J'apprécie.)

« Euh… oui, s'il vous plaît.

– Combien de tranches ? » (Elle commence à être carrément bavarde.)

« Euh… » (Comprendre : « Devons-nous décider *maintenant* combien de tranches de pain nous allons prendre demain matin ? »)

« Hmm ? » (Oui, c'est ce que ça signifie.)

« Euh… quatre ? Par personne.

– Thermos ?

– Euh… » (Thermos ? ! ? ! Je vois qu'on vend des thermos à la réception, qui fait aussi office de bar et de boutique. Mais que veut-elle dire ? A-t-elle l'intention de faire l'inventaire de tout ce qui se trouve dans ce refuge en me demandant si ça m'intéresse ? Thermos ? Maillot de corps ? Tee-shirt souvenir ? Lunettes de soleil ? Crème solaire ? Motoneige ? Chien ?)

Un homme d'un certain âge en maillot de corps me prend en pitié et m'explique qu'elle me demande si nous voulons remplir nos thermos demain matin avant de partir en randonnée. Ah ! mais c'est bien sûr. Quoi d'autre ? Ailleurs, si une réceptionniste m'avait demandé « café ? », je n'aurais pas cru que c'était une sympathique offre à laquelle je pouvais répondre par « oui, s'il vous plaît » ou « non, merci », je serais naturellement parti du principe qu'on me demandait si j'avais l'intention de me servir de café dans treize heures.

« Oui, s'il vous plaît. Deux thermos. »

Je pense avoir répondu correctement à toutes les questions. Nous nous dirigeons vers la chambre 18. On ne nous donne pas de clef, parce qu'il n'y a pas de ça dans les refuges. Si quelqu'un a envie d'entrer dans notre chambre pour nous importuner pendant la nuit, il faudra l'accepter. Nous sommes des êtres libres dans la nature libre.

Notre chambre a un tout petit peu l'air d'une cellule de prison, si ce n'est que tout est en bois. Il y a des lits superposés et la discussion lit-du-dessus lit-du-dessous commence sans tarder. De nouveau, nous sommes en camp scout et tout le monde s'en amuse quelque peu. Nous rigolons, avec notre petite bande. Ça aide d'avoir de l'alcool dans le sang en camp scout. Gardez cela en tête, les enfants.

Nous nous habillons pour le dîner en échangeant des vues sur le ronflement. Le Chargé des Soucis et Inquiétudes garde son jean serré et enfile une chemise froissée par-dessus son tee-shirt. Dans un refuge, c'est à peu près l'équivalent d'une tenue de gala. Nous autres optons pour le jogging.

Devant la salle à manger, on fait la queue. Une famille néerlandaise observe la file. « Nous voilà en vacances dans le pays le plus riche du monde, se disent-ils sans doute, et que nous donne-t-on à voir ? Des gens, vêtus de vieux sous-vêtements en laine, qui font la queue pour avoir à manger. »

Pourquoi les gens font-ils la queue, au juste ? Tout le monde s'est vu attribuer une place à table, non ? N'y a-t-il pas assez de nourriture pour tous ? Est-ce premier arrivé premier servi ? Certains doivent-ils manger assis par terre ? Ou à même le sol ? Je l'ignore.

Et je ne le saurai jamais, car quand nous entrons, toutes les grandes tables portent des numéros de chambre. Chacun se fait indiquer où s'asseoir. Il n'y avait aucune raison de faire la queue. Tout est bien ordonné, ici. Des bols de soupe sont déjà posés sur la longue table en bois à laquelle nous nous asseyons. Je me prépare à planter mes crocs dedans, ou à faire ce qu'on fait avec de la soupe.

Mais non, il y a d'abord un discours !

Nos hôtes nous souhaitent bon appétit. Une femme cordiale, qui a l'air d'être née et d'avoir grandi en plein air, nous présente le menu. Des lasagnes. Puis elle nous parle du virus qui circule actuellement — pas ici, heureusement — ha ha ha ! —mais dans d'autres refuges du Hardangervidda. Elle nous explique l'importance de se laver les mains souvent et avec soin ; elle disserte longuement sur le sujet, pendant que la soupe refroidit, mais se contente d'en parler en norvégien. En bout de table, la famille néerlandaise affiche un sourire hésitant, en se demandant quand les gens commencent à manger dans ce pays. Et, bien sûr, ils n'ont pas compris ce que disait notre hôtesse, alors ils vont sûrement contaminer tout le haut plateau avec des virus.

La femme assise à ma gauche se penche vers moi : « On se croirait vraiment en camp scout. »

Qui l'eût cru ! Nous avons à notre table l'une des nôtres !

Nous allons bientôt pouvoir manger, mais d'abord, deux filles doivent nous exposer le programme de ce soir et de demain pour les enfants. Après quoi, elles nous lancent un regard dur en précisant que « les adultes n'y ont pas accès ». Je n'exclus pas que nous ayons été un tout petit peu plus rigolards que nous pensions.

C'est l'heure de manger !

Mais d'abord, il faut expliquer le système de queue. Pour des gens qui aiment si peu marcher en file indienne, les montagnards aiment remarquablement faire la queue quand ils sont à l'intérieur. La table numéro un doit se servir en premier, nous précise-t-on, puis c'est le tour de la table numéro deux. La plupart d'entre nous pouvons sans doute deviner le reste, mais par acquit de conscience, on attire notre attention sur le fait que c'est ensuite le tour de la table numéro trois.

Pendant que nous aspirons notre soupe glaciale, nous ricanons encore un peu au sujet du camp scout avec notre voisine de table. Elle est norvégienne, mais vit en Australie. Elle est venue ici pour fêter ses quarante ans.

Et tout porte à croire qu'elle est seule.

Évidemment, on a envie de lui demander : vous avez fait le tour de la moitié de la terre pour fêter vos quarante ans seule avec des inconnus, dans un refuge du Hardangervidda ?!

Évidemment.

Et évidemment, on prend légèrement peur, on ressent une petite envie de changer de table.

Mais ce n'est pas permis !

C'est clair aussi qu'on a un peu envie de s'excuser et de filer s'enfermer dans sa chambre.

Mais ce n'est pas possible !

Par bonheur, il apparaît qu'elle attend des copines, qui arriveront demain. Elle n'est donc pas totalement malade. Juste un peu.

Elle vit à Perth, tout à l'ouest de l'Australie. Sans vouloir me vanter, j'y suis déjà allé. Et Perth, c'est tout l'opposé de Finse. C'est une ville relativement moderne de deux millions d'habitants, avec une température moyenne de vingt degrés. Si on s'éloigne un peu de la ville, on arrive dans le désert. Peut-être faut-il aller à Perth pour se languir de Finse ?

Le Chargé des Soucis et Inquiétudes est naturellement inquiet à l'idée qu'on ne nous serve rien à boire pour accompagner notre repas. Un homme d'extrême bon sens, en maillot de corps, nous indique que si l'on désire boire autre chose que de l'eau, il faut avoir apporté sa boisson du bar.

Une demi-heure de discours, et personne ne nous dit rien sur le sujet.

Nous buvons de l'eau et nous moquons encore des camps scouts. La COLOMBE raconte l'histoire de son bâton de ski cassé douze mètres après le début de la promenade. Nous payons de notre personne. Nous savons faire.

Quand nous nous levons enfin pour nous servir de lasagnes, on nous engueule. Enfin, ce n'est peut-être pas le mot, disons qu'on nous admoneste doucement. Nous nous plaçons dans la file, comme on est censé le faire, et une femme d'un certain âge, en maillot de corps râpé, nous dit, sur un ton ne laissant subsister aucun doute quant au fait qu'elle n'en pense pas un mot :

« Je vous en prie, passez devant moi. »

Ne comprenant pas l'origine de son geste, nous protestons. Car c'est le genre de personnes que nous sommes. « Non, non, non, bien sûr que nous n'allons pas passer devant vous.

– Si, c'est votre tour. C'est juste qu'on ne savait pas quand vous alliez vous servir… »

Nous avons attendu trop longtemps. La table numéro deux a passé trop de temps à papoter de vin rouge et de Perth en Australie, pendant que les gens de la trois attendaient leur tour dans une amertume croissante, avant de laisser tomber et d'aller se servir, tels des rebelles sans foi ni loi. Et c'est ce moment précis que nous autres de la deux avons choisi pour nous servir.

Pagaille au camp scout !

Nous rendant compte que la femme va insister pour que nous passions en premier même si nous ne le méritons pas, nous nous excusons en souriant de nos célèbres sourires.

Puis, arrive le grand événement suivant de la soirée.

J'ai, dans ces pages, insisté plutôt lourdement sur le fait que voyager dans la nature norvégienne, c'est voyager dans une Norvège qui n'existe plus, une société monoculturelle harmonieuse, où l'on vit — avec la plus grande évidence — en symbiose totale avec la nature. J'ai aussi évoqué que les refuges de montagne servaient essentiellement de la viande accommodée selon des recettes scandinaves traditionnelles. À cet égard, les lasagnes font figure de plat radicalement exotique.

Mais, attention !

Elles sont servies avec des pommes de terre !

Et là, en effet, on fait un beau voyage dans le temps. Les lasagnes avec des pommes de terre, j'en avais entendu parler, mais je n'avais jamais testé. Pas plus tard que dans les années 1960, ce pays était quasi exempt de cuisine exotique.[7] Quand les spaghettis ont connu leur grande percée en Norvège, les gens étaient encore si peu habitués aux autres cultures culinaires qu'ils considéraient souvent qu'un repas n'en était pas un s'il n'y avait pas de pommes de terre au menu. C'est pourquoi, dans un premier temps et pour une transition en douceur, les spaghettis étaient souvent accompagnés de pommes de terre bouillies.

---

7. Vous pourrez en lire davantage sur le sujet dans l'ouvrage désopilant et étonnamment informatif qu'est *Våre venner kinesarane*, d'Are Kalvø (Nos amis les Chinois). (Note de l'auteur)

J'en avais entendu parler, mais je n'en avais jamais fait l'expérience, jusqu'à aujourd'hui.

Ce n'est pas tout. Il y a aussi un buffet de gâteaux ! Un buffet de gâteaux ! On se croirait dans une famille traditionnelle de la Norvège des Campagnes, à un baptême ou aux quatre-vingts ans de quelqu'un. Autour d'une grande table, les convives dégustent une part de gâteau en se livrant à des conversations forcées et en se demandant s'il va être possible de boire de l'alcool.

Et sur la table des desserts, roulement de tambour, un aspic. Pour les éventuels lecteurs âgés de moins de cent cinquante ans, je peux vous informer que l'aspic est un plat de gelée transparente et tremblotante contenant, par exemple, des crevettes et des légumes en morceaux. Plat de fête et champion des buffets froids pendant plusieurs décennies, l'aspic fut invité aux confirmations religieuses des années 1980 et n'en revint plus jamais.

Mais le revoilà donc ici, tout tremblotant.

Cela nous met tous de très bonne humeur.

« Eh ben ! s'exclame la Responsable de la Documentation en s'adressant à la COLOMBE. Dans ce refuge, il y a un tas de plats qui datent de l'époque où tes bâtons ont été fabriqués. »

Le plus beau dans tout cela, c'est qu'un certain nombre de clients sont trop jeunes pour avoir une quelconque familiarité avec le concept de spaghettis aux pommes de terre ou de crevettes en gelée. Ces plats doivent leur paraître exotiques.

Mais quand on promène son regard dans la salle à manger — qui est bien une salle, même si les gens du refuge parlent de « salon » —, l'élément le plus frappant reste que personne ne semble relever la moindre étrangeté, le moindre exotisme. Tout ce qui se fait dans ce refuge est d'une grande évidence.

Être à une table spartiate et manger des plats d'un autre temps ? Parfaitement naturel.

Avoir quarante et quelques années et se faire engueuler parce qu'on reste trop longtemps à bavarder à table ? Normal.

Dîner avec des inconnus sans s'habiller ? Qu'y a-t-il d'étrange à cela ?

À cet instant précis, un jeune homme déguste des pâtes avec des pommes de terre. Il n'a sur le dos qu'un débardeur en résille. C'est le genre de tenue qu'on ne laisse passer que dans deux types d'endroits : les clubs gay et les refuges de montagne.

Au cours du dîner, le Chargé des Soucis et Inquiétudes contracte une blessure. Lors d'une tentative moyennement galante de faire passer quelque chose à notre amie de Perth (de l'eau, sans doute), il parvient à se brûler sur la bougie qui est la seule décoration de la table.

« Le groupe a sa première blessure », dis-je. Mais le Chargé des Soucis et Inquiétudes rappelle que ce n'est pas sa première blessure, il a déjà une conjonctivite et un coup de soleil. Et puis, il en découd encore avec une blessure de bistrot contractée quarante-huit heures avant notre départ.

« En plus, il y a aussi mon bâton qui est blessé », rappelle la COLOMBE.

Belle performance du groupe.

Après ce repas involontairement sans alcool, dans une salle à manger relativement chaude, nous ressentons le besoin d'une bière fraîche. À l'instar de tous les autres clients du refuge. Il n'y a plus qu'à refaire la queue. Je pense que les gens qui vont dans les refuges de montagne cherchent à faire la queue autant que possible, en un temps aussi court que possible, pendant qu'ils sont à l'intérieur, afin de maximiser le contraste avec le sentiment de liberté qu'ils ont à l'extérieur, dans la nature.

Si vous faites partie des gens qui traînent leurs guêtres dans les refuges pendant la saison hivernale, vous ne vous en rendez sans doute pas compte, mais nous qui ne faisons que passer, nous remarquons très vite que les conversations peuvent être difficiles à suivre. Sur ce point, la vie montagnarde sans chichi rappelle largement les milieux professionnels aux jargons les plus alambiqués.

On pourra voir des universitaires se retrouver à un colloque intitulé « Identité de genre fluide et autonomie panculturelle dans la danse régressive — fait avéré ou question à débattre ? » sans comprendre les ricanements des personnes extérieures. Eh bien, sachez que la langue de la montagne peut exclure tout autant. Par exemple, il faut s'accrocher pour suivre dans l'interrogatoire avec des phrases d'un mot auquel on a droit à la réception, sans quoi on risque de se retrouver avec une thermos vide et un nouveau chien.

Si on avait appris à lire une carte, il faudra réapprendre pour être en mesure d'aller de refuge en refuge. Quand j'ai acheté une carte du Hardangervidda avant notre départ, un multipoche m'a offert une introduction sur les symboles utilisés.

« Les refuges avec service sont indiqués d'un carré rouge. Après, vous avez les refuges sans service : carré rouge vide. Les refuges sans gardien : demi-carré rouge. Les refuges sans gardien où il faut réserver : carré rouge avec barre oblique.

Ensuite, vous avez divers chalets privés. Cercles rouges ou bleus avec barre oblique ou couleur. Des questions ?

– Il y aura une interro à la fin ?

– Non. Refuges non gardés avec de la nourriture : triangle rose. Refuges non gardés sans nourriture : losange violet avec cadre. Refuges qui ne s'ouvrent pas avec la clef commune : parallélogramme avec étoile. Refuges qu'il faut déterrer soi-même et dont il faut forcer l'entrée : pied-de-biche. »

Le chanteur suédois Lars Winnerbäck explique dans une chanson pourquoi il ne va jamais sur les îles aux abords de la ville :

Je crois qu'il faut savoir quelque chose
Quand on se rend là-bas
Quelque chose que moi je ne sais pas.

La nature est comme ça. L'une de ses principales missions est de nous faire constamment nous sentir un peu bêtes. Être un bleu de la montagne, c'est avoir le sentiment permanent qu'on devrait savoir quelque chose que tous les autres savent. Là, par exemple, c'est enfin mon tour au bar. Je note que la seule bière vendue s'appelle Finse. Étant un type sympa qui s'intéresse, je demande si elle est brassée ici.

« Oui, répond la femme du bar. C'est Edvard qui la fabrique. »

J'imagine que tout le monde ici sait qui est Edvard.

Je quitte les lieux tout honteux.

Le trajet du bar à notre table est de treize mètres. En chemin, la bière devient chaude, car il fait soixante degrés dans le salon-cheminée.

Le salon a beau être plein, j'ai été frappé par son calme tout à l'heure, en sortant de la salle à manger. Je n'y ai ensuite plus fait attention, mais je comprends maintenant l'origine de ce silence. Les gens n'ont tout simplement pas la force de parler. Les familles fixent des jeux de plateau d'un regard apathique. C'est à peine si on peut encore soulever les pions de Ludo. Gardons quelques éléments en tête : ceux qui sont ici n'ont peut-être pas grand-chose sur le dos, mais les vêtements qu'ils portent sont probablement en laine, et en plus, la plupart d'entre eux ont passé des heures dehors à skier au soleil, ils étaient recuits avant d'arriver. Et voilà qu'on chauffe comme dans les enfers.

Il pourrait sembler que les propriétaires souhaitent envoyer tout le monde au lit aussi tôt que possible. D'abord, les gens s'épuisent totalement pendant sept ou huit heures à skis, ensuite on les nourrit d'une cuisine lourde des années 1980 et on allume le chauffage à fond.

Dans ces circonstances, les gens ne tiennent pas longtemps.

Nous avons du mal, nous aussi. Et pourtant nous n'avons même pas skié, alors nous sommes un peu gênés de ne pas parvenir à contribuer à l'animation du salon. La COLOMBE au moins a quelque chose à faire, elle est active. Elle se procure un lien dans l'espace réception/boutique/bar et nous jouons aux bricoleurs et effectuons une réparation provisoire de son bâton. Ensuite, nous n'avons plus aucune force. Nous pensions boire du vin rouge, puisque c'est ce qu'on est censé faire dans un chalet, mais nous n'avons pas le courage de nous livrer à une activité aussi pesante. En plus, c'est tellement loin, le bar. Nous décidons de jouer au yam's, mais au yam's simple. Le yam's complexe demanderait trop, nous n'en avons pas la force. Je ne sais pas qui gagne. Je ne sais pas si nous finissons la partie.

La soirée ressemble de plus en plus à un concours de celui qui tiendra le plus longtemps dans le sauna. Les gens se lancent des regards en coin, sous des paupières lourdes. À un bout de la pièce, une bande de garçons entrebâillent discrètement une porte. Je crois que c'est la première fois qu'on ouvre une porte ici depuis l'époque où l'aspic était à la mode. Nous changeons de table pour nous rapprocher de la porte ouverte. Ça aide. Un peu.

De plus en plus de personnes cèdent, plient. Des mentons tombent sur des poitrines. Subitement, les gens se tapent sur les cuisses en disant « Bon, eh bien… ». Une tablée après l'autre remballe ses jeux de plateau. À vingt et une heures trente, le salon-cheminée est vide aux trois quarts. La bande de garçons qui avait ouvert la porte rend les armes aussi. Tout comme notre amie norvégo-australienne, que je soupçonne de s'être assoupie derrière son livre depuis un certain temps. Peu après vingt-deux heures, nous nous retrouvons presque seuls. La fille qui ne parle qu'en phrases d'un mot commence à ranger.

Ils sont en train de gagner.

Nous ne pouvons pas nous laisser écraser ! Ce n'est pas nous, ça ! Nous, nous sommes des gens qui passons la nuit debout. Et nous sommes ici pour donner à la vie de montagne des airs de soirée de Nouvel An. Nous ne pouvons pas commencer les vacances en nous couchant à vingt-deux heures trente après n'avoir fait que passer quelques heures dans un train.

« Il nous faut un cigarillo ! » décrète la Responsable de la Documentation.

La frayeur ternit le visage du Chargé des Soucis et Inquiétudes.

« Je n'ai pas emporté de cigarillos », répond-il, confus.

Une explication s'impose : d'ordinaire, nous ne nous livrons pas à des activités aussi déraisonnables que le tabagisme, bien sûr, mais dans les grandes occasions festives, il nous arrive de nous fumer un petit cigarillo. Et d'habitude, c'est le Chargé des Soucis et Inquiétudes qui apporte ces choses-là. Car il n'est pas seulement inquiet, il est aussi très doué en fête.

« On en a, dis-je. Après tout, les organisateurs de la randonnée, c'est nous. »

Soucis et inquiétudes semblent alors se volatiliser.

« C'est vrai ? »

La Responsable de la Documentation lui montre le paquet.

« Eh ben… fait-il. Je ne pensais pas qu'on faisait… ce genre de randonnée. »

On fait ce genre de randonnée.

Il y a un cendrier devant le chalet, ceci s'est donc produit par le passé, mais on se sent tout de même merveilleusement criminel d'être dehors avec un cigarillo, sur les hauts plateaux, par des températures largement négatives, bien après l'heure du coucher.

En l'occurrence, c'est agréable d'être à l'extérieur. Serait-ce la raison pour laquelle les gens du refuge calfeutrent toutes les ouvertures et balancent une tonne de bois dans la cheminée ? Pour nous faire apprécier davantage le froid ?

C'est silencieux. La Responsable de la Documentation lève un regard rêveur vers le ciel et de nouveau, je m'inquiète à l'idée de ce qui pourrait lui arriver quand nous commencerons à skier demain.

Mon inquiétude est troublée par une porte qui s'ouvre. D'instinct, nous cachons nos cigarillos dans notre dos. Un homme passe la tête dehors.

«Vous regardez des aurores boréales?» demande-t-il.

C'est bien sûr la seule raison possible pour être dehors au milieu de la nuit.

Quand nous rentrons, tout est désert et fermé. Il est 22 h 59. Il ne nous reste plus qu'à trouver notre chambre en espérant que personne n'aura pris nos lits.

Nous disons tous que ça va être une belle randonnée demain, que ça va nous faire du bien d'être au bon air, dans les températures négatives. Le bâton de la COLOMBE est réparé. Nous allons avoir notre compte de sommeil et être débordants d'énergie.

Nous nous remercions les uns les autres pour cette bonne journée.

«Bonne nuit, dis-je.

– Bonne nuit, dit la Responsable de la Documentation.

– Bonne nuit, dit la COLOMBE.

– N'oubliez pas qu'il est mortellement dangereux de laisser son téléphone en charge quand on dort», dit le Chargé des Soucis et Inquiétudes.

Le lendemain, premier jour de randonnée, commence par des queues. Au petit-déjeuner, il y a une queue pour les plats chauds, une autre pour le pain et une autre encore pour le café. Je crois. Je n'ai aucune certitude, car je me trouve à tout moment dans la mauvaise file. Je crois que je n'ai pas commis autant d'erreurs en si peu de temps depuis une certaine interro de maths quand j'étais en quatrième.

D'ailleurs, j'en ai peut-être commis d'autres avant le petit-déjeuner. Ce n'est pas impossible.

La journée a commencé en beauté quand la Responsable de la Documentation nous a passé « Le Joyeux promeneur », histoire de mettre toute la bande dans l'état d'esprit adéquat.

La COLOMBE est exaltée, prête. Le Chargé des Soucis et Inquiétudes a mal dormi, mais il est de bonne humeur. Il nous rappelle de nous enduire de crème solaire. Et puis, vient la partie où l'erreur est possible : comment faut-il se vêtir ? Ou plutôt combien de vêtements doit-on porter ? Car il fait froid. Nous parlons là de – 15°C, minimum. La Responsable de la Documentation lance l'idée du double jeu de sous-vêtements en laine. Je n'avais même pas songé à cette possibilité. Est-ce nécessaire ? En plus des pantalons de ski, des polaires et du coupe-vent ? Et deux bonnets, peut-être ? Il s'agit-là d'une décision sur laquelle on ne peut pas revenir. On ne change pas de sous-vêtements au milieu du Hardangervidda par – 15°C.

Résultat des courses, deux camps se forment. Et une couche supplémentaire de crème solaire est étalée sur les visages. Ce qui est important quand on sort profiter de la nature, c'est de faire tout son possible pour tenir la nature à l'écart.

Ensuite, nous nous lavons les mains.

À la table du petit-déjeuner, une femme qui semble habituée aux randonnées consulte une carte. Elle vient de Bergen et attend des copines qui vont arriver en train aujourd'hui, ensuite elles iront ensemble à Krækkja. Même si c'est braver le destin, puisque c'est là qu'était le virus. Ha ha ha ! Nous convenons que ce sont des Pâques fabuleuses, qui tombent tôt cette année, et qu'il y a beaucoup de neige. La femme de Bergen estime que la randonnée jusqu'à Krækkja prend cinq à six heures. Elle pense farter au bleu, peut-être au vert. La discussion fart se poursuit autour de la table. Les deux hommes en face de nous hésitent entre bleu et vert. C'est un sujet sur lequel je n'ai pas besoin de me positionner, puisque j'ai des peaux. J'ai l'impression que les autres me regardent légèrement de haut parce que je ne donne pas dans le fart. Les peaux sont le play-back de la randonnée à skis.

Pendant que les autres fartent leurs skis, je fais un tour à la réception et parle avec des randonneurs de la durée de la sortie vers Krækkja. Certains disent cinq heures, d'autres sept. Je regarde sur Internet. Une agence proposant des voyages organisés dans le Hardangervidda indique entre huit et neuf heures.

Il ne reste qu'une chose à faire.

Y aller.

Mais d'abord, je me relave les mains.

Gnôle et cigarillos

Troisième étape. Finse-Krækkja. Vingt-six kilomètres. À skis. Durée estimée : entre quatre et neuf heures, ça dépend vraiment de qui on interroge. Questions auxquelles nous comptons obtenir des réponses au cours de la randonnée : la Responsable de la Documentation va-t-elle devenir croyante ? Sommes-nous habillés assez chaudement ? Sommes-nous habillés trop chaudement ? Le Chargé des Soucis et Inquiétudes va-t-il survivre à cette randonnée ? Et surtout : combien de temps cela prend-il de skier jusqu'à Krækkja ?

Au bout de dix minutes, le bâton de la COLOMBE casse. Le second, j'entends. Et cette fois encore, même chose, c'est la fermeture de la dragonne, dont on a fait bon usage pendant trente et quelques années. On pourra dire ce qu'on veut de la production de bâtons de ski des années 1980, mais il semblerait en tout cas que la qualité ait été plutôt constante d'un bâton à l'autre.

Quinze minutes plus tard, le bâton est réparé. La Responsable de la Documentation a endossé le boulot de MacGyver du groupe[8], à quoi s'ajoute que la COLOMBE avait eu l'extrême

8. Série télévisée des années 1980 et 1990, dont le personnage principal était capable de réparer n'importe quoi, de l'humain à la machinerie lourde en passant par les armes, avec ce qu'il avait sous la main. (N.d.l.t.)

prévoyance de se procurer plusieurs liens au refuge avant notre départ. Elle teste sa dragonne, qui semble solide.

Il reste vingt-cinq kilomètres de l'étape du jour.

Au bout de vingt-cinq minutes, dont les dernières s'égrènent dans le silence général, le regard de la Responsable de la Documentation se voile d'impatience et elle nous demande si nous sommes satisfaits du rythme auquel nous avançons. Me voilà légèrement inquiet à l'idée que son instinct de compétition se réveille, mais au moins, elle ne présente aucun des signes de conversion récente que j'avais pu déceler lors de notre galop d'essai. Peut-être parce que le temps est couvert, quoi qu'en disent les prévisions météo.

Au bout de trente minutes, le Chargé des Soucis et Inquiétudes annonce qu'il a une ampoule. Ce n'est sans doute pas une surprise.

Au bout de trente-cinq minutes, la COLOMBE est légèrement à la traîne. À mon avis, l'explication réside dans le fait que ses bâtons ont beau être solidement réparés, ils restent courts. C'étaient ceux de sa mère, qui était peut-être plus petite qu'elle. Ou alors il se pourrait que les bâtons, comme tant d'autres choses, grandissent avec le temps. Car il me semble me souvenir qu'à l'époque où je pratiquais le ski de fond, les bâtons étaient censés arriver aux aisselles. Ceux que j'ai maintenant sont bien plus longs. C'est la norme aujourd'hui. Du moins, c'est ce que m'a affirmé le type du magasin de sport, celui qui portait des lunettes de soleil à l'intérieur. Et je sens bien qu'on avance plus vite comme ça. Quand il faut se pencher pour pousser sur ses bâtons, tout prend plus de temps.

Au bout de trois quarts d'heure, nous faisons une pause café, barre chocolatée. Et un bilan. Le Chargé des Soucis et Inquiétudes sent les prémices d'une deuxième ampoule, mais il fallait s'y attendre. La COLOMBE a le souffle un peu plus court que nous autres, mais elle affiche un grand sourire et affirme garder bon moral, en dépit de ses bâtons. C'est une frontière bien ténue qui sépare le bon moral de la vaillance, la vaillance de l'hystérie, surtout quand on fait deux fois plus de poussées du bâton à la minute que les autres et qu'on avance plus lentement malgré tout. La Responsable de la Documentation manifeste de légers signes d'impatience, mais pour le reste ni elle ni moi n'avons le moindre défaut ou manque, que ce soit physiquement, mentalement ou du point de vue de notre équipement. Après tout, nous sommes des montagnards expérimentés.

Et voici à quoi nous brillons : nous arrêter et boire du café en débitant des âneries. De nouveau, nous parvenons à centrer nos blagues sur la montagne. Nous discutons des noms que nous donnerions aux diverses formations montagneuses, dans le plus strict respect de la règle qui veut que, pour assurer la célébrité et la popularité d'une formation montagneuse, son nom doive allier la créature imaginaire à une partie du corps ou un type de logement.

« La rate du troll »

« La cheville de la licorne »

« La cuisse du père Noël »

« Le diaphragme du nøkk[9] »

9. Être surnaturel. (N.d.l.T.)

« Le vagin de la vette[10] »
« Le menton de la huldre »
« La verge de l'elfe »
« La vésicule biliaire de Dieu »
« La garçonnière du loup-garou »
« L'appartement en sous-sol de Satan »

Nous n'arrivons pas plus loin, car le temps est couvert et il fait froid. Si on reste sans bouger pendant, disons, plus de cinq minutes, on est franchement frigorifié.

Mais je suis content que nous ayons eu le temps de blaguer un peu, parce que si nous voulons blaguer et faire les imbéciles, ça doit se passer dehors. Dans les refuges, le soir, l'ordre du jour est trop chargé. Il faut parler d'heures, de minutes, de kilomètres, d'enneigement, d'itinéraires. Et de Pâques qui tombe tôt. Sans oublier de souligner à quel point les conditions sont fabuleuses. Il faut aussi demander si, à cet instant précis, il existe le moindre endroit au monde où on pourrait être mieux qu'ici. Question à laquelle on se gardera bien de répondre les Seychelles. Je parle d'expérience. Il faut ensuite disserter sur le fart et les peaux. Et puis lancer quelques blagues viriles sur les risques d'avalanches et les virus. Tout cela doit être écumé avant le coucher au plus tard à vingt-deux heures trente. Alors, il va de soi qu'il ne reste pas beaucoup de temps pour les bavardages inutiles.

Par ailleurs, si on veut parler en randonnée, il faut que ce soit pendant les pauses, quand nous sommes immobiles, car — et, si mes souvenirs sont bons, c'est là un élément que je n'ai

10. Idem note précédente. (N.d.l.T.)

entendu personne mentionner dans son panégyrique du grand silence méditatif et des bonnes conversations en altitude — le ski, c'est terriblement bruyant. Les skis sur la neige font du bruit. Les bâtons dans la neige aussi. Quant aux coupe-vent, ils font un vacarme absolument démentiel. Et puis souvent, il n'y a qu'une seule trace, alors on ne peut pas skier les uns à côté des autres, seulement les uns derrière les autres, et nous avons un bonnet bien enfoncé sur les oreilles, deux pour certains d'entre nous, ainsi qu'une écharpe devant la bouche pour nous protéger du froid. Alors vous comprendrez sans peine que nous ne parvenions pas à résoudre tellement les problèmes du monde pendant que nous skions.

Et encore, je n'ai pas mentionné le plus bruyant de tout : les capuches. Avec une capuche sur la tête, vous pouvez oublier toute velléité de conversation, et vous estimer heureux de vous en sortir sans perte auditive. La capuche, accessoire qu'on porte souvent quand le vent souffle et qu'il fait froid, a cette capacité à capturer tout bruit derrière votre tête pour le renvoyer dans vos oreilles. C'est comme être dans une soufflerie. Non, c'est comme être une soufflerie.

Pour s'entendre au ski, il faut crier. Et le Chargé des Soucis et Inquiétudes ne nous le permet pas, car les bruits forts peuvent déclencher des avalanches.

Au bout d'une heure, je commence à me demander où sont les gens. Nous n'avons vu personne depuis que nous sommes partis. Nous suivons scrupuleusement la piste balisée. Nous respectons la nature. Il y a une piste, oui ; pas tout à fait préparée comme aux Jeux olympiques d'hiver, mais c'est une trace. Des gens sont passés avant nous. Où sont-ils ? Déjà arrivés à

Krækkja, peut-être ? Étaient-ils une centaine, partis ensemble à sept heures du matin ? Nous n'avons décollé que vers dix heures trente. Je serais tenté de croire qu'il faut considérer que nous sommes l'après-midi, ici, à la montagne. Sommes-nous tout simplement les derniers ? Non. La femme que nous avons rencontrée au petit-déjeuner allait, elle aussi, skier jusqu'à Krækkja aujourd'hui, et elle devait attendre des amies qui venaient en train. Elles doivent être derrière nous. Pourtant, nous ne les voyons nulle part. Nous ne voyons pas non plus grand monde devant nous, et pourtant nous voyons loin. Il y a quelques points épars, mais ils sont bien espacés. Les hordes qui se déplacent de refuge en refuge, *my ass*, comme on dit en anglais.

Au bout d'une heure dix, je décide de me concentrer sur ma technique, de laisser mes skis faire le boulot. Je sens que je trouve le rythme, que je fonce sur les hauts plateaux du Hardangervidda. Je sens que mon corps fonctionne. Et cinq minutes plus tard, je sens aussi que cela ne m'intéresse plus.

Au bout d'une heure et quart, j'essaie de me souvenir de « Do-Re-Mi ». Au prix d'un petit effort, je parviens à retrouver tout le refrain. Autrement dit, mon corps fonctionne, et mon cerveau aussi.

Au bout d'une heure et demie, nous craquons. Nous nous arrêtons pour une petite pause, profitons du soleil et faisons le bilan. Le Chargé des Soucis et Inquiétudes a encore une ampoule, au tendon d'Achille, comme on pouvait s'y attendre. La COLOMBE a de l'entrain. Beaucoup, même. Elle a toujours un souffle plus précipité que nous autres, et ses bâtons n'ont pas grandi depuis tout à l'heure, mais les dragonnes que la Responsable de la Documentation a réparées à la MacGyver marchent du feu de Dieu. Et la COLOMBE plisse les yeux au soleil avec un sourire satisfait, serein. C'est peut-être elle qui va se convertir? Mais encore fois: la frontière entre foi et hystérie est ténue.

Au bout d'une heure trente-cinq, nous commençons à avoir froid et devons repartir.

Au bout d'une heure quarante-cinq, nous n'avons toujours pas bougé. La COLOMBE n'arrive pas à chausser ses skis, car le matériel de ski est étonnamment peu fait pour fonctionner dans la neige et le froid. Quelques flocons ou cristaux de glace qui se glissent dans les fixations ou sous la chaussure, et on a un problème. Si, pour couronner le tout, on a un matériel plus âgé que Kygo, il faut manifestement un quart d'heure pour chausser ses skis et pouvoir avancer.

Et un quart d'heure sans bouger, on le sent passer. C'est le cas maintenant, pour nous tous. La COLOMBE a l'impression, parfaitement justifiée, de retarder tout le groupe et ses tentatives pour chausser ses skis se font de moins en moins constructives à chaque seconde qui passe. Son sourire frôle certaines frontières ténues. J'ai les doigts gelés à un point infernal, mais je sais d'expérience que ça ira mieux dès que je recommencerai à skier. C'est incroyable à quelle vitesse l'expérience vient en montagne. Les deux personnes dont l'équipement n'est pas flambant neuf notent également qu'elles ont froid aux doigts. À cela s'ajoutent les verres de lunettes qui s'embuent, les bonnets qui n'empêchent pas les frimas de passer.

Celle qui réfléchit le plus à cet instant précis est la Responsable de la Documentation. Nous sommes au point où tout peut arriver. Nous qui la connaissons bien, qui ne sommes pas trop occupés à chausser nos skis, et qui ne sommes pas non plus dans une situation où nous ne voyons strictement rien à cause de nos lunettes embuées, nous (donc moi, au cas où vous n'auriez pas saisi) voyons que sous ces deux bonnets et ce front, se déroule une lutte sans merci entre la Responsable de la Documentation impatiente à l'instinct de compétition développé et la Responsable de la Documentation responsable et sociable, qui s'occupe de ses amis, qui est un ciment entre les gens. L'impatiente regarde les points loin sur la piste. Ils sont peut-être un peu plus près que tout à l'heure. Elle lance un bref regard sur sa montre. Elle respire à fond. Elle est sans doute tentée de proposer que le groupe se sépare en deux, et que ceux qui ont la forme et le matériel requis puissent foncer à Krækkja et arriver à temps pour boire une bière dehors en se moquant de ceux qui arrivent à la traîne.

Elle observe le groupe : un homme avec du givre dans la barbe, un bonnet bien trop fin, des lunettes citadines qui ne permettent pas de voir, une femme au sourire de plus en plus hystérique, qui donne des coups de pied dans des skis datant de l'ère des yuppies, et un type en blouson vert qui reste là comme un con à regarder son front.

Elle fait le constat que n'importe qui ferait : ces gens-là ont besoin d'aide.

L'instinct de compétition a perdu. On pourra chercher longtemps la nouvelle convertie.

La Responsable de la Documentation prend ses responsabilités. Elle continuera sans doute de le faire aussi longtemps que notre groupe aura des problèmes. Or, je commence à me sentir certain que, dans ce groupe, il y aura toujours quelqu'un avec un quelconque problème.

La Responsable de la Documentation et moi étant extrêmement bien préparés (ou nous étant copieusement fait rouler dans la farine par le type qui portait des lunettes de soleil à l'intérieur, c'est aussi une possibilité), nous avons presque tout sur nous. La Responsable de la Documentation donne des ordres, en s'efforçant de garder un ton aimable. Bonnets et moufles sont redistribués, tout le monde se retrouve légèrement mieux équipé qu'avant la pause, et nous commençons à être prêts à repartir.

La COLOMBE a pu rechausser ses skis.

Au bout d'une demi-seconde, je sens de nouveau mes doigts. Le terrain est désormais plat, après avoir été en montée douce depuis le refuge. Le soleil nous réchauffe. Et le plateau est interminable. La Responsable de la Documentation sourit. La COLOMBE sourit. Le Chargé des Soucis et Inquiétudes sourit. C'est beau. Si beau.

Et… ?

Et c'est cela que j'ai le plus de mal à expliquer aux amis que la nature m'a dérobé. Quand ils veulent me parler d'une randonnée qu'ils pensent pouvoir me convertir — et ils le veulent, ô combien, ils sont missionnaires, après tout — ils disent souvent des choses comme « Cette randonnée, tu y arriverais », « Ça, tu y arriverais », « Ce n'est pas très difficile ».

Ce n'est pas ça le problème. Bien sûr que j'y arriverai, si je suis obligé.

Simplement, je trouve ça légèrement… ennuyeux.

Ça va, sans plus. Chez les vrais gens de montagne, l'expression « ça va, sans plus » n'existe que dans une acception ironique. Quand des vrais gens de montagne écrivent dans les médias sociaux que le Hardangervidda, ça va, sans plus, c'est toujours avec une ironie appuyée, car, à la vue de la photo qu'on a postée d'une trace de ski au soleil, quiconque ayant un cœur et un cerveau comprend que c'est *totalement fucking fabuleux* sur les hauts plateaux, et tout le monde est bien sûr jaloux de vous, qui êtes là-bas au lieu d'être dans un bureau ou sur une terrasse hyper bruyante. En revanche, quand moi, je dis que le Hardangervidda, ça va, sans plus, c'est exactement ce que je veux dire : ça va, sans plus.

Et je sais que je devrais avoir un sentiment d'infériorité ou me rendre compte que je n'y mets pas assez de cœur, que je suis un esclave de notre époque frénétique. Et qu'il suffirait de skier cinq minutes de plus, une demi-heure de plus, une heure de plus, pour commencer à comprendre que le but, c'est justement cette monotonie, répéter les mêmes gestes, dans un paysage qui, lui aussi, se répète. La répétition remplit de paix et c'est cela, le côté méditatif du ski dont tout le monde parle.

À moins que ce ne soit que de la salade *new age* ?

Ou simplement une resucée de l'histoire de la meilleure soupe du monde ?[11] Quand vous avez passé toutes vos vacances à aller tout droit à une vitesse moyenne dans un paysage monotone, ce n'est pas évident, évident d'admettre que c'était carrément ennuyeux. Il faut alors employer un autre terme. Par

11. Si vous avez déjà oublié cette histoire, voir le chapitre *Outdoor d'intérieur et popcorn au feu de bois.* (N.d.l.T.)

exemple méditation, ce qui est au moins aussi comique et tout aussi ennuyeux.

Bien sûr, ce n'est pas facile de reconnaître que ce qu'on vit n'est qu'acceptable, ou ordinaire, sans plus. Cela explique sans doute aussi pourquoi nous recherchons tant l'authenticité dans nos voyages, pourquoi nous nous préoccupons de trouver des endroits qu'aucun autre touriste ne trouve. Enfin non, ce que nous souhaitons, ce n'est pas ça. Car trouver des endroits sans touristes, c'est très facile, où qu'on soit dans le monde. Il suffit de se rendre dans une zone industrielle. Ce dont nous rêvons, c'est de dénicher le cliché du tourisme, mais sans aucun touriste. Nous voulons tourner le coin d'une rue française et arriver sur une place jamais vue de personne, où toutes les femmes ressemblent à Amélie Poulain, où tous les hommes sont en pantalons bouffants, avec une baguette sous le bras, où personne n'a l'intention de parler un traître mot d'anglais jusqu'à sa mort, où tout le monde mange une cuisine préparée d'après les recettes de grands-mères corpulentes à moustache, et *où il n'y a aucun autre touriste*. Voilà le rêve du touriste. C'est pourquoi Internet est bourré de touristes qui conseillent à d'autres touristes des endroits où ils peuvent éviter les touristes.

Au bout d'un peu plus de deux heures, nous faisons une pause. C'est important de faire des pauses. Et de toute façon, nous n'avons aucune contrainte horaire. Même la Responsable de la Documentation n'en a plus.

Je livre la réflexion que je viens de me faire. Aussi beau que soit le paysage, c'est un peu ennuyeux de simplement skier comme ça, heure après heure. La COLOMBE n'est pas d'accord, elle trouve ça formidable. On est de nouveau sur les rails, je vois. Ou sur le point de basculer dans l'hystérie. Quant au Chargé des Soucis et Inquiétudes, il ne doit pas avoir le temps de s'ennuyer avec tous ses soucis et inquiétudes.

« C'est un point sur lequel nous devrons interroger les gens », déclare la Responsable de la Documentation. Avec le triomphe de la responsable qu'elle a en elle, la voilà qui endosse la responsabilité de mes recherches.

« Si nous en rencontrons, dis-je.

– On en rencontrera sûrement. Si ce n'est avant, au moins au refuge ce soir. Tout le monde a beau répéter que c'est fabuleux, il doit bien y avoir des gens qui trouvent ça soûlant. »

Puis elle prend en charge le reste de l'étape du jour et établit un programme afin de nous donner à tous un but vers lequel tendre, malgré l'ennui, malgré le fait que nous n'allons jamais croiser quiconque, malgré les ampoules et les vieux bâtons de ski, malgré tout. Nous convenons de déjeuner quand nous aurons quitté le refuge depuis deux heures et demie. Le visage baigné de soleil, nous nous adosserons alors à un rocher pour déguster notre casse-croûte en ayant l'air d'Instagram. Et quand ça fera trois heures et demie que nous aurons quitté le refuge — ta da ! — nous nous en jetterons un petit derrière la cravate et nous fumerons un cigarillo !

La Responsable de la Documentation a bien sûr la flasque. Nous sommes à deux doigts d'abréger son nom en La Responsable tout court.

Je ne sais pas si c'est le soleil ou la perspective de l'alcool et des cigarillos, mais après cela, tout est drôlement chouette. Je skie le sourire aux lèvres. Bien sûr, cela aide beaucoup que nous ayons maintenant commencé à croiser quelques personnes. Nous ne voyons rien des hordes dont nous avons pu entendre parler, mais çà et là, une petite famille ou une dame avec des lunettes de soleil aérodynamiques nous croisent en disant « Bonjour ! ». Parce que c'est ce qu'on est censé faire à la montagne. Cette salutation participe à nous définir comme le genre de personnes que nous souhaitons être. Nous autres, Norvégiens, avons tendance à penser que, quand les Américains font du *small talk* avec n'importe qui sur n'importe quel sujet ou quand les Britanniques disent *thank you* et *sorry* pour tout et n'importe quoi, c'est superficiel. En revanche, si nous nous fendons d'un bonjour à des inconnus quand nous sommes suffisamment loin de la civilisation pour qu'il s'écoule probablement une heure avant la prochaine fois que nous devrons adresser la parole à qui que ce soit, nous jugeons que c'est authentique. Ce serait donc une trahison de la communauté de ne pas dire bonjour et de ne pas s'arrêter pour taper la discute quand quelqu'un y invite. Je sens que j'éprouve un certain plaisir à arrêter les gens qui, à l'évidence, n'ont aucune envie de s'arrêter, parce que ça casse le rythme. Et la méditation. Allez, ne me charriez pas ! Il faut bien que moi aussi je trouve de quoi pimenter ma randonnée.

Et honnêtement, les inconnus qui s'arrêtent pour bavarder, je trouve que c'est l'un des aspects les plus sympathiques de la vie dans la nature. Les contacts de ce genre devraient être bien plus répandus au quotidien. Bref, nous parlons avec la plupart des gens que nous croisons. Tout le monde est d'accord : c'est formidable, des Pâques pareilles, la vraie vie, c'est ça, la semaine pascale tombe tôt cette année, il y a beaucoup de neige, on a farté au vert ou au bleu ou on skie avec des peaux, et ça marche parfaitement bien, même si on n'a pas toute la glisse du monde sur cette neige. Et nous leur demandons où nous nous situons par rapport à Krækkja. Ils répondent tous en kilomètres, ce qui ne nous aide pas franchement : n'ayant pas de compteur, nous ne connaissons pas notre vitesse en kilomètres-heure. Mais la conclusion générale semble être que Krækkja est plus loin que nous le pensions. Chaque fois.

Au bout de deux heures et demie, nous arrivons manifestement à l'endroit où les gens déjeunent. Ou plutôt à l'heure où les gens déjeunent. Nous voyons en tout cas des groupes qui font une pause. Ils semblent avoir pris les meilleures places, et nous avançons encore un peu avant de trouver notre endroit.

Au bout de deux heures trente-cinq, nous sommes débarrassés de nos sacs, de nos skis et de nos bâtons, nous avons sorti nos thermos et casse-croûte, et nous nous rendons compte que nous avons probablement choisi l'endroit le plus froid du Hardangervidda pour déjeuner. Nous devons engouffrer notre repas et repartir tant que nous avons encore des doigts avec lesquels manger.

Mais d'abord, il faut que la COLOMBE chausse ses skis.

Au bout de deux heures cinquante, nous sommes de nouveau en route.

Au bout de deux heures et cinquante-cinq minutes, nous croisons une femme avec une lourde pulka et une belle énergie. Elle nous explique qu'elle s'entraîne pour une traversée à skis du Groenland. D'accord. Elle skie plusieurs heures par jour, avec une pulka. C'est ce à quoi elle consacre son week-end de Pâques. La Responsable de la Documentation fait comme convenu et demande si elle ne trouve pas un peu ennuyeux de skier comme ça, avec cette pulka. Ce n'est pas le cas. Elle trouve cela formidable. Et quelles belles Pâques. Quand c'est comme ça, il n'y a pas de meilleur endroit où se trouver. Du vert. Mais il aurait peut-être mieux valu opter pour du bleu. Plus de dix kilomètres. Et puis elle repart. Elle ne peut pas se permettre de trop longues pauses.

Elle a l'air parfaitement normale. Elle pourrait être prof ou assureuse. Elle pourrait travailler dans une crèche ou une agence de com, être détaillante de presse ou jouer du violon. Là où elle vit, elle a sûrement un foyer et une vie sociale et apparaît comme une personne normale. Ça ne se voit pas sur elle. Mais dans son temps libre, elle traverse la plus grande île du monde à skis.

J'ai parfois songé que vivre en Norvège était un peu comme vivre en ex-RDA, mais avec la nature dans le rôle de la Stasi. On est sous constante surveillance, il y a toujours quelqu'un qui observe. Les gens de nature sont partout. Et on ne sait jamais qui c'est, alors on n'est jamais complètement en sécurité. Ça pourrait être des amis. Des voisins. Impossible à dire.

Il y a quelques années, j'ai fait la connaissance d'un musicien à l'âme et aux doigts sensibles, qui s'intéressait au théâtre, à la musique, à l'art. Bref, un homme ayant tous les attributs de quelqu'un qui, dès sa plus tendre enfance, a fait tout sauf de l'éducation physique et cultivé des centres d'intérêt d'intérieur qui font qu'on est différent, talentueux et pâle, et qu'on ne se fait pas tellement d'amis avant d'avoir une vingtaine d'années et de rencontrer des individus de même inclination, dans de quelconques études pour geeks. Je le connaissais depuis assez longtemps quand soudain, un jour, alors qu'il triait ses partitions, il a évoqué un récent séjour de ski dans les Alpes avec des copains.

On ne sait jamais qui c'est !

Parfois, on se figure pouvoir tourner en dérision le peuple de l'outdoor en toute sécurité, mais non ! N'importe qui peut faire partie de la Stasi de la nature.

Si j'ai bien compris ce qu'était le secret professionnel, mon médecin n'a pas le droit de parler de moi, mais moi, j'ai le droit de parler de lui. Quoi qu'il en soit, il y a un certain temps, quelqu'un a avancé que ce médecin, qui était donc mon médecin traitant depuis de nombreuses années, avait été un patineur de vitesse compétent dans sa jeunesse. « Ça m'étonnerait fort », ai-je répondu en riant, parce que cela me paraissait inconcevable. Mon médecin n'a pas l'air d'un patineur. Ni d'un quelconque autre sportif. C'est en grande partie pour cela que je l'apprécie. Il est jovial, bavard, plutôt petit, et sa chemise a toujours un bouton déboutonné. Il a l'air d'un gars qui a sa place sur une terrasse de bar aux Canaries, avec un sourire content et un cocktail pas trop chic à la main. D'un homme qui a souvent eu le nez rose. Mais ma curiosité était éveillée, alors je l'ai googlisé. Et c'est ainsi que j'ai découvert qu'il avait effectivement un passé de patineur. Et qu'il n'était pas mauvais du tout. Il figure en outre dans le livre Guiness des records pour une séance de 2 000 kilomètres de vélo sans dormir. Il a aussi fait le tour de la Terre à vélo en quatre-vingts jours, traversé le Groenland à skis et est allé au pôle Sud, toujours à skis, mais avec un équipement centenaire. Bien sûr, notre relation s'en est trouvée affectée. Désormais, je ne vais plus le voir en me plaignant de me sentir un peu chose.

On ne sait jamais qui ils sont. La nature a ses hommes et ses femmes partout. Ce pourrait être le grassouillet éméché au fond du bar. Ce pourrait être la bibliothécaire qui a perdu le goût de la nourriture et a l'air de ne pas avoir pris le soleil depuis les années 1990. Ce pourrait être le type avec du fond de teint blanc, en manteau de cuir avec un symbole mortuaire dans le dos.

Ce pourrait être n'importe qui. Et ces gens nous surveillent.

Au bout d'un peu plus de trois heures, ça commence à décliner sérieusement. La piste, j'entends. Elle se raidit légèrement. Nous convenons que c'est au bas de cette pente que nous allons boire un coup et fumer des cigarillos. Puis nous nous lançons. Ça va drôlement vite. Tout en bas, il y a un grand trou où des gens sont tombés par le passé, et c'est ce qui arrive au Chargé des Soucis et Inquiétudes. Nous autres l'évitons, de justesse. Ni humain ni bâtons ne sont blessés.

Cette fois, nous avons trouvé un bon endroit. Le soleil chauffe. Et nous avons vue sur les gens qui tombent dans la pente et sur ceux qui ont commis la grosse erreur de faire le chemin en sens inverse et vont maintenant devoir *monter* cette côte.

Nous nous tartinons de crème solaire. Nous l'avons fait à toutes les pauses.

Nous voilà donc, avec un indice total de protection solaire de 300 sur le visage, à faire tourner la flasque en fumant des cigarillos. On n'est pas mal. Le Chargé des Soucis et Inquiétudes sourit de toutes ses dents et commence à parler de ce que nous allons faire en arrivant. Siroter une bière dehors au soleil, bien sûr, et après le dîner, bouquiner, boire du vin rouge et jouer au yam's. Nous allons vivre la vie de chalet.

C'est *mortellement dangereux* de parler d'arriver.

Une femme nous dépasse, nous observe un peu trop longuement et dit « Bonjour » sur un ton de reproche avant de s'engager dans la montée. La Stasi, à tous les coups.

Afin de gagner du temps et de prévenir les engelures aux doigts, j'ai arrêté d'enlever mes skis quand nous faisons une pause. Un homme qui part faire pipi à l'écart de la piste et avance dans la poudreuse avec ses skis au pied, mais sans bâtons, n'a pas l'air élégant, mais il contribue à la bonne ambiance au sein du groupe. J'apporte ainsi ma pierre.

Au bout d'environ quatre heures, nous estimons être proches de l'arrivée. Je ne saurais trop dire pourquoi nous nous mettons cette idée en tête. Ce pourrait être parce que quelqu'un a affirmé que la randonnée prenait quatre heures, mais d'autres ont dit neuf. Ce pourrait être aussi la bonne ambiance pendant la pause gnôle-cigarillos qui nous a immunisés contre la réalité, mais je crois que la vraie raison est qu'une femme que nous avons rencontrée il y a quelque temps nous a indiqué qu'à une pente assez escarpée, il nous resterait cinq kilomètres jusqu'à Krækkja. Or, nous venons d'en descendre une.

Nous traversons un lac gelé, avec une relative certitude de trouver le refuge au bout.

Au bout de quatre heures et quart, nous comprenons que, au bout du lac, il n'y a sûrement pas de refuge, mais une montée escarpée. Nous sommes d'accord pour dire que nous verrons sûrement le refuge du sommet. Mais d'abord, il faut monter. Et ça monte sec. Je sens que ma blessure de danse au genou apprécie très peu la montée en canard. Alors je marche en escalier. Chacun a sa technique et chacun perd un peu de sa bonne humeur au fil des pas.

Et c'est là que, fusionnant sens des responsabilités et instinct de compétition, la Responsable de la Documentation décide d'être la meilleure du massif montagneux en maintien de moral du groupe. Par étapes de dix pas, elle nous mène vers le haut. Un ! Deux ! Trois ! crie-t-elle. Ce serait terriblement agaçant si je n'étais pas trop las pour y prêter attention.

Au milieu de la côte, nous croisons des gens qui descendent avec une pulka. Le Chargé des Soucis et Inquiétudes leur demande s'il y a un refuge au sommet. Ils répondent par la négative.

Au bout de quatre heures et demie, nous arrivons au sommet : le paysage est identique au reste du plateau. Pas un refuge en vue.

Au bout de quatre heures quarante-cinq, certains d'entre nous suggèrent que la pente que la femme mentionnait pourrait être la côte que nous venons de gravir, et non la descente d'avant la pause cigarillo. Auquel cas il resterait maintenant cinq kilomètres. Nous sommes d'accord pour réfuter cette hypothèse. Le groupe est dans le déni.

Au bout de cinq heures, l'ambiance se dégrade. Les ampoules ne sont pas moindres et le Chargé des Soucis et Inquiétudes n'est plus le seul à en parler. La Responsable de la Documentation et la COLOMBE notent ces tendances. Les lunettes s'embuent. Le plateau a toujours l'air d'un plateau. Le ciel s'est bouché.

Au bout de cinq heures et vingt minutes, un juron est lâché. Nous avons cru plusieurs fois repérer le refuge, mais chaque fois ce n'était qu'un rocher, ou davantage de plateaux. Nous n'avons ni croisé ni vu personne depuis longtemps. Où sont ces soi-disant hordes du Hardangervidda quand on en a besoin ? Dieu seul le sait. Reste-t-il un quart d'heure ? Trois quarts d'heure ? Nous l'ignorons. Nous essayons de trouver le refuge sur le GPS du téléphone, qui nous indique que le refuge n'existe pas. *The computer says no*.

Peut-être effectivement que le refuge n'existe pas ? dis-je. Personne ne trouve ça drôle.

Au bout de cinq heures et demie, nous arrivons au point critique, le point où nous sommes obligés de prendre une décision difficile. Et c'est ce que nous faisons. Nous décidons de faire face à la gravité de la situation et de nous accorder une pause alcool cigarillo supplémentaire.

Ici, au moins, on peut se fumer un petit cigarillo de plein air sans se faire regarder de travers.

Évidemment, quand nous sommes au milieu de la piste en train de boire et de fumer, quelqu'un arrive, pour la première fois depuis une éternité. Et bien sûr, il a l'air d'un homme qui est né, a grandi et a fait sa confirmation religieuse dans une pub pour l'outdoor. Et bien sûr, nous devons lui parler.

Remarquant l'activité à laquelle nous nous livrons, il a surtout l'air perplexe. Mais au moins, il est en mesure de nous indiquer que nous ne sommes plus loin. Une demi-heure maximum, assure-t-il. Du sommet de la côte au bout du lac au refuge, il est censé y avoir environ six kilomètres. Autrement dit, la femme parlait bien de cette côte-là.

Puis l'homme sort de la piste balisée, part droit dans la poudreuse et disparaît. Il prend sûrement le chemin le plus court vers le siège de la Stasi pour livrer son rapport et confirmer que la rumeur est vraie. Quatre personnes approchant de la cinquantaine, dont deux avec de mauvaises lunettes et l'une avec des bâtons extrêmement courts, se baladent dans le Hardangervidda en fumant des cigarillos.

Au bout de près de six heures, nous n'avons toujours rien vu du refuge. Soudain, nous nous faisons dépasser par un homme tiré par trois chiens, ce qui doit tout de même pouvoir être considéré comme de la triche. Il s'arrête pour échanger quelques mots. Pour le cas où vous vous poseriez la question : c'est formidable, des Pâques pareilles. Les Seychelles ? Pff ! Les Seychelles peuvent aller se rhabiller ! Et toutes les autres îles des mers du Sud avec. Espérons juste que nous échapperons au virus. Ha ha ha ! Au bleu, en l'occurrence. Juste après le virage.

« Vous venez de loin aujourd'hui ? demandons-nous.

– Non, répond-il. Juste de Finse. »

Il prétendait donc que le refuge était juste après le virage.

Nous prenons le virage.

Et là, au bout d'une petite pente, se trouve le refuge.

Au bout de six heures, après un déjeuner glacial, deux pauses cigarillos, une lutte intérieure de la Responsable de la Documentation, quatre ou cinq ampoules apparemment assez grosses, deux bâtons cassés et quelques problèmes de skis et de lunettes de soleil, nous arrivons. Nous avons mis exactement le temps prévu par le Bergenois jovial de la terrasse de bar. Il faut toujours écouter les Bergenois joviaux aux terrasses de bars.

Krækkja existe.

Nature sauvage imaginaire

Je me suis bien sûr préparé et documenté sur Krækkja. Je n'ai pas trouvé d'explication à ce nom farfelu, mais j'ai découvert que Krækkja était historique à plusieurs égards. Ce refuge de montagne est le premier qui ait ouvert dans le Hardangervidda. Le bâtiment le plus ancien date de 1878. Juste à côté, des vestiges montrent que la zone est habitée depuis des millénaires. Et quand on voit l'homme de la réception, on est tenté de croire que lui aussi occupe son poste depuis quelques millénaires. Il est là avec ses cheveux ébouriffés, son sourire matois, son dos voûté, sa barbe insondable, et tout chez lui exsude les vieilles anecdotes et une sagesse de vie singulière. Il a l'air de quelqu'un qui fait les choses à sa manière et à son rythme, et pourrait à tout moment débiter d'insaisissables maximes sur la nature. Car nous nous figurons toujours que les gens qui passent beaucoup de temps dans la nature détiennent une sagesse propre, et nous partageons à l'envi des histoires de gens de nature harmonieux et plutôt dévêtus vus à la télé, qui ont soixante-huit mots différents pour désigner l'eau qui coule, mais aucun pour la guerre.

Que dira cet homme quand nous lui demanderons une chambre ?

« Les arbres ne poussent pas sur les rochers quand la fonte des neiges noie les chouettes » ?

« Un rongeur dans les marais n'a jamais fait le printemps » ?

« La montagne n'apporte pas de consolation aux faux espoirs » ?

« Ah bon, alors vous avez fini par arriver ! » est sa réplique d'ouverture. J'adore. J'ai un faible pour les gens qui se donnent un peu plus de mal que « Bonjour » ou « Bienvenue chez nous », même — ou peut-être surtout — s'ils sont caustiques. Nous lui plaisons. Il n'aime sans doute pas tout le monde. Je crois que c'est parce que nous ne sommes pas pressés. Nous sommes tellement contents d'être arrivés que plus rien ne presse pour nous. Nous rions et papotons avec lui. Nous témoignons de l'enthousiasme pour la marque de bière locale qu'il a dans son réfrigérateur. Tout cela joue sans doute en notre faveur, tandis que derrière nous la file s'allonge.

L'homme fait une plaisanterie sur la bière locale et nous raconte une histoire des années 1960 sur un homme un petit peu trop pressé, arrivé à bout de souffle au refuge. C'est tout juste s'il parvenait à parler. Il avait fait le trajet de Finse en deux heures et demie. « Quel est le record ? » crache-t-il. « Quel est le record ? ! » Suite à quoi, il commande une bière sans alcool et la boit cul sec avant de vomir, de dormir pendant vingt-quatre heures et d'être renvoyé chez lui.

Je sens que nous avons fait exactement ce qu'il fallait en mettant six heures. Quelques minutes de plus n'auraient sans doute pas nui.

Dans la pièce se trouve une sculpture en bois qui ressemble à l'homme de la réception. Les questions me brûlent les lèvres, mais la queue est trop longue à présent, ça attendra. En plus, c'est l'heure du dîner.

Là encore, nous obtenons une chambre pour quatre, mais cette fois, au moins, il n'y a pas de place dans le bâtiment principal et nous sommes relégués à un autre chalet, sûrement plus vieux, plus fragile. Celui qui date de 1878, je parie, mais ce pourrait bien être l'un des vestiges millénaires que nous évoquions plus haut. C'est difficile à dire, il est totalement enseveli sous la neige et on le voit à peine. Des gens sont en train de boire des bières sur ce que je croyais jusqu'à récemment être le sol, mais est en fait le toit du chalet. J'en reconnais un ou deux du salon-cheminée-sauna de Finse hier. Ils ont l'air plus réveillés. Ils trinquent. Les veinards. Ils ont sûrement obtenu une place au deuxième service du dîner. En ce qui nous concerne, nous n'avons guère le temps de boire une bière sur un toit de chalet. On nous a assigné le premier service, qui commence dans un quart d'heure. Et si on arrive en retard, je suppose qu'on n'a plus qu'à se coucher le ventre vide.

Un couloir creusé dans la neige nous mène à la porte du chalet. C'est terriblement exotique. Nous allons pratiquement loger dans une caverne dans la neige. Qui est entretenue par un homme de mille ans qui raconte de bonnes histoires et a une version de lui-même en bois. C'est sans doute ici que commence réellement notre aventure dans la nature sauvage.

Nous trinquons avec de la bière du cru, achetée à la réception, et nous livrons à un rapide bilan tout en sortant nos pantalons de jogging de nos sacs. Le consensus est que vingt-six kilomètres, c'est trop long, que les ampoules, ça fait mal, que ces lunettes de soleil qui épousent le visage ont une réelle fonctionnalité, qu'il est parfaitement possible de s'ennuyer en randonnée à skis, et qu'il faudra du vin rouge au Chargé des Soucis et Inquiétudes pour le dîner.

D'un refuge à l'autre, de nombreux éléments sont identiques. La question de la thermos posée à l'arrivée. Les gens qui font la queue inutilement pour entrer dans la salle à manger. La grande table à laquelle on est assis avec des inconnus au visage recuit. Bien des aspects identiques, oui. Alors, on apprécie d'autant plus les différences. Par exemple, l'acoustique de la salle à manger de Krækkja, sans nulle autre pareille. Quand la salle est pleine, il devient extrêmement difficile de comprendre ce qui se dit à l'autre bout de la table. Bout de table où reste notre serveuse guillerette et avenante, qui se révèle en plus être la seule serveuse suédoise au monde qui ne comprenne pas un mot de norvégien. Les gens essaient et essaient encore. Ils crient. Et s'adresser en anglais à quelqu'un qui vient du pays voisin est bien sûr un échec pour la coopération nordique. Un enfant de douze ans est à deux doigts d'accepter une bouteille de vin après avoir tenté cinq manières différentes de demander sa boisson gazeuse.

Nous partageons notre table avec une toute petite famille habituée de la montagne. Le père skie de refuge en refuge dans le Hardangervidda depuis des générations. Et il est maintenant avec sa fille adolescente. Si lui a été emmené de refuge en refuge dans le Hardangervidda quand il était jeune, pas question que la génération suivante s'en tire plus facilement.

La Responsable de la Documentation est sur le pont. Après quelques formules sympathiques à propos de la randonnée du jour, elle leur demande sans détour s'ils ne trouvent pas rasoir de passer des heures à faire du ski de fond.

Ils ne sont pas de cet avis. Du moins le père. La fille se contente de hausser les épaules, mais ce doit être difficile de parler librement quand on a un père dans la Stasi.

La question des ampoules est soulevée, comme souvent à table. Oui, oui, bien sûr, il a déjà eu des ampoules, mais on ne se plaint pas de ce genre de choses. Ça fait partie de la randonnée.

Au fil de la conversation, il raconte une jolie petite histoire de lien qui se tisse dans le massif montagneux et explique qu'en randonnée, sa fille et lui se relaient pour se motiver l'un l'autre.

« Mais si vous avez besoin de vous motiver l'un l'autre, objecte la Responsable de la Documentation, qui est dans une forme tonitruante, ce doit bien être que vous trouvez ça parfois ennuyeux ? Ou pesant ? Si c'était toujours formidable d'un bout à l'autre, vous n'auriez pas besoin de motivation, si ? »

C'est d'une vérité si criante que le silence se fait autour de la table. Du moins à notre bout. À l'autre bout, les gens pourraient bien être en train de s'époumoner, c'est impossible à dire avec cette acoustique.

Notre voisin de table reconnaît qu'il n'y a jamais songé.

Vraiment ? Ça fait des lustres que tu skies de refuge en refuge et pas une seule fois tu ne t'es dit « là, je trouve ça un peu ennuyeux » ? Ou « cette ampoule est un peu agaçante » ? Ou « j'aurais pu me passer de me prendre toute cette neige dans la face » ?

Un autre couple de la tablée perçoit le ton légèrement contestataire de notre conversation. Appelons-les Per et Kari, car ils ont des têtes à porter ces prénoms.

« Et pourtant, nous voilà donc ici, tous autant que nous sommes ! » s'exclame Per en riant avant de lever son verre. Je ne saurais dire s'il est acerbe, s'il cherche au contraire à lisser les aspérités, ou s'il a tout simplement envie de trinquer avec des gens assis à sa table. En ce qui me concerne, je suis favorable à toutes ces options.

Le Chargé des Soucis et Inquiétudes tente de faire diversion en commandant davantage de vin. La serveuse suédoise acquiesce en souriant et nous rapporte bientôt un concombre.

Bien sûr, l'ambiance ne tarde pas à se réchauffer. On ne s'attarde plus sur les questions inconfortables. En l'occurrence, je crois que notre voisin de table n'a pas trouvé inintéressant de méditer quelque peu sur les raisons pour lesquelles il randonne ainsi sur les hauts plateaux, et de se demander pourquoi il n'y avait jamais réfléchi plus tôt. Je crois qu'il approche d'une crise existentielle.

Aux prochaines Pâques, ils iront sans doute aux Seychelles.

Après quelque temps, le Chargé des Soucis et Inquiétudes s'agite. Il pense que nous — ou au moins certains d'entre nous — devrions nous rendre dans le salon-cheminée dès maintenant pour être sûrs d'avoir une bonne table tout à l'heure. Les gens de nature disposent peut-être de six mille dénominations de la pluie mêlée de neige fondue et sont peut-être capables de voir sur un tronc d'arbre quel temps il fera dans deux semaines, mais nous, nous avons une intuition stellaire de l'instant où il faut quitter une salle à manger pour obtenir une bonne table dans le salon.

C'est ce qui est bien quand on connaît des gens qui ne font pas que se balader dans la nature. Ils ont souvent de multiples facettes. Prenons le Chargé des Soucis et Inquiétudes, par exemple, il a à la fois peur des avalanches et un certain goût pour le vin rouge, et puis il possède cette intuition qui nous donne la meilleure table du salon-cheminée. En plein milieu de la pièce. Comme une sorte de centre névralgique. Quant à elle (et vous le savez bien, chers lecteurs, vous la connaissez), la Responsable de la Documentation a à la fois le goût de la victoire et le sens des responsabilités, elle est à la fois d'une positivité exaspérante et d'une impatience crasse. À quoi s'ajoute qu'elle a l'esprit suffisamment frondeur pour poser les questions que l'auteur de ces lignes, qui n'a pas un goût immodéré pour la confrontation, préférerait éviter de poser lui-même à la table du dîner à Krækkja.

Et la COLOMBE, alors ! Non seulement elle se révèle particulièrement douée pour garder le moral pendant six heures avec des bâtons courts et abîmés, mais encore elle sait bien dessiner et est capable de proposer soudain l'idée suivante :

Et si nous cartographions nos blessures ?

Elle s'installe à notre table centre névralgique, dessine les quatre membres de notre groupe. D'un trait simple, mais reconnaissable. Puis elle ajoute les blessures que nous avons contractées jusqu'ici, avec des couleurs différentes suivant le moment où la blessure est intervenue. Lésions causées par le soleil, dommages matériels, ampoules, tout doit être inscrit.

C'est moi qui m'en tire le mieux. Elle dessine une marque sur mon genou droit pour indiquer que j'ai réveillé ma vieille blessure de danse lors de ma montée en canard. Et je souligne que j'ai un coup de soleil sur le nez. Ce qui est bien joué avec un SPF 1000.

La Responsable de la Documentation a deux ampoules sur un pied, mais pète le feu par ailleurs. Nonobstant les obligatoires ampoules, la COLOMBE s'en sort à peu près bien. Elle marque en revanche plusieurs endroits sur les lunettes de soleil et les bâtons.

Le dessin du Chargé des Soucis et Inquiétudes a piètre allure.

Bientôt, d'autres finissent leur dîner et arrivent dans le salon. Notre voisin de tout à l'heure nous rejoint. Nous ne nous le sommes donc pas mis à dos, en fin de compte. Et là-bas, à la fenêtre, qui est-ce, si ce n'est Per et Kari ? Et derrière nous est assise la femme rencontrée au petit-déjeuner à Finse, avec ses amies à présent. C'est comme une famille.

Je ne peux que casser l'ambiance en exposant à mes comparses qu'avec l'itinéraire prévu, nous skierons aussi loin demain qu'aujourd'hui. Le Chargé des Soucis et Inquiétudes tâte ses ampoules en rappelant que nous venions pourtant de convenir que vingt kilomètres constituaient sans doute une limite pour nous. Il y a un autre refuge, plus près, sur notre chemin. Je n'en ai jamais parlé tout haut, mais je l'ai toujours eu comme plan B. Il porte le nom de Tuva, ce qui est fort sympathique. Cependant, nous sommes tous d'accord, la carte ne nous permet pas de comprendre à quelle distance il se trouve. Il nous faut donc poser la question au réceptionniste. Il devrait savoir, lui qui dirige cet établissement depuis le XIXe siècle.

Comme sur commande, il fait irruption dans le salon-cheminée. Il scanne la pièce et vient à notre table. Il sait reconnaître les siens. Avant que nous ayons le temps de demander quoi que ce soit, et tout à fait spontanément, il nous raconte un tas d'anecdotes sur le philosophe Arne Næss, qui avait un chalet au Hallingskarvet, que nous voyons de notre fenêtre, et qui est une montagne, malgré son nom d'oiseau[12]. Il nous explique par ailleurs que Tuva est à vingt kilomètres et que le trajet est moins accidenté et plus facile que Finse-Krækkja. Notre voisin

12. Le mot *skarv* signifie cormoran. (N.d.l.T.)

de table juge la distance moindre. Sans doute seize kilomètres. Dix-huit, peut-être.

Nous y revoilà. Ne peuvent-ils jamais se décider ?

Et maintenant, quelqu'un va sûrement avoir envie de souligner qu'on ne peut pas déterminer avec précision la distance entre deux points dans la nature hivernale, car les pistes ne suivent pas toujours exactement la même ligne. Ça dépend de l'enneigement, de sa profondeur, des risques d'avalanche, de la saison, et très certainement d'une multitude d'autres facteurs. Bref, ça dépend de la nature. Les Inuits ont six mille mots pour la neige, mais aucun pour les je-sais-tout exaspérants.

Sans hésitation, nous décidons d'aller à Tuva demain. Suite à quoi, l'ambiance s'améliore encore. Nous buvons du vin, trinquons avec nos nouveaux amis de la table voisine. Nous organisons un quiz pour notre tablée et nous en sortons étonnamment bien. Et alors même que cette soirée allait devenir la soirée qui montrerait que la vie au grand air peut ressembler au Nouvel An, alors même que je commençais à me réjouir à la perspective d'enfiler des chaussures tièdes en me levant demain matin, deux choses se produisent.

La première est l'arrivée d'une nouvelle personne dans le chalet. D'où diable vient-elle ? se demande bien sûr tout le monde. Il est tard et il fait nuit, depuis longtemps. Elle s'assied à notre table, évidemment, qui ne l'aurait pas fait ? Et elle explique qu'elle est arrivée à Finse par le train de l'après-midi et a ensuite skié jusqu'à Krækkja. Seule. Dans le noir. Elle a mis trois heures et demie.

Elle a l'air tout à fait normale par ailleurs.

On ne peut jamais savoir qui ils sont.

La deuxième chose qui se produit est la fermeture. Et à Krækkja, on ferme vraiment. À vingt-trois heures précises, le courant est coupé.

Il ne reste alors qu'à aller se coucher. Et on n'arrive pas à dormir, parce qu'on n'avait pas prévu d'aller se coucher. En plus, il fait un froid glacial : la température extérieure est de – 20° C et nous logeons dans un chalet qui est plus neige que chalet, dans lequel le chauffage est éteint.

On s'abîme alors dans ses réflexions. Et on se dit que c'est le genre de choses auxquelles il ne faut pas s'arrêter. Il est *censé* faire froid. Ça fait partie de la randonnée. Il fait froid, on attrape des ampoules, on a mal, d'un seul coup le temps change. On ne sait jamais ce qui nous attend. Il faut être préparé à tout. La nature est capricieuse.

Et peut-être qu'on a besoin d'aller aux toilettes dans le courant de la nuit. Il faut sortir. Il fait – 20° C. Il fait nuit. Et dehors, dans le noir, il y a peut-être un gars avec une barbe étrange en train de faire une sculpture en bois de lui-même à la hache. Ta ta ta ta ! Ce genre de choses, on gère. Nous sommes préparés à ce que tout puisse arriver dans la nature, et à tout moment.

En même temps, la vie dans ces refuges est extrêmement réglée. On est emmitouflé dans la sécurité. Il n'y a rigoureusement aucune surprise. On sait ce qu'on va nous demander à la réception. Tout le monde est habillé pareil, on est nourri à heure fixe. On sait plus ou moins ce qu'on va manger. On se couche à la même heure tous les soirs. En ce qui concerne la décoration intérieure, la seule variation est l'âge du bois. Tout le monde parle des mêmes sujets. Il en faut très peu pour déstabiliser les gens de nature. Il suffirait par exemple d'imposer le port de la cravate à la table du dîner, d'imposer le port de vêtements tout court, d'ailleurs. L'innocente suggestion que randonner pourrait être une activité rébarbative suffit à répandre la peur dans le refuge. Certes, ça apporte une touche de vie d'avoir un pur original à la réception, mais aucune variation n'est décelable par ailleurs. Des cadres rassurants entourent des gens tous pareils, qui tous parlent de la même chose.

Mais dehors ! De l'autre côté de la cloison ! Il y a la nature. Qui peut être mortellement dangereuse. Et là, nous nous en sortons tout seuls, thank you very much.

Voici du reste une autre similitude entre l'outdoor et la religion. Si on aime bien se faire engueuler sur Internet, il suffit comme chacun sait de s'exprimer sur la religion. S'exprimer sur l'outdoor exerce à peu près le même effet, en tout cas en Norvège, et surtout si on propose avec tact de faire de la nature un endroit plus sûr, plus accessible et moins dangereux.

Just don't.

Il suffit de googliser « sécurisation + nom d'une quelconque destination en montagne » et d'attendre que le fiel se déverse. À la montagne, il faut se débrouiller seul. Toute autre option est en contradiction avec l'idée même de montagne. En me préparant à notre randonnée, je suis allé m'égarer dans une discussion en ligne où quelqu'un demandait avec précaution : « Suis-je le seul à trouver curieux qu'il n'y ait aucune forme de sécurité à [endroit connu en montagne] ? »

Voici quelques-unes des réponses que cette personne recevait :

« On ne peut pas sécuriser toute la nature du monde. »

« Si on ne gère pas la nature, on n'a qu'à rester au parc. »

« Si les gens ne sont pas capables de comprendre que c'est dangereux et qu'il faut faire gaffe, je ne vois pas ce qu'on peut faire pour eux... »

« Quand tu vas dans la nature, tu prends tes responsabilités. »

« Ce serait intervenir inutilement sur la nature. »

« Si tu n'aimes pas l'altitude, il ne faut pas aller là-bas. »

« Si les gens sont bêtes au point de ne pas comprendre qu'il faut faire gaffe là-haut, tant pis pour eux. »

Ce point précis, tout le monde ne le comprend pas, manifestement. Inutile d'avoir passé beaucoup de temps de sa vie sur les médias sociaux pour savoir qu'il existe des gens qui aiment se faire filmer se retenant par une main au-dessus d'un précipice. Mais ils entrent probablement dans la catégorie des « tant pis pour les gens bêtes ». Ou, disons-le carrément : la catégorie des touristes étrangers. Qui n'ont pas cela dans la moelle comme nous. Nous, nous avons un respect inné pour la nature vierge, que n'ont pas les gens qui ont grandi dans des endroits sophistiqués à l'étranger.

Car voici deux citations tirées de la discussion susmentionnée :

« C'est ce qui caractérise la Norvège, toute cette nature vierge, sauvage, qui doit être abordée avec respect. »

« On devrait plutôt distribuer les règles de savoir montagnard dans toutes les langues aux frontières et dans les aéroports. »

Voilà. Apprenons les choses de la vie aux autres. Car ceux qui savent comment s'en sortir dans la nature vierge et sauvage, c'est nous. Nous qui avons vécu toute notre vie dans la société la plus sociale-démocrate, la plus organisée de part en part, et la plus sûre du monde, mais qui le week-end aimerions prendre des photos de nous-mêmes dans des endroits sans garde-corps.

L'une des rares fois où la reine de Norvège s'est fait houspiller par les gens de nature, elle avait eu le malheur de suggérer qu'il aurait été sympathique que la nature soit plus accessible aux handicapés. La reine ne se fait pas souvent houspiller, elle est tout de même reine, mais encore moins par les gens de nature. Parce qu'elle est des leurs. Elle va souvent dans la nature, à pied, et elle est bien sûr membre d'honneur de DNT, qui lui a offert pour ses quatre-vingts ans une statue d'elle en chaussures de montagne, assise un peu maladroitement sur une grosse pierre, à côté d'un vieux sac à dos. Dans la plupart des monarchies, cette statue aurait été perçue comme un crime de lèse-majesté, mais en Norvège, elle a reçu une place d'honneur, juste à côté du Palais royal, parce qu'elle montre que la reine a beau s'intéresser à l'art moderne, elle reste et demeure l'une d'entre nous.

Mais en mai 2017, la reine est allée trop loin. Lors de l'inauguration d'un nouveau téléphérique, elle a été citée disant que nous devrions en avoir « bien davantage » dans le pays, afin que les personnes qui ont des difficultés à se déplacer puissent, elles aussi, admirer cette splendide nature. On aurait pu croire que la remarque était bien intentionnée, politiquement correcte et ne prêtait pas à controverse.

Que nenni.

Un porte-parole de la Fédération de Protection de la Nature a jugé l'idée « effrayante », expliquant que « le plaisir de la culture simple de l'outdoor en Norvège est de se déplacer à pied ». Pas super respectueux à l'égard de ceux qui ne *peuvent* pas se déplacer à pied, ceux dont la reine parlait justement, mais qu'importe. DNT a fait un commentaire du même acabit : « La Norvège a une très forte tradition d'outdoor, dont nous devons être fiers. Il s'agit de vivre la nature par ses propres moyens. »

D'accord. On a compris. Si vous ne pouvez pas vous y rendre vous-même, eh ben tant pis. Pas de bras, pas de chocolat. Et si vous ne comprenez pas de vous-même que la nature peut être dangereuse même si c'est une attraction touristique et que vous mourez à l'issue d'une chute de six cents mètres dans le vide, eh ben c'est dommage pour vous.

Car nous sommes des gens de nature, ici, dans le Nord.

Pas tout le temps, bien sûr. Pas au quotidien. Pas au travail, à l'école, au jardin d'enfants, dans les rues. Là, nous souhaitons et nous attendons une société qui veille sur nous et fasse en sorte que tout soit sûr. Et pas seulement quand nous sommes chez nous. Même loin de la maison, à l'autre bout du monde — où nous sommes partis pour nous trouver, pour nous affranchir des exigences de la société — nous escomptons bien que la société viendra nous chercher, si d'aventure nous nous empêtrons dans des difficultés pendant notre séjour.

Dans la nature, en revanche, nous aimerions pouvoir conserver une illusion de liberté totale. Là, nous souhaitons que la civilisation se tienne à l'écart. Mais pas trop quand même. Nous voulons qu'elle soit là aussi, au cas où ça tournerait mal, mais de préférence d'une façon invisible. À plus forte raison sur les photos.

Et si la civilisation nous offre son aide, nous souhaitons avoir la possibilité d'éponger la sueur de notre front, de nous tirer la barbe et de répondre : « Non merci, je me débrouille tout seul. »

Aussi peut-on tirer son épingle du jeu dans les discussions sur la nature avec des réflexions dont on n'aurait jamais réchappé dans d'autres contextes. En tout cas, pas sans apparaître comme irresponsable, ou odieux, voire les deux.

La saison d'hiver 2017 a vu les prémices d'un débat sur l'idée de rendre le casque obligatoire dans les stations de ski alpin norvégiennes. Lors d'un reportage radiophonique, des skieurs étaient interrogés sur les pistes. L'une des nombreuses personnes qui personnellement trouvaient que c'était une bonne idée jugeait l'entreprise vouée à l'échec : « Il y a des gens qui refusent de skier avec un casque. C'est comme ça, c'est tout. »

Un tel argument n'aurait pas pu être employé dans d'autres discussions sur la sécurité.

« Il y a des gens qui aiment rouler à 180 devant les écoles primaires, c'est comme ça, c'est tout. »

« Il y a des pilotes qui aiment boire une bouteille d'alcool fort avant de prendre les commandes d'un avion de ligne, c'est comme ça, c'est tout. »

Et à propos de biture : en Norvège, il est strictement interdit de conduire en état d'ivresse dans les contrées civilisées, mais dans la nature, on a un peu le droit. Si on est en bateau, c'est permis d'être légèrement ivre. Parce qu'on est alors libre entre les îlots et que la société n'a qu'à fermer sa gueule. En Norvège, on ne peut pas conduire avec un taux d'alcool supérieur à 0,20 g par litre. En mer, la limite est de 0,80, ce qui signifie qu'on peut boire exactement la quantité d'alcool qui fait qu'on commence à avoir un peu de mal à évaluer quelle quantité d'alcool fait perdre ses capacités d'évaluation. La majorité des Norvégiens trouvent qu'on devrait avoir la même limite en mer et à terre, mais la majorité des Norvégiens n'ont pas de bateau et ne savent pas de quoi ils parlent. Les tentatives pour mettre en place des interdictions de conduire avec de l'alcool dans le sang sont systématiquement et prévisiblement perçues comme une atteinte à la liberté des gens de mer, justement.

Car dès qu'il y a du rocher ou de l'eau dans le tableau, des pentes, de la neige, ce sont de toutes autres règles qui valent. Là, tout le monde veut être libre. Et là, nous sommes capables de veiller sur nous-mêmes, merci beaucoup. Bas les pattes, l'État !

Dans l'un des nombreux livres anniversaires de DNT, on trouve une interview d'un homme qui habite et travaille dans l'un de ces refuges de montagne. Préservons ici son anonymat. Il dit : « Pourquoi rêver, quand je vis la vie dont les gens rêvent ? »

Il y a une photo de lui dans le livre. Ce n'est pas un vieil homme. Mais, donc, il a déjà cessé de rêver. En vérité, c'est triste. Mais si je parviens maintenant à laisser de côté toute compassion pour lui, et j'y parviens, la question est : qu'est-ce que c'est que cette réflexion ? ! Et qui d'autre pourrait s'en tirer à bon compte en débitant une phrase pareille ?

Une star de la pop ou une célébrité de la téléréalité se seraient vu taxer d'arrogance.

Qui d'autre ? Un expert-comptable ? Un chirurgien ? Un prof ? Un ministre ? La Première ministre ? Le roi ?

Non. Non. Non. Non. Non. Non.

Pour différentes raisons, mais non.

C'est bien d'être heureux dans son petit refuge. Mais partir du principe que les rêves de bonheur des autres sont forcément les mêmes que les nôtres ? Ça suggère que le bon air peut aussi gonfler l'image de soi.

Arrêter de rêver ? Ça s'appelle stagner. Mais pas dans la nature, parce que nous y sommes comme nous voulons tous être.

C'est sans doute aussi pour cette raison que l'idée d'un hôtel de luxe dans les montagnes n'a pas eu le succès que les promoteurs imaginaient au millénaire précédent. Les gens libres ne logent pas à l'hôtel, ils veulent avoir chacun leur chalet. *Avec* un standing d'hôtel.

Et quand quelqu'un laisse entendre que ce n'est peut-être pas une voie très durable que chacun possède un chalet qui reste vide pendant la majeure partie de l'année, ou que la façon dont nous utilisons la nature de nos jours participe à sa destruction, on assiste à la version nationale d'un jeudi saint à Krækkja où quelqu'un demande si ce n'est pas relativement ennuyeux de faire du ski de fond.

Voilà les réflexions dans lesquelles on peut se perdre par des températures négatives au refuge de Krækkja. Et voilà comment on peut se moquer des gens qui sont tellement soucieux de se sentir libres dans la nature qu'ils n'admettent même pas avoir besoin d'aide quand c'est pourtant le cas.

C'est facile.

Mais ensuite, d'un seul coup, on s'y retrouve soi-même. Dans une situation où on doit choisir.

C'est précisément ce qui nous arrive, le lendemain. Quelque part entre Krækkja et Tuva. Au milieu du plateau.

L'accident s'est produit. Nous devons maintenant montrer qui nous sommes, de quoi nous sommes faits, de quel bord nous sommes, si nous sommes avec nous ou contre nous, ce que valent toutes ces railleries, au final, quand il y a un enjeu.

Car à présent, nous pouvons choisir le chemin des gens de nature ou céder. Nous pouvons nous en sortir par nous-mêmes ou demander l'aide de la civilisation. C'est maintenant que nous allons montrer ce que nous sommes.

Des souris ou des hommes ?

Des souris ou des hommes ?

Quatrième étape : Krækkja — Tuva. À skis.
Sans doute vingt kilomètres.

Avant que la crise n'intervienne, cette journée est une fête.

Certes, nous nous réveillons dans une chambre où la température est négative, et plusieurs d'entre nous ont mal dormi, mais la journée de la veille, le vin rouge, la décision de modifier notre itinéraire, tout cela nous met dans une forme olympique et nous rend euphoriques. L'optimisme règne. « Le joyeux promeneur » est fredonné. En ce qui me concerne, j'ai suffisamment froid pour avoir un instant d'égarement et me persuader qu'il doit faire plus chaud dehors. Il faut sortir ! Vite ! Le Chargé des Soucis et Inquiétudes nous rappelle doucement que nous allons skier presque aussi loin qu'hier et que nos ampoules ne vont faire que s'élargir et devenir plus douloureuses. Mais ça ne prend pas. Nous appliquons nos adhésifs et nos pansements, nous nous habillons, nous nous rendons dans la salle de petit-déjeuner, et pas une seule fois nous ne nous plaçons dans la mauvaise file d'attente, nous sommes sur une bonne lancée, et nous remercions tous les autres clients pour la bonne soirée passée ensemble, tout le monde est ami, nous savons quoi faire de nos thermos, nous préparons nos casse-croûte et l'homme de la réception nous remercie de notre visite et nous explique

que la sculpture en bois est l'œuvre d'un artiste tronçonneur local et qu'elle occupera bientôt une place plus centrale. Et puis nous sortons, nous trouvons presque aussitôt la bonne piste, et aujourd'hui le temps est parfait, ce sont des Pâques de carte postale, le soleil est cuisant, nous avons un bon rythme, le terrain est plat, nous prenons des photos, nous avons fière allure, les bâtons de la COLOMBE tiennent le coup, on croirait presque qu'ils ont rallongé pendant la nuit ; au bout de quelque temps, nous traversons une route et faisons des photos marrantes de nous avec de l'asphalte sous les pieds, en sachant que, quelle que soit la source que nous choisissons d'écouter, nous avons maintenant traversé la route et mis derrière nous environ un tiers de la randonnée, et c'est allé très vite, non ? Il y a désormais des pistes préparées (comme aux J.O. d'hiver !) et nous filons à la vitesse du vent. De ce côté-ci, il y a des chalets privés partout et bien plus de monde sur les pistes. Les gens skient plus vite, portent des vêtements plus coûteux, ont un équipement plus cher, et sont trop pressés pour dire bonjour, parce qu'ils ont un certain nombre de kilomètres à abattre avant de regagner leur chalet et de préparer une cuisine originale à la presse manuelle pour leurs voisins de chalet, avant de se coucher assez tôt pour être frais et dispos et pouvoir abattre quelques dizaines de kilomètres demain aussi, et d'une manière générale, ils ont beaucoup à faire avant de mourir, *ce qui pourrait arriver n'importe quand*, et nous nous arrêtons quelques instants et parlons un peu de l'énorme différence entre les deux côtés de cette route. Nous sommes d'accord pour dire que les extrêmement rares personnes que nous avons rencontrées de l'autre côté, sur les pistes prétendument bondées à Pâques, étaient plus sympas que celles un peu plus nombreuses que nous voyons ici ; au moins, elles disaient bonjour, nous aimons les gens qui disent bonjour, convenons-nous. Mais les pistes sont fabuleuses, et le terrain est toujours bien plat, et regardez ce soleil ! Tout est parfait, c'est ça, Pâques, c'est cela dont ils parlent, tous autant qu'ils sont, et peut-on faire mieux, en vérité, et qu'est-ce qui pourrait bien mal tourner maintenant, et les Seychelles ? ! Don't get me started sur les Seychelles ! et nous avons déjeuné sans geler sur place, et nous avons fait une pause gnôle-cigarillo sans que qui que ce soit ne sourcille, et la seule chose que nous nous demandons maintenant, c'est si nous n'allons pas bientôt commencer à approcher du refuge.

Et puis…

Ayant une meilleure glisse que nos compagnons, la Responsable de la Documentation et moi les distançons dans une petite descente. Nous nous arrêtons pour les attendre, parce que c'est le genre de personnes que nous sommes. Et l'attente nous paraît un peu trop longue. Nous nous retournons et voyons la COLOMBE et le Chargé des Soucis et Inquiétudes au milieu de la descente. Ils ne bougent pas.

Nous remontons dans leur direction.

La COLOMBE nous regarde avec un réel désespoir.

« J'ai cassé ma chaussure, annonce-t-elle.

– Tu as quoi ?

– Cassé ma chaussure.

– Attends, excuse-moi. Recommence. Qu'est-ce que tu as cassé ?

– Ma chaussure.

– Ta chaussure ?

– Ma chaussure.

– Est-ce possible de casser une chaussure ? »

C'est possible. Un bout de sa chaussure est coincé dans la fixation du ski. Le reste est à son pied.

On a planifié, on s'est documenté, on a reçu des conseils de gens expérimentés, on pensait être préparé à tout ce qui risque de mal tourner dans la nature, on a fait son sac en fonction de cela. Et puis…

Pelle ? Coché.

Spatule de rechange ? Coché.

Eau en abondance ? Coché.

Lampe frontale ? Coché.

Bandage ? Coché.

Cordonnier ? Oh, mince.

Voilà donc le moment où l'on montre de quel bord on est. Car nous savons tous que nous ne sommes en fait qu'à quelques kilomètres d'un refuge, dirigé par des gens habitués à toutes sortes de situations. Nous avons même le numéro de ce refuge, nos téléphones marchent. Il y a sans doute une motoneige dans ce refuge, quelqu'un pourrait venir chercher la COLOMBE. Tout cela, nous le savons. Au fond. Même si à l'endroit précis où nous nous trouvons, au milieu d'un plateau, avec une moitié de chaussure, la civilisation semble infiniment loin.

Et c'est là que la bête sauvage se réveille en la COLOMBE. Pas question d'appeler une motoneige ! La motoneige, c'est la honte. On va s'en sortir.

MacGyver se met au travail. Ce qu'il nous faut, déclare-t-elle, c'est du gaffer. Nous n'en avons pas. Ce que nous avons, c'est un adhésif d'assez piètre qualité, destiné aux bandages que nous avons apportés au cas où l'un de nous se casserait un membre, plutôt qu'un bout de chaussure.

S'ensuit une tentative de réparer la chaussure avec des liens et de l'adhésif. Qui résistent sur exactement vingt-sept mètres.

L'option de la motoneige est de nouveau évoquée, mais reste inenvisageable. La COLOMBE remarque que si elle s'abstient de soulever le pied droit, elle parvient à avancer. Du moins tant que c'est plat.

Je note un léger tressaillement du visage de la Responsable de la Documentation. Et nous pensons sans doute la même chose au sujet de la nouvelle technique de la COLOMBE. « Oui, à la rigueur, ça avance. Mais si nous laissons tomber cette motoneige, nous devrons *tous* avancer à ton rythme et nous n'arriverons pas à temps au refuge pour boire cette bière au soleil aujourd'hui non plus, si tant est que nous arrivions même à l'heure pour le dîner. »

Mais cela ne nous regarde pas. C'est une affaire entre la COLOMBE et la nature. Et elle a fait son choix : continuer avec une chaussure et demie et un ski détaché.

Je ne prétendrai pas le contraire. Il y a des remous dans les rangs de notre petite bande à présent. La question est posée, à voix basse, de savoir si les motoneiges ne sont pas faits pour être utilisés et s'il est défendable de partir en excursion avec du matériel datant du siècle précédent.

Il y a moins de monde sur la piste que plus tôt dans la journée, mais une femme vient dans notre direction. Nous lui racontons notre mésaventure et lui demandons si, par hasard, elle n'a pas du gaffer ou un cordonnier dans son sac à dos. Elle n'a même pas de sac à dos, mais elle nous console en nous disant que ce n'est pas un problème. Le refuge est à deux pas.

Elle en vient à l'instant. Le mieux serait sans doute que l'un de nous y fasse simplement un saut pour chercher des skis et des chaussures de réserve, il y en a sûrement.

Cette nouvelle apporte du soulagement au groupe. Du moins aux trois quarts du groupe. Car en ce qui me concerne, j'ai le sentiment insidieux que ce n'est pas tout à fait exact. Je me rappelle en effet que nous avons croisé un couple près d'un écriteau, il y a un certain nombre de kilomètres, et cet écriteau indiquait que Tuva était à sept virgule deux kilomètres. Le couple, qui venait de Tuva, nous a dit qu'il n'y avait que deux écriteaux entre Krækkja et Tuva. Le premier indiquait sept virgule deux. Le second deux virgule sept. Je m'en souviens parce que nous avons blagué sur les fabricants de panneaux du Hardangervidda qui manifestement ne savaient que faire des sept et des deux.

Or je n'ai pas souvenir d'être passé devant un écriteau « Tuva 2,7 ». Je m'en serais souvenu. Il n'y a pas toute la variation du monde sur le plateau. On voit surtout de la neige et des traces de ski. Du coup, on remarque les objets remarquables comme les écriteaux. Je n'en vois pas non plus au loin, devant. Nous sommes sur un plateau. On voit loin sur un plateau. Autrement dit, tout porte à croire que nous sommes au moins à trois kilomètres du refuge. Probablement plus. Pas mal plus, même. Si l'un de nous « faisait un saut » au refuge, qui est « à deux pas », et revenait, ça prendrait au moins une heure. Et ce, en envoyant la plus rapide et la plus impatiente d'entre nous (la Responsable de la Documentation). Il faudrait compter une heure et demie à deux heures avec quelqu'un de plus porté sur les bavardages oiseux et les pauses cigarillos.

Les autres se sont remis à skier, ou à claudiquer, ou autre dénomination employée pour le boitillement sur skis, en guettant le refuge. Je ne crois pas qu'ils aient entendu la conversation sur l'écriteau sept virgule deux. Je décide que j'ai dû mal entendre ou parvenir au morceau de bravoure consistant à passer devant un écriteau sans le remarquer.

Ce doit être l'explication.

C'est la seule explication possible.

Alors nous avançons et avançons encore, avec en tête la COLOMBE, cette bête sauvage, claudiquant avec obstination, et nous autres juste derrière. Nous allons y arriver. Nous sommes des gens de nature.

Ça ne va pas très vite, mais honneur à la COLOMBE, elle développe très rapidement une technique impressionnante sur le plat et trouve un rythme qui lui permet d'avoir une allure presque normale. S'il existait une coupe du monde de ski de fond sur plat avec chaussure détachée, elle s'en sortirait extrêmement bien.

L'humeur du groupe est à la hausse.

Et là, nous voyons quelque chose, assez loin devant.

Ce n'est pas un refuge, pour le cas où vous l'auriez cru. Et puis quoi encore ?

Ce sont des gens. Au bout de quelque temps, nous voyons qu'ils regardent quelque chose.

Et ce quelque chose, c'est un écriteau, des écriteaux, sur un poteau planté dans la neige, pointant dans toutes les directions.

Nous sommes arrivés à un carrefour sur le haut plateau. Et, me rends-je compte, à un point de la randonnée où au moins une personne du groupe pète les plombs.

Le Chargé des Soucis et Inquiétudes trottine jusqu'à l'écriteau. Il lit. Il relit. Puis il revient sur quelques mètres dans notre direction, et déclare, d'un ton franchement offusqué :

« Il reste DEUX VIRGULE SEPT KILOMÈTRES. Maintenant !!!

– Ne crie pas, dis-je. Tu pourrais provoquer une avalanche. »

Mais là, il n'a pas d'humour.

Nous racontons notre mésaventure aux gens près de l'écriteau. Ils se montrent compatissants tout en riant.

« Mais à partir de là, c'est en descente douce sur tout le chemin jusqu'à Tuva », précise l'un d'eux.

Et voici ce que la montagne nous fait : je suis maintenant devenu tellement soupçonneux que je pose des questions de contrôle.

« Vous arrivez de Tuva ?

– Oui.

– Donc vous venez de faire le tronçon de Tuva jusqu'ici, c'est ça ?

– Oui.

– Juste maintenant ?

– Oui. »

Et puis, je demande à l'un des autres : « Et d'ici, c'est toujours en descente ?

– Oui, d'ici, c'est en descente douce sur tout le chemin. »

Après avoir skié vingt minutes sur une piste qui, indubitablement, est une légère montée, nous ne pouvons que constater que nous ne savons rien. Si ça se trouve, il reste dix kilomètres jusqu'au chalet et les derniers quatre cents mètres montent à pic. Parce qu'il n'est pas possible de se fier à la moindre information obtenue ici. Nous venons de nous renseigner auprès de trois sources différentes. Aucune n'a dit quoi que ce soit de véridique.

Le Chargé des Soucis et Inquiétudes commence à être furieux. La COLOMBE se concentre avant tout pour maintenir sa technique et sa bonne humeur, quelque part dans le nomansland entre courage et hystérie. Au milieu de tout cela, la Responsable de la Documentation et moi ne sommes pas mécontents que nos deux coéquipiers puissent faire cette expérience. Après notre randonnée dans le Jotunheimen, nous avons beaucoup parlé des gens en montagne qui passaient leur temps à mentir et à se vanter, et je crois que nos amis s'étaient dit que nous n'étions nous-mêmes pas en reste en termes d'exagération.

Mais nous venons maintenant de rencontrer des personnes, plusieurs personnes, qui nous ont menti droit à la face. Et sans la moindre raison ! Car ce que nous avons entendu aujourd'hui n'est même pas de la vantardise, c'est du pur mensonge. Et ils mentent à quelqu'un qui a eu une mésaventure et doit skier à mi-vitesse avec un équipement abîmé. Raconter des boniments sur les distances et le terrain à quelqu'un qui est dans une situation pareille, c'est de la pure méchanceté.

C'est quoi, le problème de ces gens ?

Eh ! Toi ! Femme que nous avons croisée, probablement à environ quatre kilomètres du refuge (mais qui sait ?) : tu te comportes toujours comme ça ? Ou c'est juste en montagne que tu disjonctes ? Disons que tu es dans le centre d'une ville et que tu rencontres quelqu'un en fauteuil roulant, en fauteuil roulant *manuel*. L'une des roues ne tourne plus, et il a trouvé un réparateur à telle et telle adresse. Tu sais que c'est à cinq kilomètres du centre, il te demande si c'est loin. Qu'est-ce que tu dis ? Que c'est juste au coin, qu'il n'y a que les gandins qui prennent le taxi ?

Probablement pas. Car personne ne se comporte ainsi. Pas dans le monde civilisé. Mais à l'évidence, dans la nature, tout est différent.

Est-ce l'altitude ? Ou ce virus, qui aurait des complications plus sévères que les troubles intestinaux ?

Est-ce la cuisine, peut-être ? Tous ces plats qui n'ont été servis nulle part ailleurs qu'à la montagne depuis les années 1980… Ce millésime fait peut-être ressortir la malhonnêteté ? On perd peut-être la faculté de distinguer le vrai du faux au-delà d'une certaine quantité de rôti de porc fumé et d'aspic ?

Je ne sais pas, cher lecteur, chère lectrice, si vous êtes suffisamment âgés pour vous souvenir des années 1980, moi si. Et dans les années 1980, les gens exagéraient beaucoup aussi. Inutile de ressortir les grandes épaulettes, ce qui caractérisait les années 1980, c'était bel et bien la vantardise. Une attitude célébrée à l'époque. Il fallait se pousser du col, prétendre qu'on gérait, qu'on était champion du monde en presque tout.

Dans le reste de la population, ce comportement s'est éteint à la fin de la décennie.

Pas en montagne. Ce doit être la nourriture.

C'est l'aspic qui parle.

Ça aide toujours de dépasser quelqu'un. Et quand on ne peut soulever qu'un pied, c'est assez impressionnant.

La personne que nous dépassons maintenant se révèle être la femme avec qui nous avons pris notre petit-déjeuner à Finse avant-hier et que nous avons revue avec ses amies hier à Krækkja. Il n'y a peut-être pas autant de monde qu'on veut bien le dire en montagne à Pâques, mais en contrepartie, on voit absolument tout le temps les rares personnes qui y sont.

Dans ce groupe aussi, l'ambiance est médiocre. Ce sont les ampoules qui sont le problème.

Ha ! Les ampoules. Les ampoules, ça nous fait rire. Essayez donc de skier avec une demi-chaussure !

Des ampoules, nous en avons tous.

Enfin, pas moi, mais j'arrive à imaginer ce que ce doit être.

Nous discutons de la distance qui pourrait nous séparer du refuge. Elles aussi, y vont. Nous pensons tous voir un étendard ou quelque chose de ce genre, au loin, devant. Serait-ce celui du refuge ? Ce chalet est *forcément* le refuge, affirme l'une des amies. C'est en tout cas *un* chalet. Personne ne planterait un mât de pavoisement et ne hisserait un pavillon au beau milieu des hauts plateaux pour narguer les gens.

Je ne serais pas aussi affirmatif.

Nous laissons les amies derrière nous. Elles vont se reposer, se disputer, changer de chaussures, ou autre. Notre objectif en vue, nous claudiquons vers le pavillon hissé. En approchant, nous tombons sur une descente pas entièrement attendue. C'est un problème. La COLOMBE ne peut pas faire de chasse-neige. Elle perdrait ses skis. Elle va donc devoir déchausser et descendre à pied, avec tout ce que cela implique de chutes humiliantes dans la neige. L'autre option est de se lancer. Elle se lance. Ainsi est la nouvelle COLOMBE. Elle part dans la descente, skis parallèles, et prend énormément de vitesse. Nous autres suivons en chasse-neige et la voyons godiller élégamment, à une vitesse folle, avec un ski détaché, devant un chalet qui apparaît soudain, pavillon hissé. Des gens qui boivent une bière au soleil nous disent « Joyeuses Pâques ! ».

À la réception, nous retrouvons bien évidemment un couple rencontré et à Finse et à Krækkja. La conversation est facile. C'est chouette maintenant.

Nous nous renseignons sur les possibilités de faire réparer des chaussures. La femme de la réception nous répond en souriant que son mari pourra sûrement s'en occuper à son retour. Il semblerait que le refuge ait son propre MacGyver. Elle explique aussi qu'ils ne manquent pas d'équipement de réserve si la nécessité s'en faisait jour. On organise en effet une course dans le coin, une fois par an. Une partie des participants sont des quadras et des quinquas en légère surchauffe. Nul doute que certains de ceux que nous avons croisés sur les pistes aujourd'hui, et qui étaient trop occupés pour dire bonjour, en seront. Toujours est-il qu'il y a un endroit non loin d'ici où les participants mécontents de leur prestation balancent leur équipement de rage, non sans rappeler le Suédois à vélo dont vous vous souvenez peut-être. Ensuite, des gens du refuge s'en vont ramasser l'équipement jeté, et peuvent le donner à leurs clients en cas de besoin. C'est la plus belle histoire de recyclage qui m'ait été donnée à entendre depuis longtemps.

J'aime ce refuge, bien plus petit. Notre hôtesse est marrante. Elle et l'homme qui va bientôt réparer la chaussure de la COLOMBE viennent de prendre la relève de la génération précédente à la tête du refuge. Nous aimons les traditions, nous qui randonnons en montagne.

Mais nous ne pouvons pas nous perdre en bavardages. Car aujourd'hui, nous voulons avoir le temps de boire une bière au soleil avant le dîner.

Dehors, nous trouvons une place, trinquons avec des Bergenois joviaux et quelques Américains qui sont les premiers touristes étrangers que nous voyions depuis nos Néerlandais décontenancés de Finse. L'un d'eux a une ampoule de la taille d'un pied. It's not a problem, affirme-t-il.

Il a passé trop de temps dans les montagnes norvégiennes.

Nous nous adossons au chalet, plissons les yeux face au soleil, buvons. C'est formidable. Et au bout de quelques minutes, glacial. On oublie toujours d'une fois sur l'autre. Ou alors ce sont les effets secondaires de l'aspic qui commencent à se manifester.

Et voilà les amies que nous avons dépassées il y a quelque temps.

Et Per et Kari, d'hier.

Bon, alors tous ceux qui randonnent dans la montagne pascale cette année sont arrivés, et le dîner peut être servi.

En l'occurrence, il est bien possible qu'il s'agisse effectivement de tous ceux qui randonnent dans la montagne pascale, car ici aussi — à la troisième de trois tentatives possibles — nous obtenons une chambre pour quatre. Une chambre pour quatre un peu étrange, certes, mais absolument dans les limites de ce qui passe pour charmant. Ou exigu, puisque c'est ce que cela signifie. C'est une chambre sous les toits. Il faut grimper par une échelle de meunier et franchir ensuite une petite porte basse. Ou plutôt ramper. Je connais plusieurs personnes qui n'auraient pas pu passer cette porte, donc je prends comme un compliment qu'on nous ait placés ici. On ne peut pas tenir debout, c'est impossible. Nous nous changeons donc pliés en deux et redescendons pour le dîner.

Tenez-vous bien ! Au menu, il y a du poisson. Et du riz.

Hein quoi ? ! ? !

On sent que c'est une nouvelle génération qui a pris les rênes, et que ces gens pensent vraiment hors des sentiers battus. Ils se sont distanciés de la règle qui veut qu'on ne propose que du cochon et de la vache dans les refuges, afin de toujours exclure un maximum de minorités.

Nous partageons une table d'angle avec la bande de copines. Demain, elles iront à Geilo. Nous aussi. Du moins, c'est ce que nous pensions jusqu'à ce que nous apprenions à l'instant que la dernière partie de la randonnée est une descente de ski alpin.

Si nous allons tous à Geilo, c'est uniquement pour prendre le train du retour. Ce qu'on peut aussi faire à d'autres endroits à proximité, qu'on peut rallier autrement que par une descente de ski alpin sur des skis de fond. Par exemple, ce hameau qui s'appelle Ustaoset. Oui, vraiment.

Il se trouve que c'est deux fois plus près que Geilo, mais ce n'est pas un facteur déterminant, pas du tout. Ce dont il s'agit ici, c'est de solidarité avec la personne du groupe qui a de mauvais bâtons et des chaussures qui cassent.

Et le fait que ce soit le deuxième jour d'affilée où nous changeons d'itinéraire et le raccourcissons ne fait que prouver que nous sommes au-dessus de cette stupide culture viriliste de la montagne et que nous faisons des choix raisonnables au lieu de nous rendre les choses plus désagréables que nécessaire.

Mais c'est clair, quand nous apprenons ensuite que l'une des copines à notre table va se rendre à Geilo en motoneige, à cause d'une ampoule, nous lançons dix ou douze vannes sur le sujet.

On a tout de même le droit d'être stupide et viriliste dans ces limites-ci. C'est les vacances après tout.

Encore une fois, nous sommes tellement contents d'avoir changé d'itinéraire que nous commandons pas mal de vin. La COLOMBE réactualise la carte des blessures. Ce sont principalement celles du Chargé des Soucis et Inquiétudes qui ont escaladé depuis hier.

Le MacGyver du refuge vient à notre table nous annoncer qu'il a réparé la chaussure. Bien sûr, il a les cheveux en bataille et il est cordial et sympathique. La chaussure a été recollée à la Superglue et devrait tenir au moins un certain temps, déclare-t-il. C'est moyennement rassurant.

Par ailleurs, nos hôtes nous expliquent que, tous les jours, il y a une espèce de relais des clients au refuge. Après le petit-déjeuner, tous ceux qui y ont passé la nuit s'en vont en randonnée, il y a une ou deux heures de calme, et les clients de jour arrivent, des propriétaires de chalet qui passent par Tuva lors de leurs séances d'entraînement sportif, pour manger des gaufres. Les gaufres d'ici sont quasi légendaires. Évidemment. Revoilà donc notre soupe de poissons[13].

« Nous ne quitterons pas ce refuge avant d'avoir goûté les gaufres », décrète la Responsable de la Documentation.

---

13. Eh ben, suivez, quoi ! Ou consultez les chapitres *Montagnes d'intérieur et pop-corn au feu de bois* et *Gnôle et cigarillos.*

Nous parlons beaucoup avec Per et Kari. Et un peu avec les copines. Et avec le couple de Finse et Krækkja sur qui nous sommes tombés tout à l'heure à la réception. C'est peut-être aussi bien que ceci soit le dernier soir, car tout porte à croire que si nous étions allés dans un refuge de plus demain, nous serions tombés encore une fois sur les mêmes gens. À un moment ou un autre, nous aurions été obligés de parler d'autre chose que de montagne, de ski, de distances, de refuges et d'ampoules. Et là, tout aurait pu arriver. Nous ne savons pas qui sont ces gens, en réalité. Si nous commençons à parler de choses habituelles, ils pourraient se révéler être racistes. Ou adeptes du yoga.

À table, la conversation entame déjà un virage menaçant vers les sujets quotidiens entre personnes normales, mais par bonheur nous sommes sauvés par le gong.

Il est vingt-trois heures. On coupe le courant.

Une autre variable d'un refuge à l'autre est la température. Il règne soit une chaleur absurde (le salon-cheminée de Finse) ou un froid aberrant (la chambre de Krækkja). Nous sommes cette fois revenus à la chaleur absurde. Notre chambre se trouve en effet quasiment au-dessus de la cheminée et il y a environ cinquante centimètres sous plafond, donc ça se réchauffe vite. Quant à la température extérieure, elle approche des records de froid. Les ablutions du soir se transforment donc en expédition avec une amplitude thermique de soixante degrés. De la chambre à coucher où il fait sans doute plus de trente degrés, on descend l'échelle et on va dehors, où il ne fait pas loin de moins trente, pour aller dans la cabane des toilettes sèches, dont les cloisons ressemblent plus à du gruyère qu'à du bois et où on a l'impression qu'il fait encore plus froid qu'à l'extérieur, et puis il faut ressortir encore et rejoindre une autre dépendance pour se laver les mains et les dents avant de regagner le chalet principal et de se coucher dans un bassin de chaleur.

Mais avant tout cela, nous décidons de prolonger un tout petit peu ce dernier soir en partageant le dernier cigarillo.

Je ne prétendrai pas que nous devenons mélancoliques ou sentimentaux, mais c'est drôlement chouette de partager un cigarillo dans le noir, par un froid glacial alors qu'un Américain passe en claudiquant à l'arrière-plan.

Glossaire

Mots et expressions utiles en montagne.

Bien : froid
Chouette : froid
Beau : froid
Vraiment chouette : froid
Charmant : exigu
Sentiment de maîtrise : terminer enfin quelque chose dont on a marre depuis longtemps
Court : long
Pas loin : loin
À deux pas : à cinq kilomètres
Descente : montée
Pas raide : raide
Méditatif : ennuyeux
Aérien : montée à pic et mortellement dangereuse

Écoutez les conseils des montagnards non expérimentés, troisième partie

1. Toujours emporter du gaffer, des chaussures de ski de réserve, de la Superglue et MacGyver.

2. On est encore loin. Toujours.

3. Toujours emporter une abondance de cigarillos ou équivalent que vous aimez et qui n'a pas sa place à la montagne. On peut oublier beaucoup de choses sans que ce soit la panique. C'est étonnant de voir tout ce qu'on peut acheter ou emprunter dans les refuges. Mais les cigarillos, ça, non.

4. Il n'y a aucune honte à appeler une motoneige.

5. Et il n'y a en tout cas aucune honte à modifier l'itinéraire absolument tout le temps.

Des blancs qui parlent d'ampoules

Dernière étape : Tuva – Ustaoset. À skis. 10 kilomètres.

Nous allons goûter les célèbres gaufres. Comme un dernier test pour mesurer le contenu de vérité de la montagne. C'est pourquoi nous restons attablés après le petit-déjeuner. Et après le départ de tous les autres clients du refuge.

Voilà Per et Kari qui s'en vont. Oui, au revoir. Et bonne randonnée.

Voilà la bande de copines qui s'en vont. En motoneige pour certaines. Faiblardes !

Et voilà que s'en va le couple que nous avons vu à Finse. Et à Krækkja. Et hier soir. Et au petit-déjeuner ce matin.

Oui, au revoir.

Joli sur l'intérieur, là.

Formidable quand c'est comme ça.

Les Seychelles, l'autre.

La semaine de Pâques tombe tôt cette année.

Bonne randonnée.

Opté pour le vert, aujourd'hui.

Et puis il ne reste que nous. Nous avons tout notre temps. Parce qu'aujourd'hui, nous n'allons pas loin. Nous allons faire dix kilomètres, en grande partie en descente. Rien de très escarpé, notre hôtesse nous l'a assuré. Pas raide, juste amusant, comme elle l'a formulé.

Alors nous allons bouquiner en attendant les célèbres gaufres. Buller. Nous asseoir dehors au soleil contre la façade du chalet, peut-être. Peut-être même être complètement dingue et boire une dernière bière dehors avant de partir.

C'est pourquoi à dix heures et demie du matin, nous sommes en train de discuter dans le salon-cheminée.

Manifestement, c'est du jamais vu dans l'histoire des refuges de montagne du Hardangervidda. Une entorse aux procédures habituelles. Les gens viennent ici l'après-midi, répondent à des questions sur les thermos et les casse-croûte, posent leurs sacs à dos dans des chambres minuscules soit glaciales soit bouillantes, dînent avec des gens rencontrés la veille dans un autre refuge, parlent d'ampoules, se couchent tôt, se lèvent tôt, prennent leur petit-déjeuner et s'en vont. Il n'est probablement jamais arrivé que quelqu'un reste assis ici, la journée, sans raison.

C'est l'heure du ménage. La femme qui s'en occupe entre dans le salon-cheminée. Elle nous observe quelque temps, puis s'en va. Elle a dû convoquer une réunion de crise dans l'arrière-salle.

« Il y a du monde.

– Du monde ? Ici ? À cette heure ?

– Oui.

– Quel genre de monde ?

– Des clients, je crois.

– Des clients ? Maintenant ? Mais il est plus de dix heures.

– Je sais.

– Qu'est-ce qu'ils font ?

– Ils sont juste assis.

– Pour quoi faire ?

– Ben, j'en sais rien, moi. Ils doivent se relaxer ou quelque chose comme ça.

– Se relaxer ?! Mais c'est quoi, cette activité de malade pendant les vacances ?

– Je ne sais pas !

– Ils ont l'intention de rester longtemps ?

– Ils disent qu'ils veulent des gaufres.

– Des gaufres ? Mais ils viennent de prendre leur petit-déjeuner. Les gaufres, c'est pour les clients de jour. Qui n'arriveront pas avant une heure. On ne peut pas commencer à mélanger les clients de jour et les clients de nuit, ce n'est quand même pas difficile à comprendre, si ? Qu'est-ce qui se passerait si on faisait une chose pareille ?!

– Qu'est-ce qu'on fait ?

– On n'a jamais connu une telle situation. Une année, à Pâques, on avait eu quatre mille clients répartis en deux chambres, et nous avons survécu à des épidémies, mais il ne s'est jamais rien produit d'aussi dément que ça. »

On nous sert nos gaufres. Ils ont dû comprendre que c'était la seule façon de se débarrasser de nous. Effectivement, elles sont très bonnes. Les meilleures du monde, c'est un peu exagéré, mais elles sont indéniablement croustillantes et fort savoureuses. Nous sommes tous d'accord.

Cela pourrait toutefois être que nous avons passé trop de temps en montagne et que nous avons oublié le goût de la nourriture normale. Et bien sûr, il se pourrait aussi que le cuisinier ait mis de l'aspic dans la pâte.

Quand on skie en montagne, se produit parfois un phénomène amusant : on fredonne des chansons qui, d'une manière ou d'une autre, traitent de ce qu'on est en train de faire. Et là, je ne pense pas au « Joyeux promeneur », qui continue de faire des apparitions régulières, mais plutôt à ce que nous fredonnons ou chantonnons quand nous sommes dans notre monde. Nous en parlons pendant la pause.

« It's a long way to Tipperary ».

– Eh ben !

– Je sais. Je me stupéfie moi-même.

– « Over the hills and far away ».

– Forcément !

– Depuis qu'on a quitté le refuge, je chante « He ain't heavy, he's my brother ». Je ne sais pas pourquoi, aucune idée.

– C'est sans doute parce que les paroles commencent par "The road is long, with many a winding turn". »

Nous regardons la piste devant nous. Elle est longue. Tout en virages. Nous acquiesçons.

Et puis nous chantonnons « He ain't heavy, he's my brother » pensivement, en chœur. Et ce n'est pas particulièrement joli.

« Bien, fait la Responsable de la Documentation. Mais quelqu'un peut-il m'expliquer pourquoi je chante « Plus près de toi mon Dieu » ? »

Nous préférons ne pas y songer.

Surtout la COLOMBE, qui commence à appréhender la longue descente qui nous attend. Notre destination se trouve dans une vallée. À un moment ou un autre, il faudra forcément que ça descende. Mais ce n'est pas spécialement raide, a précisé notre hôtesse du refuge. Et nous lui faisons confiance, malgré sa qualité de montagnarde. Elle disait plutôt vrai quand elle parlait des gaufres, par exemple. Et au standard montagnard, « plutôt vrai », ce n'est vraiment pas mal. La COLOMBE craint que sa chaussure ne cède au milieu d'une pente raide. Elle n'a pas tort, car ce que nous voyons maintenant devant nous ressemble fort à une pente plutôt raide et assez longue. L'un de nous chantonne à mi-voix « I'm going down » de Bruce Springsteen.

Mais il y a des écriteaux un peu plus bas, voyons d'abord s'il nous faudra emprunter la partie la plus escarpée, ce n'est pas certain. Les pistes partent dans plusieurs directions.

Il y a pas mal de monde, alors nous demandons à ceux qui connaissent les lieux si la descente sur Ustaoset est raide.

« Non, non, c'est en pente douce », répond le premier.

La COLOMBE explique qu'elle a une chaussure abîmée.

« Aucun problème », renchérit un autre.

« Je suis descendu avec une fixation cassée pas plus tard qu'hier », déclare un troisième.

« Je le fais tous les jours. »

« J'ai dit une fixation cassée ? Je voulais dire deux, bien sûr. Et moi aussi, je le fais tous les jours. Même en été, quand il n'y a pas de neige. »

« Quelle vie de luxe ! Moi, je fais cette descente quatre fois par jour, toute l'année, sans skis ni chaussures ou fixations. »

« Fastoche ! Quand j'étais petit, on habitait dans un baquet d'eau sans eau, dehors pendant tout l'hiver. Tous les jours, on devait se lever avant de s'être couchés, laver le baquet, sans eau, et monter et descendre cette descente vingt fois, nus comme des vers, et quand on revenait au baquet, qu'est-ce qu'on avait ? Un petit-déjeuner ? Loin de là. On se faisait tabasser. Quand on avait de la chance ! »

« Hm. Mais allez dire ça aux jeunes d'aujourd'hui, ils ne vous croiront pas. »

« Non, voilà comme c'est devenu. Bonne continuation, alors. »

« Et vous aussi ! Chouette sur l'intérieur maintenant. »

« Formidable quand c'est comme ça à Pâques. »

« Avec du vert. »

« Les Seychelles n'ont qu'à se rhabiller. »

Vous l'aurez deviné depuis longtemps et, en plus, vous avez dû lire le glossaire qui précède ce chapitre, vous êtes sérieux et quand vous lisez un livre, vous lisez les pages dans le bon ordre, sans papillonner d'un paragraphe à l'autre : la pente est raide. Très raide. Et quand nous arrivons aux écriteaux, il apparaît bien sûr que nous devons bel et bien descendre la partie la plus escarpée. Et soudain, quelqu'un arrive tout schuss à cent kilomètres heure.

Et, oui, la chaussure de la COLOMBE recasse au premier virage. Autant pour MacGyver.

Et maintenant ? Souris ou homme ? Rick Astley ou Union soviétique ?

La COLOMBE n'a qu'une option. Enlever ses skis et marcher. Marcher sur la neige, c'est terriblement lent. Surtout quand des avocats en combinaison moulante descendent comme des bombes parce qu'ils veulent se mettre en forme pour pouvoir jeter leurs skis de rage après une course sans aucune espèce d'importance.

Et nous autres ? Nous ne sommes pas assez fous pour descendre tout droit. Le chasse-neige au milieu de la piste n'est pas une solution non plus, parce qu'on risque alors de se faire heurter de plein fouet par une crise de la cinquantaine en schuss. Et c'est *nous* qui nous ferons engueuler.

Nous décidons de zigzaguer dans la poudreuse sur le côté de la piste. Ce n'est pas du beau ski, mais au moins nous allons à peu près à la même vitesse que la COLOMBE. Nous restons et demeurons un groupe solidaire.

« Ah oui ? Vous n'osez pas descendre tout droit ? Pourtant, ce n'est pas pentu, si ? » demande quelqu'un en me dépassant. Je lève les yeux, ne vois qu'un dos. Avait-il quelque chose de familier ?

Non.

« Il paraît qu'ils fument des cigarillos dans la nature… »

Qui a dit ça ?

« Ah bon, alors comme ça, on fait des blagues sur les noms des montagnes norvégiennes ? La verge de l'elfe ? Le vagin de la vette ? C'est censé être drôle ? »

Je me retourne, sans comprendre qui a parlé.

« Il faut respecter la nature. »

Ah, je le vois ! Enfin, est-ce un « le » ? Est-ce l'homme que nous avons vu quand nous faisions notre pause cigarillo juste avant Krækkja ? Ou la femme qui nous a regardés de travers pendant notre première pause cigarillos ? Ou tout simplement celle qui nous a sermonnés dans la queue du dîner à Finse ? On dirait les trois.

« La nature est capricieuse, dit-il. Et cette pente n'est pas raide. Et vingt-cinq kilomètres, ce n'est pas long. »

Puis il s'en va.

« C'est joli sur l'intérieur, là. Formidable, Pâques, quand c'est comme ça. N'existe pas de meilleur endroit où être. On vit dans le plus beau pays du monde, personne ne pourrait prétendre le contraire, on a… »

Il disparaît en fondu enchaîné.

Un homme arrive dans ma direction. Un simple débardeur en résille sur le torse. Il mange une portion de lasagnes avec des pommes de terre. Il s'arrête. Puis il reste un moment à me dévisager en mastiquant, avant d'approcher.

« Vieille nourriture ? me propose-t-il en me tendant un bout de lasagnes avec des pommes de terre.

– Non merci.

– Vous devriez essayer. C'est pas mal. Ça aide à oublier.

– Oublier ?

– J'ai de l'aspic dans ma poche arrière, si vous préférez.

– Non merci.

– Un peu de lasagnes avec des pommes de terre et un bout d'aspic et cette pente n'est pas du tout pentue. Avec un peu de rôti de porc fumé en plus, le terrain devient parfaitement plat.

– Non merci.

– OK. À vous de voir. »

Il disparaît.

Il faut que je revienne sur la piste.

Je me tourne. Je ne vois plus la piste nulle part. Ni la Responsable de la Documentation. Ni la COLOMBE et le Chargé des Soucis et Inquiétudes. Ce que je vois, c'est une femme au loin, avec une pulka, qui skie lentement en me regardant. Rien d'autre.

Je regarde derrière moi, devant moi, à ma droite, à ma gauche…

Qui est-ce qui m'observe à la lisière de la forêt ?

Je l'ai déjà vue.

Est-ce… ? Ça ne peut pas être… ?

Si, c'est l'hôtesse du refuge du Galdhøpiggen. Qui disait que c'était une belle randonnée de toute façon, même sans aucune visibilité et par un temps de chien. C'est bien elle, non ? Elle mange de la viande en me fixant. Elle chantonne « Le Joyeux promeneur », je crois.

Elle se retourne et disparaît dans la forêt.

Qui vois-je derrière ? Sur le versant de l'autre côté de la montagne ? On dirait… Julie Andrews ? Qui danse avec Jim Carrey ? En chantant « Le Joyeux Promeneur » ?

Non. Ça ne se peut pas.

Mais il y a bien quelqu'un qui chante « Le Joyeux Promeneur ». Je l'entends. Tout un chœur. De plus en plus fort. Je me tourne et vois une longue rangée de gens qui s'avancent vers moi, en chantant. Certains d'entre eux mangent des bouts de rôti de porc fumé en marchant. Entre les chansons, ils communiquent par phrases courtes.

« Là, c'est bien. »

« Formidable. »

« Ça fait du bien de se servir de son corps. »

« On ne peut pas faire mieux que ça. »

« Mais non, ce n'est pas loin. »

Je reconnais tout le monde. Il y a Per et Kari. Les copines d'hier. Y compris celle qui est partie en motoneige. Les autres lui fourrent de la viande dans la bouche pendant qu'elle avance. À pied.

Et voilà la bande des pétroleurs que nous avions rencontrés l'été dernier avant de faire la Besseggen. J'en suis heureux et leur fais signe. Ils ne répondent pas. J'en rejoins un, lui demande où ils vont.

« Ne posez pas ce genre de question, me répond-il d'un ton grave. Rôti de porc fumé ? »

Puis ils passent leur chemin.

Et voilà la femme qui habite en Australie. Et celle qui avait débarqué à Krækkja après avoir skié dans le noir pendant trois heures et demie. Et le type avec sa fille adolescente.

Et v'là-t'y pas les Canadiens de l'été dernier, que nous avions vu sur la crête de Bessegen et, ensuite, à Preikestolen ? Où vont-ils, tous autant qu'ils sont ?

On dirait qu'ils me veulent quelque chose. Le Canadien me fait un signe de tête, comme pour que je l'accompagne. Madame Canada se contente de hausser les épaules.

Je les suis. Ils marchent, en cadence. Tout le monde murmure que c'est formidable, joli, pas escarpé, pas loin. On fait tourner un rôti de porc fumé. On chantonne.

The road is long.

Do re mi.

Falleri.

Fallera.

Et puis le paysage s'ouvre. Nous arrivons à une grande plaine.

Et les voilà. Tous les amis que la nature m'a ravis au fil des ans. Qui avancent. En rond. Les gens de ma rangée intègrent leur ronde. Et ils continuent de tourner encore et encore. Tous se saluent sans cesse, comme s'ils ne s'étaient jamais rencontrés.

Bonjour ! C'est bien, disent-ils. Formidable. Pas loin. Pas raide. Beau. On ne fait pas mieux. Meilleures gaufres du monde. C'est ça, la vie.

Je m'élance vers un ancien copain de fac.

« Eh ben, ça faisait longtemps, dis-je.

– Non, répond-il. Ça ne faisait pas longtemps. De l'aspic ?

– Pourquoi vous marchez tous ici ? dis-je à un autre.

– Comment ça ? répond-il. On ne fait pas mieux.

– Mais toi qui étais tellement drôle...

– Je ne crois pas, non. Ça ne me ressemble pas. Prends donc un peu de vieille nourriture de confirmation religieuse et viens avec nous.

– Mais vous tournez en rond ? dis-je.

– Non, répond une femme avec qui je travaillais et faisais la fête dans les années 1990. Ce n'est pas ce que nous faisons. Tôt ou tard, nous arriverons à un refuge en bois où des blancs parleront de leurs ampoules. Qu'est-ce que la vie pourrait avoir à offrir de plus ?

– Euh... j'ai plusieurs suggestions à faire, là !

– Non, tu n'en as pas. Viens avec nous maintenant. »

Toute la ronde s'adresse à moi.

« Viens. C'est très relax.

– Sans problème.

– S'abstraire de la vie.

– Arrêter le temps.

– Ce n'est pas loin.

– À deux pas.

– Formidable.

– Ce n'est que dans la rencontre avec la nature qu'on mesure combien on est petit.

– On ne fait pas mieux.
– La vie est meilleure dehors.
– La Norvège n'est pas faite pour rester assis sur son cul.
– C'est ici que nous sommes nous-mêmes.
– Pourquoi rêver quand on vit la vie dont d'autres rêvent ?
– Viens.
– Viens.
– Viens. »

Do, a deer, a female deer
Re, a drop of golden sun
Mi, a name I call myself
Fa, a long, long way to run
So, a needle pulling thread
La, a note to follow so
Ti, a drink with jam and bread
That will bring us back to Do, oh oh oh
Do, a deer, a female deer
Re, a drop of golden sun
Mi, a name I call myself
Fa, a long, long way to run
So, a needle pulling thread
La, a note to follow so
Ti, a drink with jam and bread
That will bring us back to Do, oh oh oh
Do, a deer, a female deer
Re, a drop of golden sun
Mi, a name I call myself
Fa, a long long way to run
So, a needle pulling thread
La, a note to follow so
Ti, a drink with jam and bread
That will bring us back to Do, oh oh oh
Do, a deer, a female deer
Re, a drop of golden sun
Mi, a name I call myself
Fa, a long, long way to run
So, a needle pulling thread
La, a note to follow so

Ti, a drink with jam and bread
That will bring us back to Do, oh oh oh
Do, a deer, a female deer
Re, a drop of golden sun
Mi, a name I call myself

Falleri
Fallera
Fallera-la-la-la-la-la-la-la

Sources, digressions et informations complémentaires pour les geeks

CE N'EST PAS ÇA

Le chiffre que j'indique au début de cet ouvrage est tiré de l'enquête sur les conditions de vie publiée par Statistisk Sentralbyrå (le Bureau central des statistiques de Norvège) en 2017.

Quand j'écris que près de 80 % des habitants du pays sont allés « à la montagne ou dans la forêt » au cours des douze derniers mois, c'est parce que le questionnaire de l'enquête le précise. Si, par exemple, vous vous promenez dans une zone d'habitations, dans des parcs, dans le centre-ville ou dans une plaine sans arbres à proximité, ça ne compte pas.

Les informations et blagues sur l'aventure de Stranda en championnat de foot en 1983 se fondent sur ma mémoire, l'évocation de souvenirs avec des amis, un service que m'a rendu Arne Scheie, expert en football, le rapport annuel des statistiques de Norvège de 1983, et des articles de presse de l'époque, pour beaucoup consciencieusement reproduits sur le site Internet de Stranda Fotball. L'intégralité du match, et une bonne partie de l'échauffement, sont du reste disponibles sur YouTube, pour les (particulièrement) curieux.

Je tiens mes informations sur l'essor de l'outdoor de ma naissance à aujourd'hui notamment de l'enquête sur les conditions de vie susmentionnée. Les différences sociales sont particulièrement marquées en ce qui concerne le ski, sans doute parce que c'est un sport onéreux, mais ce n'est peut-être pas le seul facteur. 33 % des gens ayant un niveau d'études correspondant à l'instruction obligatoire ont fait du ski dans l'année, ce qui, honnêtement, est un chiffre déjà élevé, mais chez les diplômés de l'enseignement supérieur, on passe à 71 %.

Un élément assez amusant pouvant suggérer que cet essor serait en grande partie dû au fait que nous disposons de plus de temps libre, tout simplement, est que l'exercice physique n'est pas la seule activité qui se soit développée de mon vivant. Pendant cette période, on a aussi vu une forte augmentation de la consommation culturelle. Voici l'évolution (pourcentage des personnes interrogées qui ont profité de ces offres culturelles au cours des douze derniers mois) : pour le cinéma, on est passé de 58 à 72 % entre 1991 et 2016, pour le théâtre et le cabaret de 44 à 50 %, pour les concerts de 48 à 62 % et on a quasiment vu un doublement pour les spectacles de danse. En définitive, nous ne semblons donc pas pouvoir vivre de la nature seule, maintenant que nous sommes si civilisés. Si je puis me permettre une anecdote pour étayer cela (et qui m'en empêcherait ?), je voudrais mentionner à nouveau le Spitzberg. Le Spitzberg, pour ceux qui ne le sauraient pas, n'est presque que nature. Il n'y a quasiment pas d'habitants au Spitzberg et si on s'écarte à peine des quelques rues qui s'y trouvent, on risque de tomber sur un ours polaire. On ne va pas au Spitzberg sans être brave, robuste et courageux, et sans avoir un faible pour la nature. Mais même là-bas, les gens ont manifestement besoin de culture et de vie sociale. Dans une très large mesure, même. Longyearbyen, la plus grande ville du Spitzberg, et de très loin, compte environ deux mille habitants. À l'heure où j'écris ces lignes, on y compte seize bars et restaurants et deux établissements culturels. Cela correspondrait à un chiffre de sept cents établissements culturels à Oslo. C'est comme si Londres comptait soixante-douze mille pubs et dix-huit mille théâtres. Enfin, à Londres, on n'est pas très loin de la vérité donc l'exemple est sans doute mal choisi.

J'ai aussi trouvé de nombreux éléments sur le développement des sports et loisirs de nature et les différences sociales qui y sont liées dans le livre *Ute* (Dehors) (Fagbokforlaget, 2016), en particulier dans le chapitre intitulé « Sports et loisirs de nature dans la population norvégienne, une étude des évolutions et des différences sociales dans la période 1990 – 2013 ». Au sujet des randonnées en montagne, à pied et à skis, Kolbjørn Rafoss et Ørnulf Seippel concluent notamment : « Au vu de son essor et de son ampleur dans la société, on peut considérer cette pratique comme un attribut national. » Ils écrivent aussi que l'essor de l'activité physique depuis les années 1980 ne résulte pas d'un changement de la composition de la population ou des modes de vie, mais de « temps nouveaux ».

L'enquête sur les projets des Norvégiens pour les vacances d'automne a été effectuée par Ipsos pour Norsk Friluftsliv (Loisirs et activités de nature en Norvège) en 2017.

La plus ancienne émission de téléréalité norvégienne s'appelle *71 grader nord* (71 degrés nord) et date de 1999. (Il en existe une autre, *Robinsonekspedisjonen*, version norvégienne de *Koh Lanta*, a été diffusée à partir de la même année, mais le concept était suédois). *71 grader nord* existe en version ordinaire et en version célébrité, où l'on voit un sportif de haut niveau ayant récemment pris sa retraite être en légèrement meilleure forme qu'un comédien ou un musicien.

Comme je le disais, la question de savoir qui est à l'origine de la citation sur l'inceste et la danse populaire est discutée. Parmi ceux à qui on a attribué cet honneur se trouvent Arnold Bax, Thomas Beecham et Samuel Johnson. Je l'ai entendue pour la première fois dans un discours de cet homme aux multiples casquettes qu'est Stephen Fry, en qui, je dois l'avouer, j'ai confiance. Lui-même en attribue la paternité à Arnold Bax, mais assure ses arrières en précisant qu'il « a la réputation » de l'avoir prononcée. Nous voilà donc bien avancés.

CHOSES QUE JE NE COMPRENDS PAS

Dans ce livre, je m'interroge sur la question de savoir si, ces trente dernières années, la nature et l'outdoor ont pris la place de la religion. Je blague, bien sûr, mais ce n'est pas une idée sortie de nulle part. Au fil du temps, plusieurs enquêtes ont situé les pays scandinaves parmi les moins religieux du monde. Une enquête internationale effectuée par Gallup International dans 65 pays en 2005 a classé l'Europe de l'Ouest comme région la moins religieuse, et la Norvège comme pays le moins religieux de cette zone géographique. En janvier 2018, le quotidien britannique *The Telegraph* a effectué un classement des pays les plus et les moins religieux en compilant trois enquêtes sur le sentiment religieux réalisées par WIN/Gallup International en 2008, 2009 et 2015. La Suède et la Norvège étaient respectivement quatrième et cinquième sur la liste des pays les moins religieux du monde, deuxième et troisième d'Europe, battues uniquement par l'Estonie. Le fait que Dieu avait plus la cote il y a trente ou quarante ans est corroboré par Norsk Monitor, une vaste cartographie notamment des valeurs des Norvégiens, effectuée tous les deux ans depuis 1985 par Ipsos MMI. En 1985, plus de 50 % des personnes interrogées se disaient croyantes, un peu plus de 20 % athées. En 2015, la tendance était totalement inversée. 39 % se disaient non-croyantes, 27 % croyantes.

Autre indicateur amusant de l'impact de la vision religieuse traditionnelle sur la vie de famille des gens : le panorama d'Eurostats sur le pourcentage d'enfants nés hors des liens du mariage dans les pays européens. La Norvège, la Suède, l'Islande et le Danemark figurent sur la liste sélecte des pays où la majorité des enfants sont nés hors mariage[14] et ce depuis longtemps. En 2005, il n'y avait que trois pays d'Europe occidentale sur cette liste, la Suède, la Norvège et l'Islande, et un pays de l'ancien bloc de l'Est, notre vieille connaissance qu'est l'Estonie. Pendant toute cette période, l'Islande a trôné largement en tête.

Dans ce chapitre, il est fait référence à quelques livres. Les voici :

Norway, the northern playground. Sketches of climbing and mountain exploration in Norway between 1872 and 1903 (on prenait soin de choisir des titres qui ne laissent pas trop de place à l'imagination à l'époque), de William Cecil Slingsby, David Douglas, 1904.

Quelques grammes de silence. Résistez aux bruits du monde ! d'Erling Kagge, traduit du norvégien par Hélène Hervieu, Flammarion, 2017.

14. De même que la France. (N.d.l.T.)

Goatman : How I took a holiday from being a human, de Thomas Twaites, Princeton architectural press, 2016.

Into the wild. Voyage au bout de la solitude, de Jon Krakauer, traduit par Christian Molinier, 10/18, 2008.

La citation légèrement suffisante d'Ibsen vient de « Sur les hauts plateaux » (et il semblerait bien qu'il ait lui-même été sur son haut plateau quand il a écrit ce poème).

Les déclarations sur le bruit humain sont extraites de l'émission de NRK « Selskapet », diffusée sur NRK2 en septembre 2015. Si jamais ça vous intéresse, elle est toujours disponible sur nrk.no.

Les chiffres sur ce qui s'est passé dans nos vies dans la période où tout le monde s'est mis à randonner en montagne proviennent tous de Statistisk Sentralbyrå. Balancez-moi tête la première dans le mur et appelez-moi Jean-Nerd de Nerdaison si vous voulez, mais on peut passer des semaines sur le site de Statistisk Sentralbyrå sans s'ennuyer une seconde.

Les pays les plus heureux du monde ont été classés dans le « Rapport mondial du bonheur » produit par le Réseau de Solutions pour le Développement Durable des Nations Unies (ouf !). Dans l'édition de 2018, la Scandinavie figurait tout entière dans le top 10. Les quatre pays les plus heureux étaient tous des pays nordiques : la Finlande, la Norvège, le Danemark et l'Islande. La Suède apparaissait plus bas, en neuvième place.

Quand les Norvégiens se plaisent à dire que l'ONU nous classe sans cesse meilleur pays du monde, ils pensent en général à l'Indice de Développement humain du PNUD, qui classe en fait les pays selon leur niveau de développement. La Suisse, le Canada et l'Allemagne ont tendance à bien s'en sortir, de même que les pays nordiques. Il y a peu de chances que ce soit parce que (à part le Danemark) ce sont aussi des pays où les gens marchent pas mal en montagne, et c'est plutôt parce que nous vivons dans un confort qui nous permet de nous adonner à ce genre d'activités.

Quelques chiffres de Statistisk Sentralbyrå nous donnent une ou deux indications sur notre éloignement de la nature au quotidien depuis que je suis né : l'année de ma naissance, 1969, la Norvège comptait plus de 150 000 exploitations agricoles, en 2010, elles n'étaient plus que 46 000.

Cette histoire du mot « boredom » qui serait apparu dans la langue anglaise alors que les Anglais commençaient à randonner en Norvège, c'est avant tout des âneries, bien sûr, mais il y a tout de même une part de vérité. Quand j'ai lu *Petite philosophie de l'ennui* de Lars Fr. H Svendsen (traduit du norvégien par Hélène Hervieu, Fayard), lecture qui s'impose quand on marche en montagne, j'ai découvert que l'emploi du mot « boredom » dans la langue anglaise avait été attesté pour la première fois dans les années 1870. Le premier voyage de Slingby en Norvège date de 1872. Je n'en dirai pas plus.

J'ai tiré mes informations sur l'origine, l'inspiration et la fondation de DNT (la Fédération norvégienne de promotion de la randonnée pédestre) dans les almanachs de la fédération et dans des livres comme *Da fjellet ble dannet* (À la création de la montagne) de Rune Slagstad (Dreyer, 2018) et *Norske fjell og vidder* (Montagnes et hauts plateaux norvégiens) de Per Roger Lauritzen (Font, 2011).

OUTDOOR D'INTÉRIEUR ET POP-CORN AU FEU DE BOIS

Le calcul qui montre que le monde entier tiendrait dans le comté de l'Østfold me vient de l'émission de télévision humoristique « Brille » (Lunettes), mais je l'ai vérifié, par acquit de conscience, et c'est exact.

Je ne vous révélerai pas le nom du pub d'Édimbourg évoqué ici. Vous ne voulez pas y aller.

Les calculs de ce qu'on peut obtenir pour le prix d'une petite semaine dans le Jotunheimen se fondent sur des googlisations et sur les prix de 2018.

AU JOTUNHEIMEN POUR TROUVER LE SALUT

C'est le quotidien d'Oslo *Aftenposten* qui avait demandé à ses lecteurs d'élire le plus vilain édifice de la capitale en 2018 : Galleri Oslo l'avait emporté haut la main. Ce bâtiment, qui abrite notamment la gare routière, a ouvert en même temps que le Plaza d'Oslo et a été lancé comme la plus longue galerie commerçante de Scandinavie. À l'époque, c'était important d'être le plus haut et le plus long de Scandinavie.

La version originale allemande du « Joyeux Promeneur » s'intitule « Der fröhliche Wanderer » ou « Mein Vater war ein Wandersmann » d'après le vers d'ouverture. La musique est l'œuvre de Friedrich-Wilhelm Möller, les paroles, de Friedrich Sigismund. Il en existe plusieurs versions norvégiennes, ma préférée est bien sûr celle des sœurs Bjørklund.

« Do-Re-Mi » vient bien évidemment de *The Sound of Music*, de Rodgers & Hammerstein.

La citation sur le bruit de quelqu'un qui essaie de ne pas faire de bruit est à l'origine extraite du roman *Une veuve de papier* de John Irving, dans lequel un auteur fictionnel de livres pour enfants écrit un livre sur le sujet. Par la suite, Irving lui-même a publié un livre pour enfants intitulé *Le bruit de quelqu'un qui essaie de ne pas faire de bruit*.

Les données concernant le nombre annuel de randonneurs de la Besseggen proviennent de nasjonalriket.no, site qui est aussi celui qui qualifie cette randonnée de « passage obligé pour tous les Norvégiens ».

Je tiens les chiffres concernant les nuitées du Gjendesheim du site Internet du refuge, à vous de décider de leur fiabilité.

Le fait qu'on risque une chute de 400 mètres sur la crête de la Besseggen est confirmé notamment par le site Internet de Visit Jotunheimen, qui a priori ne cherche pas à faire fuir les gens.

L'information selon laquelle quinze à vingt interventions seraient effectuées chaque année pour aider des gens à redescendre de la Besseggen a été indiquée notamment par le directeur du refuge Gjendesheim dans une interview d'*Aftenposten*.

Le livre de conseils sur les loisirs de nature qui commençait de façon si prometteuse est *God tur, håndbok i friluftsliv* (Bonne promenade, manuel de l'outdoor), de Sigri Sandberg (oui, celle-là même qui parlait de brouhaha humain).

J'ai trouvé les récits de voyage anciens en grande partie dans les almanachs de DNT, dans plusieurs livres déjà mentionnés et dans *Da Norge ble oppdaget* (Lorsque la Norvège fut découverte), ouvrage sous la direction d'Arngeir Berg et d'Arne Johan Gjermundsen. C'est aussi là que j'ai trouvé les citations de Carter Smith et de Fabricius.

La citation de Nietzsche date de 1878. Du vieux, donc.

Le doublement de la superficie utilisée pour des chalets est un sujet abordé dans l'article « Berekraftig eller berre kraftig hytteliv ? » (La vie de chalet, développement durable ou développement dur ?) (Elle est bonne, hein ?) de Carlo Aall dans *Syn og Segn* numéro 3 de 2017. L'article « Fra nytte til den moderne hytte » (De l'utilitaire au chalet moderne) de Håvard Teigen, publié dans cette même revue (c'était un numéro spécial sur le temps libre et les chalets), m'a apporté l'histoire des constructeurs d'Opland, qui pensaient que l'avenir appartenait aux hôtels de montagne.

Les réponses du concours « philosophie ou yoga ? » : la deuxième citation est de Rousseau, la première et la troisième sont extraites de l'article « Yoga, naturligvis » (Du yoga, naturellement) publié dans le magazine *Fjell & vidde* numéro 3 de 2016.

Les chiffres concernant le nombre de chalets équipés d'eau courante et d'électricité proviennent d'une enquête d'Ipsos MMI réalisée pour le magazine *Hytteliv* en 2014.

Je tiens les données sur le droit d'accès à la nature pas si norvégien que ça de Wikipedia et de l'article « Allemannsrett i andre land » (Le droit d'accès à la nature dans d'autres pays) sur allemannsretten.no, un site fondé par la juriste Marianne Reusch, qui, pour faire bonne mesure, a écrit une thèse de doctorat sur le sujet.

Les renseignements sur la fréquentation de Preikestolen me viennent de preikestolen.no, à vous de juger de leur fiabilité.

JE VAIS EN MOI, JE VAIS EN VILLE

Le débat sur les dangers de l'ascension de Slogen s'est déployé dans plusieurs médias régionaux pendant l'été 2016, notamment sur les pages Internet de NRK Møre og Romsdal et de *Sunnmørsposten*. L'homme qui l'a lancé, en affirmant que la randonnée du Slogen était risquée et ne convenait pas aux jeunes enfants, s'appelle Jan-Gunnar Hole et dirige le groupe de sauvetage en montagne du Sunnmøre. Autrement dit, ce n'est pas un quidam qui ne connaît rien aux dangers de la montagne.

Je me suis informé sur la robotisation et ces choses-là notamment dans le livre *Rise of the robots* de Martin Ford, et dans le rapport *Norway's new jobs in the wake of the digital revolution* de l'économiste suédois Stefan Fölster. Ou pour être honnête : j'ai vu son exposé de dix minutes sur les grandes lignes dudit rapport. Il est accessible sur Internet.

AU HARDANGERVIDDA POUR TROUVER DES GENS

D'après le site Internet de DNT, le Hardangervidda était la zone montagneuse la plus fréquentée en période pascale à la fois en 2017 et en 2018. Finsehytta était le refuge le plus fréquenté de Norvège pour Pâques en 2017 et le deuxième plus fréquenté en 2018. Krækkja figurait aussi dans le top cinq.

L'album de Rick Astley qui en 2016 a atteint le sommet des ventes en Grande-Bretagne, et dans pas tellement d'autres endroits, s'intitule *50*, ce qui faisait sans doute référence à son âge. Il l'a jouée à la Adele, mais avec des chiffres nettement plus élevés.

Le Star Wars tourné en partie à Finse est *L'Empire contre-attaque*. Les scènes de la planète Hoth ont été filmées en 1979 et aujourd'hui encore, des nerds continuent de se rendre à l'événement annuel Visit Hoth, à Finse. Il n'est alors pas inhabituel de rencontrer des êtres venus d'autres galaxies sur la neige des hauts plateaux.

Il est tout à fait véridique que Trollpikken (la Virilité du Troll) a fait l'objet de destructions en 2017. La verge du troll s'est tout bonnement fait décapiter et la nouvelle a fait le tour du monde, comme si les journalistes avaient besoin de nouveaux prétextes pour faire des jeux de mots. La Virilité du Troll est maintenant réparée.

L'album solo de Stan Ridgway est bien sûr *The big heat*, avec des morceaux de choix comme « Salesman », « Drive, she said » et la nouvelle guerrière « Camouflage ».

La chanson de Lars Winnerbäck s'appelle « Vi åkte aldrig ut til havet » (Nous ne sommes jamais allés à la mer) et ressemble à bien d'autres chansons de Lars Winnerbäck.

Mon médecin s'appelle Asle T. Johansen, pendant mon travail sur ce livre, je me suis délecté de la lecture de son ouvrage *Til Sydpolen 100 år etter* (Au pôle Sud cent ans après) (Fri Flyt, 2012).

J'ai lu l'histoire de Krækkja sur ut.no, sur le site du refuge et sur Wikipedia, des sites qui, si je puis me permettre, se citent beaucoup les uns les autres.

Le téléphérique inauguré par la reine était Loen Skylift à Nordfjord. Les citations sont extraites d'un article sur le sujet publié sur nrk.no le 23 mai 2017.

Première station de ski de Norvège à l'imposer en 2017, Hovden Alpinsenter a été à l'origine du débat sur le port du casque obligatoire.

Je tiens l'information selon laquelle la plupart des Norvégiens trouvent qu'on ne devrait pas avoir le droit de conduire un bateau quand on est un peu pompette d'une enquête menée par Kantar TNS Gallup en 2017. Plus de 70 % des personnes interrogées estimaient qu'on devrait avoir la même limite d'alcoolémie sur les flots que sur les routes.

La citation sur cette histoire de mener la vie dont d'autres rêvent vient du livre *Kunsten å vandre* (L'art de se promener) sous la direction de Julie Maske, publié à l'occasion des cent cinquante ans de DNT en 2018.

J'ai aussi lu pas mal d'autres livres qui m'ont sûrement donné des idées ou ont confirmé mes préjugés. Par exemple :

Helt ute, et skråblikk på fjellfolk, skiturer, turistforeningshytter og løping generelt (Complètement dehors, un autre regard sur les montagnards, les randonnées à skis, les refuges de montagne et la course à pied en général), d'Eivind Eidslott, Fri Flyt, 2014.

Marcher (ou l'art de mener une vie déréglée et poétique), de Tomas Espedal, traduit du norvégien par Terje Sinding, Actes Sud, 2012.

Vinterkrigen, nordmenns fåfengte kamp mot den kalde årstid (La guerre d'hiver, la vaine lutte des Norvégiens contre la saison froide), de Bjørn Gabrielsen, Gyldendal, 2002 (Livre très drôle. J'en ai glissé une toute petite citation dans mon texte. C'est volontaire, et je l'entends comme un hommage).

Si meg hvor du reiser og jeg skal si deg hvem du er (Dis-moi où tu voyages et je te dirai qui tu es), de Magnus Helgerud, Aschehoug, 2018.

Doppler, d'Erlend Loe, traduit du norvégien par Jean-Baptiste Coursaud, Gaïa, 2006. *Slutten på verden slik vi kjenner den* (La fin du monde tel que nous le connaissons), d'Erlend Loe, Cappelen Damm, 2015.

Gullracet, medaljer, makt og mysterier i norsk langrenn (La ruée vers l'or : médailles, pouvoir et énigmes du ski de fond norvégien), de Lars Backe Madsen, Gyldendal, 2017.

Solaire, de Ian McEwan, traduit de l'anglais par France Camus-Pichon, Gallimard, 2011. (Un livre inhabituellement drôle dont le personnage principal part, notamment, en Arctique pour sauver le monde, et commence par se coincer le pénis dans sa braguette en s'habillant. C'est aussi un tableau un peu triste de notre époque, je crois).

Verda er ein skandale, ei bok om livet på landet (Le monde est un scandale, un livre sur la vie à la campagne), d'Agnes Ravatn, Samlaget, 2017.

Barske glæder og andre temaer fra et liv under åpen himmel (Plaisirs musclés et autres thèmes d'une vie à ciel ouvert), de Peter Wessel Zapffe, Cappelen Damm, 2012.

J'ai aussi passé beaucoup de temps sur les sites suivants, sans que je le recommande forcément :

harvest.no
ut.no
dnt.no
fjellforum.no

Naturellement, la plupart des photos ont été prises par la Responsable de la Documentation, à part celle d'elle-même réparant la chaussure de la COLOMBE, très probablement prise par l'auteur de ces lignes, et les photos d'enfants au début, sans doute prises par la mère de l'auteur. Les photos sur l'escalier du raccard sont l'œuvre du frère de l'auteur. Eh oui, toute la famille travaille ! Les dessins sont signés de la COLOMBE. Photos page [47 dans l'édition originale], de haut en bas : Reuters/Scanpix et Pamela JoeMcFarlane/Getty Images.

Merci à Arne Flatin, Erland Grev Hesthagen, Tommy Hovde, Jens M. Johansson, Siri Vaggen Kanedal, Berit Susanne Kjølås, Ane Kolberg, Lisbeth Koppang, Morten Lorentzen, Julie Maske, Øyvind Starheim et tous mes autres amis, anciens, nouveaux, égarés, trouvés, que j'ai embêtés avant, pendant et après les randonnées.

Table des matières

Achevé d'imprimer en Espagne en janvier 2022 par Liberduplex,
sur papier provenant de forêts gérées de manière durable.